Les leçons de l'éducation chrétienne pour les jeunes et pour les jeunes adultes

Livre 3

CLIQUEZ

CONNECTEZ-VOUS
avec Jésus et sa Parole

Incluyant:

52 LEÇONS

ressources pour l'enseignement de chaque leçon pour les adolescents de 12-17 ans et jeunes de 18-23 ans.

Cliquez - Connectez-Vous Avec Jésus et Sa Parole
Leçons d'éducation chrétienne pour les jeunes et les jeunes adultes
Livre #3

Le titre original est en Espagnol: Clic - Conéctate Con Cristo y su Palabra #3

Patricia Picavea, Éditrice Espagnol

Cette edition est publiée par Discipulat Nazaréen International (DNI) - Région Mésoamérique Eglise du Nazaréen
Rev. Monte Cyr

www.DNIRessources.MesoamericaRegion.org

discipleship@mesoamericaregion.org

Traduit par: Dezama Jeudi

Éditeur: Bethany Cyr

ISBN: 978-1-63580-323-5

Dessin extérieure : Carlos Monterroso

Dessin intérieure : Jerson Chupina

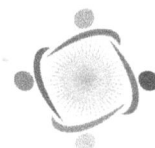

DISCIPULAT NAZARÉEN
INTERNATIONAL
RÉGION MÉSOAMÉRIQUE

Table des Matières

T

Cinquième Unité • Les miracles de Jésus

Sixième unité • Les croyances qui nous unissent

Septième unité • Les modes et les passes temps

Huitième unité • Les armes du chrétien

Présentation

Nous continuons le beau travail de servir le Seigneur en éduquant les adolescents et les jeunes. Tâche qui n'est pas simple, mais c'est un grand défi pour l'enseignant actuel. L'enseignement produit des changements, à la fois dans la vie de celui qui enseigne comme celui qui reçoit l'enseignement, c'est pourquoi le processus éducatif efficace est mesuré par l'impact qu'il réalise sur la vie des adolescents et des jeunes.

Le temps que nous disposons pour donner une classe est généralement court. Cependant, les informations que nous voulons partager, c'est beaucoup. La hâte de ne rien laisser d'important à l'extérieur, nous fait développer des classes qui consistent, dans leur grande majorité, en un monologue de notre part. À de rares exceptions près, les étudiants limitent leur participation pour prendre des notes ou écouter la présentation.

Les étudiants sont mieux formés lorsqu'ils deviennent partie active des moments d'enseignement.

Dans cet esprit, nous avons travaillé sur chaque leçon afin qu'elle atteigne l'effet indiqué dans tous les participants Nous avons préparé différentes sections pour que vous donniez une dynamique à la classe et qu'elle soit participative.

Dans chaque leçon, vous trouverez les sections suivantes :

- Au début de chaque leçon, vous trouverez une boîte avec un avertissement. Cela vous aidera à suivre la section Défi présentée à la fin de la leçon précédente.

- L'objectif de la leçon. Ce qui devrait être atteint ou atteint d'ici la fin.

- Pour mémoriser : Une partie importante dans l'apprentissage, c'est la mémorisation. Pour cela, nous vous suggérons de mémoriser et d'encourager aux élèves de mémoriser les textes bibliques de chaque leçon.

- La section « Connecter », qui est l'introduction au sujet. Voici la dynamique d'introduction pour chaque âge.

- La section « Telecharger » Est le développement de la leçon.

- La section « Révisez / Application » est l'endroit où vous trouverez l'activité pratique. Dans ce livre, vous avez les réponses à chaque activité. Nous sommes conscients que grâce à cette activité, vous serez en mesure de donner votre avis et de fixer le principe fondamental dans l'esprit et le cœur de vos élèves.

- Défi : Finalement, c'est un défi personnelle à réaliser durant la semaine. L'idée est d'aller au-delà de la classe. Faire vivre le cours par chacun des participants au cours.

Nous souhaitons qu'à travers ce matériel, vous puissiez guider vos élèves vers une croissance continue, commencez dès maintenant.

Nous souhaitons que ce livre soit une source d'inspiration et d'aide dans votre ministère et que, grâce à lui, vous puissiez travailler avec les adolescents et les jeunes avec des thèmes comme :

Faire face aux géants, le Notre Père, l'église missionnaire, les miracles de Jésus, les croyances qui nous unissent, les modes et les passetemps, et les armes du chrétien.

En outre, nous incluons une unité avec des leçons à donner sur les « Dates spéciales » telles que Dimanche des rameaux, Résurrection, Pentecôte, Noël et Nouvelle année.

On y va !, commencez avec le défi de former les nouvelles générations par le moyen de la Parole de Dieu.

Patricia Picavea

Rédacteur, Publications Ministérielles

Aides

A

pour l'enseignement et l'enseignant

L'apotre Paul di a Timothée : « Toi, demeure dans les choses que tu as apprises, et reconnues certaines, sachant de qui tu les as apprises ; dès ton enfance, tu connais les saintes lettres, qui peuvent te rendre sage à salut par la foi en Jésus Chris » 2 Timothée 3:14-15. Ces mots doivent être un défi pour chaque enseignant et enseignante qui a dans ses mains la possibilité d'enseigner la Parole de Dieu aux adolescents et aux jeunes. Paul demande à Timothée qu'il restât fidèle en ce qu'il a appris. Je veux rester avec le mot « appris ». Si nous souhaitons former des personnes qui « soient sages pour le salut en Jésus-Christ » nous devons les enseigner et les former d'une manière qu'elles puissent plaire à Dieu, selon ce qu'elles aient « appris ». Mais si nous les enseignons pas, comment se rappelleront-t-elles ce qu'elles ont appris ? La Parole doit arriver de forme pratique à chaque adolescents et jeunes, premièrement, par le moyen de notre témoignage et dans la connaissance à travers de l'enseignement.

Pour cette raison, une fois de plus nous vous félicitons pour le travail d'enseignement par « Cliquez » , un livre qui vous aidera à guider les adolescents et les jeunes de s'approcher de Dieu de manière la plus directe.

Voici quelques conseils à garder à l'esprit lors de l'enseignement et faire de votre expérience éducative un moment enrichissant pour la vie de vos élèves.

Où sont les étudiants ?

Pour enseigner, il n'est oas suffi de connaitre son matériel, il est important que vous connaissiez les gens que vous allez enseigner (vos talents, vos expériences antérieures et vos besoins) d'une autre manière, comment pouvez-vous être sûr de ce qu'ils savent déjà et de ce qu'ils ont besoin de savoir ? Si vous voulez guider quelqu'un vers une adresse, il est important de savoir d'abord ou se rencontre cette personne là pour qu'on puisse l'aider à arriver à sa destination. Cela ressemble évident, mais en tant qu'enseignants, nous commençons parfois à guider les étudiants sur le chemin de l'enseignement et nous oublions de leur demander : « où sont-ils? » , quelles connaissances et expériences ont-ils sur les thèmes à traiter ?

Rappelez-vous, si vous voulez atteindre le cœur de vos élèves, et qu'ils atteignent le bon objectif, commencez par savoir où ils se trouvent.

Les étudiants ont besoin d'un environnement confortable pour les étudiants, cela les donne la facilité de changer les idées, s'exprimer, demander et faire ce qui leur est demandé. À l'occasion, les élèves doivent reconnaître qu'ils ne savent pas prendre de risques et repenser ce qu'ils croyaient savoir. Cela peut se transformer en quelque chose d'inconfortable même effrayant pour certaines personnes. Il est important que la salle de classe facilite le sentiment d'être à l'aise, que vous pouvez avoir un fauteuil et des coussins sur le sol dans un coin de la salle de classe ou peut-être décorer le murs avec les travaux que les étudiants font, parce que « c'est leur espace ». Le résultat sera un environnement d'apprentissage qui soit sûr sur les plans émotionnel, intellectuel et psychologique.

Faire en sorte que l'élève se sente à l'aise (partager un soda ou un bonbon) peut être très simple, mais vous les envoyez un message très important. Les étudiants doivent savoir et sentir qu'ils peuvent se confier dans son enseignant, vous ne devez pas créer la peur de la honte ou du ridicule.

Rappelez-vous que, créer un espace et un moment agréable vous aidera à attirer l'attention de vos élèves.

Enseigner ne s'agit pas de vous, sinon d'eux

Il y a des enseignants qui se considèrent comme des experts dans le sujet et qui pensent que c'est à vous de transmettre vos connaissances aux étudiants qui sont comme des conteneurs vides. L'enseignant ou l'enseignante doit voir comme un guide qui partage ses connaissances orientées vers les besoins des élèves.

Il est important de préparer la personne qui enseigne, cependant, avant de donner un cours, il faut demander :

Comment cela affectera-t-elle mes étudiants ? N'oubliez pas que votre succès comme enseignant et enseignante sera effectif à mesure que vos élèves apprennent.

Enseigner ne s'agit pas tout simplement de transférer l'information

Enseigner est aussi amené les gens a penser. Enseigner n'est pas se mettre débout face à la classe pour dire ce qu'on va faire ou en quoi elle doit croire ou pour vous donner les réponses que vous voulez écouter. Enseigner c'est écouter et avoir intérêt dans les réflexions des élèves pour savoir comment ils voient le monde, comment interprètent-t-ils l'information et comment résolvent-t-ils les problèmes, de cette manière, vous les aidera à savoir comment penser à sa propre façon personnelle, en lieux et place de leur dire ce qu'ils peuvent penser.

Vous devez avoir un groupe de personne qui sache ce que la Bible enseigne, mais en même temps qu'il se sente libre de faire les jugements et les décisions que l'activité journalière les exigent.

Ne craignez pas être vulnérable

Pour quelques-uns, être entraineur signifie se présenter comme la personne qui a toutes les réponses. N'importe quel signe de vulnérabilité ou d'ignorance peut signifier la faiblesse. Ce type de gens ne peut pas être de bons entraineurs.

Des fois, les meilleures réponses qu'un entraineur peut donner est : « Je ne le sais pas ». En lieu et place de perdre la crédibilité, il obtiendra la confiance des élèves et cette confiance est la base d'une relation productive. Cette réponse-là, montrera à vos élèves que vous êtes égale à eux, ainsi que, ils peuvent poser les questions et opiner avec confiance.

Tous, nous savons bien que la perfection n'est pas réelle, c'est la raison pour laquelle nous nous déconfirons de la personne qui considère comme un pic de Mirandole. Ce type de personnes ne semble pas honnête avec nous, la personne avec qui que nous obtenons la confiance, ce sont celles qui reconnaissent leurs limitations par devant nous. Reconnaitre ce que vous ne savez pas, démontre que jusqu'à présent vous être en train d'apprendre, que l'enseignant est en réalité, jusqu'à présent un étudiant.

Ne cessez pas d'étudier, chercher et apprendre chaque jour. S'il est raisonnable que l'entraineur ne sache pas quelques choses, les étudiants aussi apprennent de celui qui ait la majorité des réponses. Vous ne pouvez pas permettre que les gens se questionnent : « Pourquoi cette personne là nous enseigne ? »

Enseignez depuis au fond du cœur

Le meilleur enseignement ne vient pas de formules ; c'est personnel, créatif et tient sa naissance au cœur. L'action d'enseigner les vérités bibliques demande une expérience solide journalière avec le Seigneur. Si vous ne l'avez pas, vous ne pourrez pas satisfaire vos étudiants et les influencer à avoir une vie spirituellement pleine. On doit recourir a des techniques d'enseignement différentes afin d'atteindre sa propre façon d'être enseignant ou enseignante, mais il y a une chose qu'on ne doit jamais oublier, « une vie consacrée à Dieu qui reflète le Christ ».

Ne doutez pas de répéter ce que vous voulez que vos élèves apprennent

Si vous voulez que vos élèves se rappellent d'un enseignement important, il est nécessaire de le dire plus d'une fois. Ne doutez pas de dire l'enseignement une fois pour qu'ils l'écoutent, une autre fois pour qu'ils le comprennent et une fois pour qu'ils l'apprennent. L'entraineur est défié de répéter les choses sans sentir du malaise. Les meilleurs enseignants et enseignantes gardent leur message en vie tout en utilisant des nouvelles formes d'exprimer les mêmes points. Soyez créatif et dites le même enseignement en forme différente et surtout, vivez ce que vous enseignez, c'est la répétition qui donne plus de résultat.

Les bons entraineurs posent des bonnes questions

Un bon entraineur sait bien que quand nous explorons l'inconnu, nous apprenons et que cette exploration commence quand nous formulons les bonnes questions. Pour que nous obtenions les réponses que nous désirons tout en créant une ambiance de réflexion, nous ne devons pas poser des questions qui apportent une réponse sans explication. Par exemple, « Est-ce vrai que Dieu est bon ? » ; ou des questions dont les réponses sont un oui ou un non : « Voulons-nous aller au ciel ? » ; non plus questions faux ou vrai : «Croyez-vous que finalement nous irons tous au ciel ? » déjà que nulle d'elles défie l'étudiant à la réflexion. Il s'agit de poser des questions qui ouvrent des portes à des questions profondes. « Comment cela fonctionne ? » « Qu'est-ce que cela signifie ? » « Pour quoi ? » , etc. Quand nous dispensons un cours, nous pouvons aider les élèves à défendre leur croyance en jouant le rôle d'avocat du diable, et en questionnant : « Qu'est ce qui peut arriver si nous le ferions contraire ce que vous dites ? » L'intention n'est pas essayer d'affaiblir une croyance, sinon, la renforcer à travers d'un examen vicieux des options, même celles des plus absurdes.

Peut-être vous ne mémorisez pas ce que vous avez lu, mais essayez de réviser ces points avec fréquence et les mettre en pratique dans votre classe. Après quoi, examinez les résultats obtenus. Ne doutez pas que cela apportera un changement en vous comme dans vos élèves.

Avancez ! Il y a beaucoup à faire et beaucoup à gagner.

Patricia Picavea

Rédacteur, Publications Ministérielles

Fort en Christ

Objectif : Que l'élève reconnaisse et applique la forteresse spirituelle qu'il a comme fils de Dieu chaque jour dans sa vie.

Pour mémoriser : « *Mais par-dessus toutes ces choses revêtez-vous de la charité, qui est le lien de la perfection* » Colossiens 3:14.

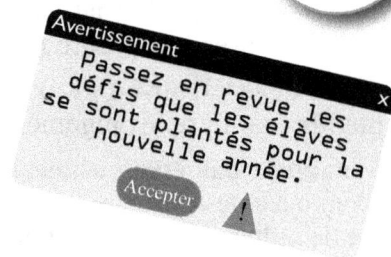

Avertissement

Passez en revue les défis que les élèves se sont plantés pour la nouvelle année.

Accepter

Connecter | Télécharger

Dynamique d'introduction (12 à 17 ans).

- Matériaux : Fil et ciseaux
- Instructions : Demandez à un volontaire qu'il s'assoie sur une chaise. Le défi sera, savoir combien il est fort. Donnez un ou deux tours simple autour du volontaire et lui demande d'essayer de rompre la fil. Dans cette première occasion, cela sera facile, ainsi que cela lui doit rendre plus confiant pour essayer une chose plus difficile. A l'instant même, reprenez le même exercice avec la fil autour du volontaire, mais dans cette occasion, soyez certain de donner la quantité de tour suffisant pour qu'il ne puisse pas le rompre. Demandez-le d'essayer de rompre la fil. Après quoi, demandez à un élève qu'il utilise des ciseaux pour couper quelques lignes du fil, jusqu'à ce que le volontaire puisse rompre la fil tout seul. Dans notre vie spirituelle nous avons de la force avec laquelle nous pouvons faire face et vaincre les obstacles de la vie. Cependant, nous ne l'utilisons pas dans beaucoup d'occasions.

Dynamique d'introduction (18 à 23 ans).

- Instructions : Demandez à une volontaire qu'elle tienne place au sein d'un cercle formé par les plus jeunes, tenant main dans la main. Soyez sûr qu'entre ceux qui forment le cercle existe un espace assez vide pour qu'un jeune puisse se filtrer. Demandez à un jeune qu'il essaie de passer par les espaces que les autres ont laissé dans le cercle, pour arriver là où se trouve la jeune demoiselle. Sans se mouvoir, les jeunes qui forment le cercle doivent tenter bloquer le pas du jeune qui se trouve hors du cercle. Celui-ci ne doit pas utiliser la force, seulement il doit essayer d'ouvrir le chemin pour arriver là où se trouve la jeune fille. Certainement, même si c'est par la force, finalement il arrivera à l'accomplir.

Après quoi, demandez aux jeunes d'enfermer le cercle sans laisser aucun espace et répétez la dynamique. Après un moment dans lequel le jeune tente d'entrer, arrêtez la dynamique et questionnez, pourquoi que dans cette occasion il était plus difficile de pénétrer le cercle?

Conclusion : Dans la vie, nous avons des défis et des tentations qui peuvent nous faire tomber ; Cependant, Dieu nous donne de la force et des outils nécessaires pour nous protéger.

Connecter | Télécharger

La question : Qui suis-je ? Est l'une des questions les plus courantes chez l'homme, en particulier dans l'étape de l'adolescence. Possiblement la réponse que nous trouverions dans un adolescent serait son nom, et peut-être son âge et où il vit, mais nous n'entendrions guère une description de lui-même.

Ce n'est pas étrange car c'est à l'adolescence que l'être humain développe son sens de l'identité, et dans ce processus, vous pouvez avoir une certaine confusion.

1. Renforcé avec l'amour de Dieu

Nous recevons tous des dons de Dieu dès la naissance. Les capacités qui font partie de notre identité et au fil du temps que nous avons développé. À toutes ces capacités, nous pouvons les appeler des forces.

De même, lorsque nous naissons spirituellement, nous recevons une force. C'est une force qui est accessible à tous, sans exception et lié à notre décision pour Christ. Nous recevons cette force spirituelle comme don quand nous acceptons Jésus comme notre Sauveur et apporte le nom d'amour. Certainement, cette force peut augmenter si notre relation avec Dieu s'approfondisse ou se fait plus intime et étroite (Colossiens 3:14).

Dans la vie chrétienne, nous allons faire face à beaucoup de difficulté et épreuves, dans la majorité d'elles, il existe la possibilité que la crainte tente de nous envahir. Cependant, nous avons confiance en Dieu (1 Jan 4:18). Oui, l'amour qui naquit dans notre cœur quand nous étions sauvés, c'est son support qui nous pousse vers l'avant. Cet amour n'est pas quelque chose qui peut provenir de notre propre effort. L'amour parfait provient seulement de Dieu (Jan 3:16). Ainsi que l'unique manière de vivre et de jouir la vie chrétienne, sans se souvenir des circonstances, c'est de tenir frais et en vigueur le sacrifice de Jésus pour nous, déjà que l'amour de Dieu que nous expérimentons chaque jour est ce qui produit notre amour pour Lui et pour nos semblables.

2. Fortifiés avec la bonne équipe

La Bible nous enseigne que c'est l'Esprit de Dieu qui nous est apparenté. Dans 1 Corinthiens 6:19-20, nous lisons que nous sommes le temple de l'Esprit de Dieu, comme l'église, vue comme la communauté des disciples de Jésus, mais aussi individuellement. C'est l'Esprit de Dieu qui vient habiter en nous quand nous reconnaissons Jésus comme notre Sauveur et celui qui nous permet de jouir la présence manifeste de notre Dieu.

C'est le Saint-Esprit qui nous donne la force de faire face à n'importe quelle situation et aussi qui met en notre disposition les outils dont nous avons besoin pour vivre selon la volonté de Dieu. Dans 1 Samuel 17:20-37 nous lisons l'histoire de David, lui qui fit face au géant Goliath. Ce géant était philistin et il avait une armure impressionnante, cependant, l'armure de David était plus puissante. Ce n'était pas une armure physique, c'est pourquoi beaucoup doutaient du succès de David. C'était une armure spirituelle, la présence de Dieu dans la vie de David.

De même, c'est l'obéissance totale à l'Esprit Saint qui nous donne la victoire. Dans cette vie de l'obéissance nous découvrons des outils tels que la prière, le jeûne, l'évangélisation, le service, la foi, la lecture de la Bible, la communion avec les frères de la foi, etc. En marchant dans l'obéissance au Saint-Esprit, nous voyons qu'Il produit un fruit dans notre vie qui nous fait avancer avec autorité. Ce fruit de l'Esprit est mentionné dans Galates 5:22-23, comme une liste de caractéristiques d'une personne vivant par et pour l'Esprit. Avec ces fruits dans nos cœurs, nous pouvons avoir la certitude que nous sommes prêts à résister au mauvais jour, mais aussi pour jouir des bons jours et être reconnaissant envers Dieu.

3. Fortifiés et guidés par la Parole de Dieu

Le Psaume 119:105, dit que la Bible : C'est une lampe qui éclaire notre chemin. Si jamais nous marchons dans l'obscurité, nous pouvons comprendre ce que signifie avoir une lumière dans le chemin qui nous donne la sécurité pour aller vers l'avant. A travers la Parole, nous pouvons mieux connaitre Dieu, savoir qui Il est, qu'est-ce qu'Il a fait pour nous, pour quelle raison Il nous aime, quel est son plan pour nous, etc. Mais aussi, nous pouvons connaitre qui nous sommes, pour faire quoi nous avons été appelés, ce que nous pouvons être en Christ et où nous allons dans l'éternité

Cette direction que la Parole de Dieu nous propose est réelle dans chaque partie de notre vie, que ce soit dans notre relation avec Lui, avec notre famille, amis, copains, maris, collègues et tout ce que nous pouvons ajouter à la liste.

C'est la raison pour laquelle il est indispensable que nous dédions du temps à la lecture de la Bible. Notre santé spirituelle dépend de l'importance qu'a la Bible dans nos vies.

Cependant, la simple lecture et mémorisation de la Parole ne réalise pas son objectif complet dans nos vies, si nous ne l'obéissons pas. C'est uniquement quand nous obéissons à la volonté de Dieu que la Parole nous transforme et ceci est l'œuvre du Saint-Esprit dans nos vies, qui fait que chaque parole prend vie en toute circonstance.

Révisez/Application :

Prévoyez du temps pour qu'ils répondent aux questions. Vous pouvez les aider à réaliser cette activité, en réfléchissant à chaque réponse sérieusement. Aidez-les en partageant quelques exemples de leur propre expérience avec Dieu.

Avant de réfléchir sur 2 Corinthiens 12:9, partagez l'histoire de David et Goliath et souligner que bien que dans l'apparence, David était faible en comparaison à Goliath, Dieu lui a fortifié et lui donne la victoire. Vous pouvez demander à quelques volontaires qu'ils dramatisent l'histoire. Dans ce passage, nous trouvons une expression d'humilité dans d'où Paul a reconnu ses limitations, mais en même temps, il reconnaît qu'il est là où il est le plus fort, parce que la puissance de Dieu convertit ses faiblesses en forces.

En moins de 10 mots répondez à la question, qui suis-je ? _____

Maintenant, quand vous complétez les phrases suivantes, pensez qui sont comme un miroir qui vous montre qui vous êtes et quelles sont vos forces spirituelles? Soyez honnête avec vous-même.

1. Ce que j'aime le plus dans la vie chrétienne.
2. Chaque fois que je fais face à un défi dans ma vie spirituelle, Je sais que Dieu m'aide de la manière suivante.
3. Chaque fois que j'ai un test, la première chose que J'essaie de faire pour être victorieux, c'est ...
4. J'ai remarqué que quand je l'ai désobéi à Dieu c'est parce que j'ai négligé mon ...
5. Pour être plus fort dans ma vie spirituelle, je sais que je dois investir plus de temps et de passion dans ...

Ecrivez dans vos propres mots le verset trouve dans 2 Corinthiens 12:9.

Défi : Quels sont les gigantesques auxquels tu faites face dans ta vie spirituelle ? En comparant les armes que David a utilisées pour vaincre Goliath, sa lance-pierre et ses pierres, quelles sont les armes que Dieu vous donne pour affronter ces géants ?

Cette semaine, médite sur ces deux questions et demande à Dieu de t'aider à être spirituellement fort. Rappelez-vous que la présence du Saint-Esprit dans ta vie et ton obéissance à Lui rendront cela possible.

Le dernier mot ...

Objectif : Que l'élève reconnaisse que le refus personnel, que ce soit pour des motifs internes ou externes, est transformé par Dieu qui possède le dernier mot.

Pour mémoriser : « ...*Ma grâce te suffit, car ma puissance s'accomplit dans la faiblesse. Je me glorifierai donc bien plus volontiers de mes faiblesses...* » 2 Corinthiens 12:9a.

Avertissement

Commencez en faisant des questions sur ce qu'ils ont réalisé pendant la semaine. Vous pouvez leur donner l'exemple en partageant certains passages qui pendant votre vie qui vous a apporté la paix.

Accepter

Connecter | Télécharger

Dynamique d'introduction (12 à 17 ans).

• Matériaux : Feuilles blanches, crayons, frottoirs crayons de couleur.

• Instructions : Demandez-les qu'ils dessinent de manière artistique une image d'eux-mêmes ; c'est-à-dire, ils ne doivent pas nécessairement faire un dessin de leur apparence physique, mais ils peuvent faire de forme libre qui les décrivent, en personnalité spéciale.

Ensuite, ils devraient partager leurs travaux avec la classe et expliquez-les.

Terminez cette partie avec une opinion positive des personnes qui ne reflétèrent pas leurs vertus dans ses œuvres.

Dynamique d'introduction (18 à 23 ans).

• Matériaux : Feuilles blanches et des crayons.

• Instructions : Donnez une feuille blanche à chaque étudiant et un crayon et demandez-leur d'écrire leur nom en haut de la page. Donnez-leur cinq minutes pour passer la feuille à leurs camarades de classe, en commençant par celui sur leur droite et demandez que chacun écrive sur la feuille quelque chose de positif au sujet de leur camarade. En finissant, chaque élève aura dans sa feuille des qualités que ses collègues écrivirent de lui. Demandez-les qu'ils partagent avec la classe.

Terminez en disant que « presque toujours, dans la vie nous sommes moulés en fonction de ce que les autres disent de nous ; Est-ce tellement bon ? ».

Connecter | Télécharger

Depuis que nous sommes nés, la famille exprime des phrases telles que : « Il a le caractère de l'oncle », ou « la bouche est comme celle de la grand-mère » et des choses comme ça. Nous vivons dans la société, cela fait partie du plan de Dieu ; mais la société moule, de telle sorte que, dans de nombreuses occasions, nous grandissons en croyant les mots qu'ils nous disent.

Peut-être notre père ne nous a-t-il pas donné des mots d'encouragement quand nous les avons demandés ; ou notre mère nous a appelé avec des mots offensifs come paresseux ou va nu pied, quand elle était fâchée. Peut-être quelque professeur à l'école (voyant que nous avons été appliqués dans leur matière) nous a fait croire que nous ne pouvions pas aller de l'avant dans la vie, et cela fait que nous définissions notre vie avec ce refus contre nous-mêmes. Il existe différent type de refus, mais nous devons savoir que quelle que soit notre situation, Dieu a un mot pour nous.

1. Lecture biblique quotidienne

À une occasion, Dieu est apparu à Moïse et lui a dit qu'il serait son instrument pour libérer le peuple d'Israël de l'esclavage d'Egypte. Moise, en lieu et place d'écouter et d'obéir (Exode 4:10-17), il demanda a Dieu de regarder ses limitations : Alors Dieu lui a dit qu'il donnerait à son frère Aaron qui parlait bien (v. 14) pour lui aider à communiquer son message (v. 16).

Moise pensait avec sa faiblesse. C'était une forme de se refuser lui-même. Il ne pouvait voir la vertus.

Combien de limitations Moïse avait-t-il ? Sûrement plus d'un, même plus que lui-même pourrait remarquer ! Mais, combien d'habilités pouvait-t-il développer dans la main de Dieu ?

Combien de fois nous nous voyons de la même manière que Moise se voyait ? Dieu nous appelle, mais, nous nous objectons. Nous avons cru ce que les gens disent de nous, nous avons grandi avec des complexes, peut-être nous pensons que, à cause d'une expérience triste, nous ne le méritons plus, ou bien, comme quelque chose que nous ne faisons pas bien, nous ne pouvons pas faire d'autres choses. Nous ne voyons pas les qualités que nous avons et nous affirmons le négatif.

2. Le refus produit par notre condition

Quand Mephiboscheth était un enfant, son grand-père (Saül) mourut étant le roi d'Israël. Dans cette même bataille, son père mourut (Jonathan), le prince en vigueur et futur roi. Le même jour, les gens ont perdu la vie qui les pourraient donner un avenir sûr.

En entendant ces nouvelles, sa nourrice s'enfuit, l'emmenant hors du palais à un endroit où ils ne pouvaient pas lui faire de mal, mais au moment où elle s'enfuit rapidement, l'enfant lui fut échappé de la main en tombant par terre et résultait paralysé (2 Samuel 4:4). A partir de ce moment, elle est devenue une personne qui dépendrait des autres pour vivre.

Dans cette période-là, Israël a connu la gouvernance d'une autre personne. Mephiboscheth a été oublié par les gens, mais non par Dieu. Celui qui était comme le chef de ce peuple était David lui qui était un bon ami de Jonathan (le père de Mephiboscheth). Un jour David questionnait : « Reste-t-il encore quelqu'un de la maison de Saül, pour que je lui fasse du bien à cause de Jonathan ? » (2 Samuel 9:1-3). Et on lui répondit que Mephiboscheth un fils de Jonathan, perclus des pieds.

Le roi envoya chercher Mephiboscheth, et celui-ci, voyant ceci, il se prosterna, et dit : « Qu'est ton serviteur, pour que tu regardes un chien mort, tel que moi ? » (2 Samuel 9:8). C'est à dire, il vivait dans la misère. D'après lui, il ne valait plus qu'un chien mort. Plus possiblement, Mephiboscheth était un homme qui demandait l'aumône et de passer la nuit dehors à la périphérie de la ville.

A cette époque, le roi qui avait remplacé son grand-père et son père était devant lui. La vie qui l'avait tout donné, aussi se chargeait de lui tout ôter. Et même l'espérance de vivre continuellement. Mais Dieu était sur le point de donner le dernier mot. Le roi ne faisait le cas de ses mots de refus que souffrirait Mephiboscheth durant toute sa vie et il lui offrir de lui restituer toutes ses terres, une place à la table du palais, des domestiques et même une famille.

3. Le refus personnel transformé par Dieu

Dieu a vu Moïse, mais il ne l'a pas vu avec les limitations physiques qui l'ont fait se déprécier ; Dieu a vu un cœur qui pourrait être utilisé dans ses mains. De cette façon, Moïse est devenu le premier législateur et le grand leader qui a instauré l'ordre moral et religieux en Israël.

Dieu mit au cœur de David d'aborder à Mephiboscheth, ce n'était pas de la même manière que les gens l'avaient traité durant toute la vie, mais selon l'amour de Dieu et réclamé sa dignité.

L'amour de Dieu n'est ni illusoire ni théorique, ce qui reste dans de merveilleuses pensées à notre sujet ; mais un amour qui descend à notre condition, qui couvre leurs oreilles quand nous leur disons que nous ne valons pas et ça nous donne la main pour nous lever. Il était celui qui nous a créés, nous sommes faits de ses mains ; il nous a moulés avec amour depuis avant que nos parents nous eussent planifiés ; Il nous a faites et donna ses mot de confirmation.

Croyons-nous que nous valons peu ? Dans 2 Corinthiens 12:9, Paul nous donne une leçon merveilleuse que nous devrions apprendre : Une phrase surprenante sur les lèvres de Dieu : « Mon amour est tout ce dont vous avez besoin. Ma puissance est montrée en faiblesse ».

Un défaut, un manque de capacité, une incapacité ou ce que nous pensons de nous-mêmes, ne sont pas le dernier mot ! Incluant ce qu'on nous dit et qui nous a offensés. Ces personnes-là non plus, n'ont pas le dernier mot ! C'est Dieu qui a le dernier mot, celui qui créa Moise, David et Mephiboscheth avec un but admirable ; le même Dieu qui nous a créés aussi.

Interrogez : Est-ce que quand tu penses à toi-même, cela te fais du mal ? Est-ce que quand quelqu'un parle de toi en te rejetant, cela te fais du mal ? Ni ce que nous pensons de nous-mêmes, ou ce que les autres pensent de nous, détermine nos vies. Celui qui détermine nos vies c'est Dieu qui a fait de Moise quelqu'un superlatif, et de Mephiboscheth un prince d'un des royaumes les plus prospères de l'Orient antique.

Révisez/Application :

Accordez du temps aux gens pour répondre à ces questions suivantes :

1. Dans quel mesure je m'identifie avec Moise ou Mephiboscheth ? (C'est à dire que je me sens rejeté pour être différent, parce que je pense plus à mes fautes ou parce que les conditions de vie ne m'ont pas laissé regarder plus loin au-delà de la réalité). Expliquez.

2. Les voix que j'ai entendues le plus dans ma vie, M'ont-elles aidés à renforcer mon amour-propre ou m'ont-elles fait sentir plus rejeté ? Expliquez.

3. Quelle opinion la voix de Dieu génère-t-elle dans mon cœur ?

Défi : Cette semaine, prie avant de lire le Psaume 138 (essaie de faire cette lecture quotidiennement). Quelques suggestions :

1. Lis le psaume plusieurs fois par jour et si tu le peux, dans différentes versions bibliques.

2. Réfléchis à la réalité et aux promesses que Dieu a pour toi dans ce chapitre.

3. Ecris tes impressions sur une feuille de papier en te souvenant de cette leçon ; écris comment tu penses que ta vie serait entre les mains de ce Dieu qui est le grand transformateur.

4. Pour le prochain cours, essaie de répondre à la question suivante (selon le Psaume 138:8) : «Quel est le projet que je pense que Dieu a pour moi ? ».

Le géant de l'échec

Natalia Pesado • E.U.A.

Objectif : Que l'élève soit confiant que Dieu est puissant pour l'aider et le guider au milieu de l'échec et problèmes.

Pour mémoriser : « *Le Seigneur lui dit : 'Je serai avec toi, et tu vaincras les Madianites comme un homme'* » Juges 6:16.

Avertissement

Demandez-leur de partager les plans de Dieu révélés cette semaine. Ensuite, priez pour commencer la classe, mais avec accent particulier sur les plans de Dieu pour vos étudiants.

Accepter

Connecter | Télécharger

Dynamique d'introduction (12 à 17 ans).

- Matériaux : Une feuille de papier avec l'histoire A : « Un petit garçon de cinq ans apprend à faire du vélo, il tombe sur le trottoir de ciment et se blesse dans les genoux. Frustré, il décide de ne plus jamais monter à bicyclette ». Et une feuille de papier avec l'histoire. B : « Un enfant de cinq ans apprend à faire du vélo, il tombe sur le trottoir de béton et se blesse aux genoux. Grace à l'encouragement de ses amis, il décida d'essayer à nouveau ».

- Instructions : Formez deux groupes et octroyez une histoire à chacun. Donnez-leur quelques minutes pour lire les histoires et parler de sa fin. Par exemple : Comment imaginez-vous que cet enfant continuera à jouer avec ses amis du quartier qui font du vélo ? Ou a quoi ressemblera la vie de cet enfant quand il sera grand ?

  Aidez les élèves à analyser l'importance de l'attitude de l'enfant dans chaque histoire et le rôle de ses amis. Faites changements des idées.

Dynamique d'introduction (18 à 23 ans).

- Matériaux : Tableau ou Papier bristol et marqueurs.

- Instructions : Dans le tableau, écrivez plusieurs situations différentes qui peuvent décourager vos élèves ; par exemple : (1) J'ai eu une mauvaise note dans un examen et je vais devoir reprendre ce cours. (2) J'ai regardé un programme qui n'est pas bon, à la télévision ou sur l'ordinateur. (3) J'ai été emporté par mes amis de faire quelque chose qui ne va pas. (4) J'ai failli perdre mon travail. (5) J'ai des conflits dans mes relations avec mes parents, copains (e), ou amis (e), etc.

  Ensuite, demandez-leur de décrire comment ils réagiraient à chaque circonstance décrite dans le tableau. Assurez-vous de donner aux étudiants la chance de participer.

  Terminez l'activité en leur disant qu'aujourd'hui ils apprendront de la perspective que Dieu a à propos d'échec.

Connecter | Télécharger

1. L'échec d'Israël

Le dictionnaire définit « l'échec » comme : « Avoir manqué de succès, avoir un résultat adverse » ou « n'arrive pas à une bonne fin » (hhtp://www.wordreference.com/definition/fracaso [Consulté le 15/8/10]).

Nous avons tous expérimentés des situations dans notre vie que nous-même qualifierions comme des échecs, c'est-à-dire un effort que nous avons fait, mais avec lequel nous n'avons pas eu de bon résultat. Cependant, Dieu a une manière différente de voir et d'évaluer les situations qui entrent dans nos vies. Bien qu'en vue humaine, beaucoup de situations semblent avoir une fin « adverse », si nous rendons notre vie à Dieu et lui demander de transformer notre attitude et nos efforts, Il est Tout-Puissant et Il peut changer nos « Echecs » en victoires.

Le peuple d'Israël avait la promesse d'être une grande nation, mais, Juges 6:1-6a raconte la situation qu'il faisait face. Le verset 1 explique que les Israélites ont péché contre Dieu, c'est pourquoi « Il les livra entre les mains de Madian pendant sept ans ».

Le peuple de Madian a détruit les récoltes des Israélites et volé leurs moutons, leurs bœufs et leurs ânes, ainsi qu'ils ne les laissèrent rien à manger (vv. 3-4). En ce moment-là, les gens dépendaient totalement des récoltes et de leurs animaux pour subsister. Il considère la tristesse et le désespoir que le peuple d'Israël sentait, après avoir semé et travaillé dur, les Madianites sont venus et ont tout détruit jusqu'à ce qu'ils soient laissés sans nourriture pour leurs familles, ils ont sûrement considéré leur situation comme un grand échec.

Parfois, dans notre vie, nous pouvons affronter de grands ennemis comme les gens de Madian. Dans notre société, nous souffrons également des expériences négatives dans nos foyers, rues ou écoles et nous savons que ces situations peuvent produire de la peur, de la colère ou de la frustration. Nous devons également considérer qu'il existe des situations qui volent non seulement des choses matérielles ; il y a des moments où une situation d'échec à l'école ou dans notre famille vole la paix, la joie et l'espoir. Il y a des échecs causés par nous-mêmes (manque de succès à l'école, échecs dans notre vie chrétienne, désobéissance aux parents) et d'autres qui arrivent tout simplement à notre vie (divorce des parents, crises économiques, accident, maladie, décès, etc.).

Les situations d'échec peuvent être très difficiles et douloureuses, mais quelle que soit la cause, si nous cherchons Dieu, la fin sera dans ses mains. Dieu utilise même les situations négatives en notre faveur.

2. L'espérance d'Israël

Lorsque nous sommes en situation d'échec, l'un des aspects les plus importants est l'attitude que nous adoptons face à cette situation. Aidez les élèves à réfléchir à la façon dont ils réagissent lorsqu'ils sont face à une situation dans laquelle ils ont échoué. Questionnez : Penses-tu que ton attitude te fait avancer ou te décourage de plus ? Considère-toi que ton attitude t'approche de plus à Dieu et son pouvoir ou t'éloigne de sa présence ?

Dans le livre des Juges 6:7, nous lisons que le peuple Israël dans la situation difficile qu'il faisait face, il invoquait Dieu pour le libérer de l'oppression des Madianites. L'attitude des Israélites doit être un exemple pour nous : Au milieu d'une situation d'échec avec des sentiments de culpabilité, de frustration et de peur, nous devons toujours nous approcher de Dieu et le supplier de nous sauver. La première clé est d'avoir une attitude d'humilité et reconnaitre que sans Dieu tout est plus difficile. Dieu ne promet pas de nous faire vivre sans problèmes ou situations difficile, ce que Dieu nous promet est la victoire dans la situation ou le problème. Quand nous, nous donnons à Dieu la place de souverain dans nos vies, Il peut transformer nos situations d'échec en victoire.

La deuxième clé est de reconnaître que, bien que les situations semblent impossibles, il n'y a rien d'impossible pour Dieu (Luc 1:37). Le même pouvoir de Dieu est celui qui doit nous inspirer confiance en Lui avec tout notre cœur. L'espérance que le peuple Israël reprit se base sur ce que Dieu avait déjà fait pour eux en les retirant d'Égypte et les délivrer de leurs ennemis (Juges 6:8-9).

3. La victoire d'Israël

Dans le livre des Juges 6:11, Dieu présenta le plan du salut d'Israël a Gédéon et lui a encouragé de travailler avec Lui et pour Lui quand l'ange de Jéhovah apparut à Gédéon et lui parla, il exposa ses doutes au sujet de que si Dieu serait avec le peuple Israël (v. 13). Nous voyons la tentation d'affaiblir et les doutes qui peuvent faire partie d'une situation d'échec.

En tant qu'êtres humains, nous avons la tendance à demander pourquoi Dieu permet certaines situations douloureuses. Nous ne devons pas nous sentir coupables pour dialoguer avec Dieu au sujet de nos sentiments ; mais oui, nous devons nous assurer que les doutes n'affaiblissent pas notre foi.

Quand Dieu écouta les doutes de Gédéon, Il s'approcha pour lui parler, Il lui encouragea et lui fortifiait (v. 14). Dans les situations d'échec, nous pouvons être tentés de penser que Dieu n'écoute pas nos prières. Cependant, Dieu écoute chaque prière et y prête attention.

Dieu n'écouta pas seulement la prière, mais aussi Il envoya a Gédéon de sauver son peuple et le confirma qu'Il lui enverrait (Juges 6:14b). Dieu n'écouta pas seulement la prière de Gédéon, sinon qu'Il participa aussi dans le plan directement (v. 15).

Finalement, Dieu dévoila son plan a Gédéon son plan, son pouvoir et sa souveraineté (v.16). Nous pouvons comprendre que le plus grand échec ne résisterait pas au pouvoir de Dieu.

Juges 8, mit fin en disant que les Israelites ont gagné les Madianites définitivement et pendant quarante ans au temps de Gédéon (Juges 8:28).

Révisez/Application :

Demandez-les de completer les careaux en écrivant les messages qui viendraient à leur esprit au milieu d'une situation d'échec. Ils doivent marquer au moins deux messages dans chaque catégorie.

CE QUE LES AUTRES ME DISENT	
Mots d'encouragement	**Mots de découragement**
Par exemple : Tu peux réessayer !	Par exemple : Je suis un brute ; je n'arriverai de réaliser rien de bon !
CE QUE JE ME DIS	
Mots d'encouragement	**Mots de découragement**
Par exemple : Je le ferai mieux et la prochaine fois, cela me viendra mieux !	Par exemple : Je suis un brute ; je n'arriverai de réaliser rien de bon !

Défi : Pendant la semaine, pense à une situation d'échec que tu as vécue dans ta vie. Est-ce que tu as l'impression que tu n'as toujours pas réussi à transformer cette situation en une véritable histoire de victoire ? Tu peux dire tes soucis et tes peines à Dieu dans la prière. Rappel-toi que Dieu peut t'aider et te guider car il est tout-puissant, souverain et aimant. Rien ne Lui est impossible !

Le géant de la mort

Leticia Cano • Guatemala

Objectif : Que l'étudiant découvre la souveraineté de Dieu sur la mort.

Pour mémoriser : *« Quand je marche dans la vallée de l'ombre de la mort, je ne crains aucun mal, car tu es avec moi »* Psaumes 23:4.

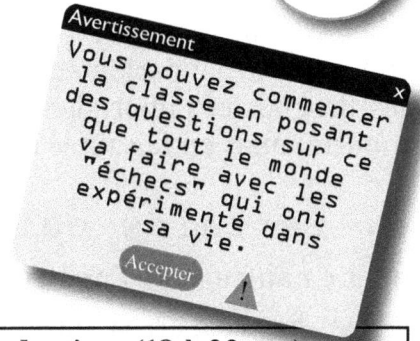

> **Avertissement**
> Vous pouvez commencer la classe en posant des questions sur ce que tout le monde va faire avec les "échecs" qui ont expérimenté dans sa vie.
> Accepter

Connecter | Télécharger

Dynamique d'introduction (12 à 17 ans).

- Instructions : Placez les chaises de la classe dans une file ou en forme de cercle. Apres quoi, demandez aux étudiants qu'ils s'assoient sur les chaises. Expliquer à la classe, vous direz les mots : Nain et géant de forme alternative. En écoutant « Géant », ils devraient se lever et en écoutant « Nain » Ils devraient s'asseoir. Celui qui a tort quitte le jeu. Ensuite, vous direz alternativement et très vite : Géant ! Nain ! Et vice versa.

  Quand ils ont terminé, expliquez que la mort est un géant que nous ne voulons pas affronter.

Dynamique d'introduction (18 à 23 ans).

- Matériaux : Papiers écrits avec des différentes émotions telles que : Tristesse, colère, joie, étonnement, doute, etc.
- Instructions : Préparez les papiers d'après le nombre d'étudiants de votre classe. Distribuez un morceau de papier à chaque élève. Puis chacun devrait dire : « Chicho est mort », exprimant l'émotion qu'il dit sur le morceau de papier qu'il a joué.

  Enfin, expliquez que les gens réagissent de différentes manières face à la mort d'une personne aimée.

Connecter | Télécharger

Nous pensons généralement que la mort n'arrive qu'aux personnes âgées, mais les gens meurent tous les jours de tous les âges. L'adolescence et la jeunesse est une étape merveilleuse. Qui pense à la mort de cet âge ? Cependant, un pourcentage élevé de décès provient des jeunes.

1. Dieu est souverain sur la vie et la mort

Comme souverain, Dieu exerce autorité suprême sur tout l'univers (Psaume 24:1). Il est souverain sur la vie et la mort (Ecclésiaste 8:8).

a. Le début et la fin de la vie

Le livre des Psaumes exprime que Dieu est l'auteur de la vie (Psaume 139:13, 15, 16). Le début de la vie est déterminé par Lui (Jérémie 1:5). Dans 2 Rois 20:1-6, il est rapporté que Dieu a fait savoir au roi Ezéchias qu'il allait mourir. Mais, Ezéchias ne voulait pas mourir ! Ainsi, il pria Dieu qu'Il se souvienne de son bon comportement devant Lui. Dieu fut ému de miséricorde et lui a accordé 15 autres années. Dieu a le pouvoir de donner la vie, de la prolonger et de l'enlever.

b. La vie c'est la miséricorde de Dieu

Chaque jour, Dieu a un plan pour nous. La vie n'est pas un droit mais un don (Jérémie 31:3), c'est l'expression de sa miséricorde.

Dieu a accordé à Ezéchias 15 autres années. Pendant ce temps, il a reçu la visite des émissaires du Roi de Babylone, à qui il a montré tous les trésors de son royaume. Ainsi a suscité la cupidité des Babyloniens, qui par la suite a envahi et pillé la nation (2 Rois 20:12-18). Ézéchias a agi imprudemment.

Nous devons profiter de chaque jour vivant dans sa volonté et faire bon usage de la miséricorde donnée par Dieu.

c. Mourir avant l'heure ?

La volonté de Dieu est que nous ayons une vie longue et bonne (Psaume 91:16). Cependant, beaucoup tronquent le but parfait de Dieu pour sa vie, en choisissant un mauvais chemin comme, la délinquance, les drogues et l'imprudence (Ecclésiastes 7:17). C'est pour cela, il y a un temps établi d'où chacun mourra, mais en faisant le mal ou en agissant imprudemment, nous pouvons mourir avant le temps.

2. Certains oui et d'autres non, pourquoi ?

a. Le naufrage de l'apôtre

Des fois cela arrive qu'on donne à ton frère le permis de sortir en promenade avec ses amis et à toi non. Tu peux croire que tes parents ne t'aiment pas ou qu'ils ont de la préférence, mais il doit exister une raison que tu ne connais pas : Par exemple, il a terminé le devoir de l'école et toi non.

Quand l'apôtre Paul allait à Rome en bateaux, il souffrait un naufrage, mais le Seigneur lui révéla qu'il n'y aurait pas aucune perte de vie humaine (Actes 27:22) ; et ainsi ils ont pu mettre fin avec la traversée. Le Seigneur a gardé la vie de Paul pour qu'il donnât témoignage de l'évangile de Jésu-christ dans la ville de Rome et par son témoignage la vie beaucoup de personnes ont été gardées. Il y a toujours un but de Dieu.

b. Le martyre d'Etienne

Etienne était un chrétien fidèle. Pour son bon témoignage il fut élu pour servir à la table comme diacre (Actes 6:5). Il a été aussi versé dans les Écritures et il était un bon prédicateur (Actes 7:1-53). Mais, il a été accusé de blasphème au hasard, il fut lapidé et mourut (Actes 7:54-60). Pourquoi Dieu lui a permis d'être tué, s'il était un chrétien fidèle ?

Jean Baptiste était un serviteur de Dieu, mais Hérode lui a coupé la tête (Matthieu 14:1-12). Pourquoi lui a permis d'être tué ?

Nous avons besoin de nous rappeler que Dieu est souverain. Même si c'est un peu incompréhensible pour notre esprit, Dieu possède ce pouvoir sur notre vie et sur notre mort. Lorsque la séparation physique vient, nous éprouvons une douleur profonde et inexplicable et c'est là que le Seigneur nous offre son amour et sa consolation.

3. Le sens de la vie et de la mort

La mort est un géant que personne ne veut rencontrer, mais c'est inéluctable. D'une belle manière poétique Job le décrit dans Job 9:26.

C'est très difficile d'accepter la mort comme la manifestation de la volonté de Dieu. Questionnez : Peux-tu te rappeler ce moment la mort d'un être cher ? Peut-être que cela ne t'est pas arrivé et que tu considères la mort comme une possibilité très lointaine, mais personne n'est exempté de la mort venant à sa propre vie ou celle des personnes proches de lui.

a. Le sens de la vie

Selon l'apôtre Paul, ni notre vie comme notre mort doit être pour le Seigneur (Romains 14:8 ; Philipiens 1:21), par conséquent, nous avons la responsabilité de faire toujours ce qui plaît à Dieu. La parole du Seigneur nous conseille d'être sage et de faire bon usage du temps (Éphésiens 5:16).

b. Le sens de la mort

L'apôtre Paul considérait la mort comme un gain (Philipiens 1:21) parce que dans le service du Seigneur, il a souffert de la persécution, la douleur et la prison et bien qu'il l'ait enduré avec joie, il a compris que la mort le libérerait de la souffrance, pour l'amener à jouir éternellement de la présence de Dieu.

La mort pour les chrétiens, parce que nous gardons l'espérance de voir Jésus (Job 19:25-27 ; Psaume 48:14). Mais si quelqu'un se trouve dans la désobéissance à Dieu au moment de la mort, celui-ci n'aura pas la vie mais une mort éternelle (Hébreux 10:27).

Prise par la main de notre Seigneur Jésus-Christ, nous pouvons affronter le géant de la mort.

Révisez/Application :

Demandez-les de suivre ces instructions.

1. Écris trois choses que tu prévois de faire dans la prochaine 10 ans.

2. Si aujourd'hui ils t'ont dit qu'il ne te reste qu'une semaine de vie, que ferais-tu dans chacun des jours qui te reste pour vivre ?

   Lundi : _____

   Mardi : _____

   Mercredi : _____

   Jeudi : _____

   Vendredi : _____

   Samedi : _____

   Dimanche : _____

Défi : Pendant la semaine, pense à des passages qui t'apportent la paix lorsque tu penses à la mort, écris-les et partage-les avec la classe la semaine suivante.

Le géant de honte

Eudo Prado • Venezuela

Objectif : Que l'étudiant reconnaisse que la honte a son origine dans la condition pécheresse de l'homme.

Pour mémoriser : « *Alors ils entendirent la voix de l'Éternel Dieu, qui parcourait le jardin vers le soir, et l'homme et sa femme se cachèrent loin de la face de l'Éternel Dieu, au milieu des arbres du jardin* » Genèse 3:8.

Avertissement

Commencez en des questions sur ce qu'ils ont fait pendant la semaine. Vous pouvez leur donner l'exemple en partageant certains passages que pendant votre vie qui vous a apporté la paix.

Accepter

Connecter | Télécharger

Dynamique d'introduction (12 à 17 ans).

- Matériaux : Des feuilles de papier très grandes, marqueurs épais et surligneurs de différentes couleurs.

- Instructions : Questionnez aux élèves, comment pensez-vous qu'une personne honteuse se sent ? Quelle est l'expression la plus commune de son visage ?

  Après avoir écouté leurs commentaires, divisez-les en petits groupes de trois ou quatre membres, et invitez-les à « dessiner un visage de honte ». Indiquez-les d'essayer de capturer dedans l'expression la plus commune, qui est d'accord avec leur critère, qui se produit face à une personne honteuse.

  Sûrement cet exercice sera une blague et le rire pour les adolescents.

  Pour terminer, discutez sérieusement sur le mauvais sentiment qu'une personne ressent quand elle a honte.

Dynamique d'introduction (18 à 23 ans).

- Matériaux : Des feuilles de papier très grandes, marqueurs épais.

- Instructions : Expliquez aux élèves que la honte peut être causée par des situations différentes et peut causer beaucoup de problèmes, à la fois la personne elle-même comme ceux avec qui elle se rapporte. Formez de petits groupes de trois ou de quatre membres. Donnez à chaque groupe une feuille et demandez-leur de le diviser en deux colonnes. Dans une colonne on écrira le titre « Situations qui résultent honte » (par exemple : Diffuser le secret d'un ami), et dans l'autre, « Les effets de la honte » (par exemple : Masquer de la personne offensée). Chaque groupe doit élaborer son propre liste, d'au plus cinq éléments dans chaque colonne.

  Finalement, les groupes partageront avec la classe et vous pouvez faire un résumé au tableau.

Connecter | Télécharger

Certains érudits ont dit que la honte est l'une des dix émotions fondamentales (joie, intérêt, excitation, surprise, tristesse, colère, dégoût, mépris, peur, honte et culpabilité). On dit aussi que c'est l'une des émotions qui possèdent une majeure expression physiologique. Parce que quand nous sentons la honte, beaucoup de réactions physiques produisent dans notre corps. Généralement nous nous sentons très mal. Mais la honte déclenche également des pensées négatives. Souvent, cela nous amène à désapprouver à nous-mêmes, affectant sérieusement notre estime de soi, et par conséquent, notre comportement avec les autres.

Dans la Bible, on nous enseigne que l'origine de ce problème est spirituelle : Produit de la condition pécheresse de l'homme. Et aussi elle nous enseigne que cela peut se solutionner à travers de l'œuvre merveilleuse du Saint-Esprit.

1. L'origine de la honte

En Genèse 3 nous trouvons l'histoire de la désobéissance originelle de l'être humain. Et dans les versets 7-13 du même chapitre, nous lisons l'histoire de la honte dans le premier couple.

La honte d'Adam et Eve a pris naissance parce que le péché avait changé leur façon de penser en ce qui concerne la vie du Créateur. Il ressemble que « la nudité ici est l'expression d'une vie simple, sans le sentiment de culpabilité et en parfaite harmonie avec soi-même et avec son prochain. Ensuite, à la suite du péché, cela arrivait comme motif de la honte » (Note marginale de Genèse 2:25) dans la Bible Reine-Valera 1995, version d'étude, SBU). La condition pécheresse de l'être humain est à l'origine de tout sentiment négatif. Mais, c'est merveilleux savoir que Dieu nous a donné le Saint-Esprit, celui qui purifie notre cœur, tout en permettant que son amour se manifeste dans notre vie.

2. Les effets de la honte

Le sentiment de la honte est un vrai géant intérieur, féroce et menaçant. Non seulement il affecte la personne, mais aussi beaucoup de personnes avec qui il est apparenté.

La honte devient souvent une condition paralysante. Généralement, cela nous effraie faire face aux conséquences de nos actions inappropriées. Tout comme Adam et Eve, nous ne voulons pas non plus faire « Face » à ceux que nous avons blessés ou offensés.

C'est possible aussi que nous nous sentions inappropriés et incapables de réaliser une mission ou office. Pour cette raison, parfois, une situation ou une condition dont la honte peut nous conduire à nous réfugier dans la solitude, et nous empêche donc de nous rapporter en toute liberté avec les autres.

Invitez-les de lire Luc 22:54-62. Questionnez : Que vous ressemble l'exemple de l'apôtre Pierre ? Quelles furent les raisons qui excitèrent Pierre à se sentir honteux en relation avec son amitié avec Jésus ? Apres avoir donné leur opinion, questionnez-les aussi : Comment pensez-vous que se sentaient Pierre que Jésus lui regardait âpres l'avoir refusé ?

Sans doute, cette situation pour Pierre était traumatique. La partie la plus obscure de la honte est la culpabilité, et celle-là l'avait envahi immédiatement. C'est pour cela qu'il se cachait de la présence des autres et pleura amèrement. Mais Dieu, dans sa grande miséricorde, quand nous avons échoué, nous donne toujours de nouvelles opportunités et c'est ainsi qu'il l'a fait avec l'apôtre Pierre.

3. Surmonter la honte

La Bible enseigne qu'une relation personnelle, intime et profonde avec l'Esprit Saint, produit une grande différence à notre responsabilité. Pierre fut libéré du sentiment de la honte à partir du jour de la Pentecôte. Antérieurement, il se sentait honteux de Jésus face à un petit groupe de personnes, mais après avoir reçu le Saint-Esprit, il témoignait face a une grande foule de personne avec courage (Actes 2:14-24, 36-42). Ce fut la présence du Saint-Esprit qui produisit le courage nécessaire pour témoigner au sujet de sa foi en Jésus. Lisez les versets 36 à 40, avec la classe en citant les détails du témoignage de Pierre aux juifs et son résultat.

Quelle que soit la raison d'un sentiment de honte, l'Esprit Saint est en mesure d'aider à le surmonter. Que ce soit des pensées négatives sur nous-mêmes, des erreurs que nous avons commises dans le passé, ou des attitudes de réprobation des autres à notre égard, Dieu connaît parfaitement nos vies et Il est intéressé à nous aider. Le chemin vers la victoire sur le géant intérieur de la honte commence quand vous mettez toute la confiance dans le pouvoir transformateur de Dieu. La bénédiction d'une personnalité embellie par la présence du Seigneur est accessible par la prière, la lecture de la Bible et de l'obéissance, la foi et la communion avec l'église. Le Saint-Esprit produit des fruits en nous (Galates 5:22-23).

Invitez la classe de vous accompagner dans une prière de confession et approche au Seigneur. Incluant la nécessité de ceux qui ont été sensibilisés à travers la leçon. C'est une bonne occasion de demander à Dieu d'effectuer dans vos étudiants une œuvre profonde de rénovation intérieure par le moyen du Saint-Esprit.

Révisez/Application :

Accordez du temps aux personnes suivantes pour répondre lesquestions avec leurs propres mots (nous avons placé desréponses possibles) :

Dans quel sens la honte peut affecter négativement notre estime de soi ?
Parce que la honte provient d'un sentiment de la culpabilité qui nous conduit à nous cacher.

Quels étaient les premiers personnages bibliques qui a éprouvé la honte et pourquoi ?
Adam et Eve, pour avoir désobéi Dieu.

Pourquoi dit-on que la honte se considère comme une condition paralysante ?
Parce que la honte nous conduit à la solitude, nous empêchant d'interagir librement avec les autres.

Quelle a été l'attitude de Pierre face a Jésus dans Luc 22:54-62, et qui le motivait ?
Pierre renia Jésus trois fois parce qu'il sentait de la honte pour s'identifier comme l'un de ses disciples.

Quelle a été l'attitude de Pierre face en ce qui concerne Jésus dans Actes 2:14-42, 36-42 ?
Pierre témoigna au sujet de Jésus sans crainte ni honte.

Comment une transformation peut-elle être faite positive dans notre personnalité pour surmonter la honte ou tout autre sentiment négatif ?
Par le moyen d'une relation intime et profonde avec le Saint-Esprit.

Défi : Identifie une personne qui montre une sorte de honte. Essaie de l'aborder de manière prudente pour lui offrir un geste de gentillesse, un mot d'encouragement, ou tout simplement pour lui offrir un bonbon ou un autre détail. Dans ta prière personnelle, demande au Seigneur que cette personne puisse surmonter la honte et être remplie du Saint-Esprit.

Paix! Dans la tempête

Myriam Pozzi • Argentina

Objectif : Que l'élève entende que nous avons besoins de nous confier en Jésus et lui demander son aide quand les problèmes viennent à nos vies qui nous font peur.

Pour mémoriser : « *Jéhovah est ma lumière et mon salut, de qui aurais-je peur ? Jéhovah est le soutient de ma vie, de qui aurais-je crainte ?* » Psaume 27:1.

Avertissement

Avant de commencer, demandez des volontaires qu'ils partagent ce qu'ils ont fait pour aider à la personne qui lutte avec honte. En priant pour commencer la classe incluez à ces gens dans la prière.

Accepter

Connecter | Télécharger

Dynamique d'introduction (12 à 17 ans).

- Matériaux : Une grande bouteille avec son bouchon, eau, sel, détergent, colorant bleu et un morceau de bois ou autre matériel qui flotte.

- Instructions : Remplissez la bouteille avec de l'eau (un peu plus de la moitié), ajoutez deux cuillères de sel, une goutte de détergent et deux gouttes de colorant bleu. Placez le morceau de bois à l'intérieur. Bande la bouteille et secouez-la jusqu'à ce que le mélange réagisse comme une tempête. Dites aux élèves que ceci a la ressemblance d'une tempête et le morceau de bois représente un bateau. Interrogez-les comment ils se sentiraient s'ils étaient dans ce bateau au milieu de la nuit loin de la côte et une hausse tempête qui menacerait de les noyer.

Dynamique d'introduction (18 à 23 ans).

- Instructions : Questionnez aux élèves s'ils avaient vu le film « Titanic ». Pour ceux qui disent oui, demandez-leur de relier la scène dans laquelle le navire submerge et l'orchestre joue sous les eaux. Comment avaient-ils interprété cette séquence ?

  Ceci est une métaphore de la paix que nous devons avoir comme chrétiens quand nous sommes au milieu de l'épreuve ou tribulation. Demandez que quelqu'un d'eux partager une expérience personnelle de crise où ils ont senti la paix de Dieu et ils pourraient encore chanter ou jouer d'un instrument au milieu de la peur et la douleur.

Connecter | Télécharger

Nous pouvons définir la peur et la crainte comme une émotion désagréable quand nous apercevons le danger, réel ou imaginaire. Il est nécessaire pour notre survie, car il nous dit quand le danger est proche. Parmi les peurs les plus communes sont : Peur d'abandon, rejet, critique, échec, à l'inconnu, à la mort, à l'avenir, parmi beaucoup d'autres. Toutes ces peurs sont des manifestations d'insécurité et de l'impuissance parce que nous comprenons que nous ne pouvons pas contrôler la situation.

La peur cause de l'anxiété, de l'anxiété, nous fait perdre notre sécurité, notre calme, altère notre comportement, nous produit des réactions physiques, altère le sommeil et même peut nous rendre malade. Pour nous libérer de ses craintes, il est nécessaire de connaitre la racine d'où elles viennent, les faire face et s'attacher à la Parole de Dieu qui nous assure qu'Il est notre salut et nous donnera la victoire.

Lisez Marc 4:35-41 avec toute la charge émotionnelle qui vous soit possible pour dominer le moment critique.

1. Une tempête terrible

Apres avoir enseigné toute la journée, Jésus ordonna a ses disciples de traverser la mer de Galilée. Ils se séparaient de la foule et commencèrent le voyage dans la barque qui probablement ils avaient utilisé dans des autres occasions (Marc 3:9 ; 4:1).

La mer de Galilée en réalité est un grand lac là ou se lèvent des tourments violents de temps à autres d'accord a sa position géographique. Pour l'Israelite, la mer a été une source de dangers. A cet endroit, ils arrivèrent les ennemis, se croyait que des monstres et marins y habitaient, on racontait l'histoire des naufrages, etc. Dans ce contexte, la tempête se transforme en symbole de tristesse suprême.

Au moins, quatre disciples de Jésus étaient des pécheurs, cependant, le danger de cette nuit les produisit une peur mortelle.

2. Une question désespérée

Les choses semblaient très difficiles, le chaos et la crainte régnèrent. Jésus dormait tellement profondément que ni la tempête lui pouvait réveiller, pour cela qu'on devait lui réveiller par des cris (v. 38).

Les disciples ne considéraient que le sommeil de Jésus comme une négligence pour les sauver d'une mort sanglante. Ils voulaient que Jésus comme leur leader, partageasse leur préoccupation. Le naufrage semblait inévitable. Non seulement que la mer était très brave, les disciples aussi se comportèrent de cette manière envers Jésus. La question qu'ils l'ont adressés dans un premier temps peut avoir la connotation d'une accusation d'irresponsabilité avec la vie de ses disciples. Nous devons toujours faire attention de ne pas accuser Dieu d'une telle chose. S'il prend soin des oiseaux, à plus forte raison pour nous ! (Matthieu 6:26)

« Au lieu de communiquer notre panique, nous devrions le laisser communiquer son calme ».

3. Un miracle incroyable

« Tempête » signifie vent impétueux : « ouragan ». La vie de tous était en danger ! Jésus « se réveilla » et avec deux ordres Il imposa le silence (Marc 4:39). Le vent cessa et il y eu un grand calme. La grande tempête a été remplacée par une grande tranquillité.

Parfois, nous sentons que nos vies connaissent une tempête et nous avons peur. À ce moment-là, il est important de savoir que Dieu contrôle nos vies, même quand il semble être inactif. Nous devons savoir que, malgré le tourment, notre vie en Christ n'écoulera jamais. Jésus se dirigeait au vent et au lac. En réponse à sa voix, la tempête a cessé et la même chose peut arriver dans nos vies quand nous venons à Lui aux moments des « tempêtes ».

Ce miracle représente une avance dans la connaissance que les disciples avaient de Jésus, ils les avaient vu chasser des démons et guérir les malades, mais dans cette occasion, Jésus les a montré sa souveraineté sur les forces de la nature.

C'est intéressant que pendant qu'ils étaient dans la crainte, il ne les a pas réprimandés. Quand le calme est venu, il leur a dit que leur crainte était venue par manque de foi (v. 40). La foi est essentielle ici, c'est plus que croire en ses mots, c'est la confiance dans la personne du Christ et qui va avec nous dans le même bateau. Cette foi n'est pas la foi pour rester sur la rive que nous offre la sécurité, mais la foi pour naviguer à travers les tempêtes, c'est une foi qui nous conduit à l'action.

4. La peur a gagné la foi

Les disciples avaient entendu les enseignements de Jésus et ils avaient vu ses miracles, mais en ce moment, la peur les a gagné la foi. Nous espérions que les disciples auraient de la joie en voyant Jésus calmer la tempête, au contraire, « ils eurent peur avec de grand crainte » (Marc 4:41).

La tempête a provoqué la panique parmi les disciples à cause de leur manque de foi et de compréhension. Cette peur est arrivé à être même majeure que la peur de la tempête! C'est pour cela qu'on découvre la question : « Qui est celui-ci ? »

Le vrai problème des disciples n'était pas la tempête, mais leur manque de foi. Et c'est aussi notre problème majeur. La question : « Comment n'avez-vous pas de foi ? » (v. 40) nous appartient aussi.

La foi mature produit la sérénité au milieu de la tempête. La « peur » est une réaction normale. Mais c'est précisément là où la foi devrait être manifestée en Jésus-Christ.

La communion avec Jésus ne nous cache pas du danger. Nous vivons au milieu des problèmes et tempêtes, quelques d'entre eux nous abattent et nous laisser sans respiration pour continuer. Mais dans tous les cas, les croyants, nous savons bien que Jésus est avec nous. La majorité des craintes disparaitront quand la confiance augmente dans la fidélité et le pouvoir de Dieu.

Révisez/Application :

La grande question du passage étudié est celle-ci. Comment d'autres passages de l'Écriture répondent-ils ?

1. Jérémie 10:10 « Seigneur, vrai Dieu, Vivre Dieu, le Roi éternel ».

2. Jérémie 10:13 « Sa voix produit un le tumulte des eaux dans le ciel ; il fait grimper les nuages au bout de la terre, apporter la foudre avec la pluie et apporte le vent de leur dépôts ».

3. Psaume 67:7 « Tu as calmé le rugissement de la mer, le grondement de ses vagues et le tumulte des peuples ».

4. Psaume 89:9 « Tu ordonnes la mer mugissante ; tu calmes tes boucles vagues ».

5. Psaume 107:24-29 « Ici, dans les eaux profondes, ils ont vu ses œuvres du Seigneur et ses merveilles. Dieu a parlé, et il y avait un vent fort qui les deux ont grincé les vagues qui sont montées au ciel et ils sont descendus dans l'abîme ».

Défi : Dans le monde d'aujourd'hui si plein de peur et d'incertitude, quelle est mon attitude ? Celui de la foi qui soutient ou celui de la peur qui paralyse ?

Me suis-je déjà retrouvé au milieu d'une « tempête » dans laquelle Jésus semblait absent et où la peur m'a submergé ? Qu'est-il arrivé ?

Place le texte à différents endroits tels que : la porte du réfrigérateur, l'écran de ton ordinateur, le mur de ta chambre, le miroir de la salle de bain, etc. à garder en tête tout au long de la semaine…

L'Anxiété pourquoi ?

Objectif : Que l'élève comprenne quelle est l'anxiété et comment il peut le faire face comme chrétien.

Pour mémoriser : « *Déchargez-vous sur Lui de tous vos soucis, car lui-même prend soin de vous* » 1 Pierre 5:7.

Avertissement
Demandez ce qu'ils ont fait avec le passage biblique de la dernière leçon. Où ils l'ont mis? Parler un peu à propos de comment ça se passe bien en connaissant la Parole de Dieu dans les moments difficiles.
Accepter

Connecter | Télécharger

Dynamique d'introduction (12 à 17 ans).

- Matériaux : Un journal par participant (si c'est possible), des feuilles de papier et des crayons.

- Instructions : Chaque élève prendra une feuille de papier, un crayon et le journal et sur la feuille, ils vont écrire cinq titres qui vous semblent importants ou on les attire l'attention. À côté de l'en-tête placera l'un des symboles suivants : G = Un événement que j'aime et P = Un évènement qui me préoccupe. Apres quoi, on discutera avec l'ensemble du groupe pourquoi le goût ou la préoccupation.

    Avec cette dynamique, les étudiants analyseront les nouvelles et les évènements selon l'impact causé dans leur vie, et cela servira à introduire la classe en pensant à ce qui leur donne du plaisir et à propos de ce qui les inquiète.

Dynamique d'introduction (18 à 23 ans).

- Matériaux : Feuilles de papier, marqueur, un récipient et une chaise.

- Instructions : Apportez le nom de chaque étudiant écrit dans un papier, pliez-les et placez-les dans un récipient. Demandez qu'un volontaire retire un morceau de papier et le lise. L'étudiant nommé passera et sera assis sur la chaise en face de la classe et répondra aux questions suivantes : Qu'est-ce que c'est ? Qu'est-ce qui te cause l'anxiété ? Que fais-tu quand tu es anxieux ? Comment contrôles-tu l'anxiété ?

    Après que certaines personnes ont passé, formez des petits groupes et discuter au sujet des réponses de leur camarades. Permettez qu'ils arrivent à parvenir à quelques conclusions.

    La dynamique permettra la réflexion et le partage à propos de ce qui cause l'anxiété et comment s'exprime.

Connecter | Télécharger

L'être humain doit toujours affronter ou faire face à des situations diverses, à partir des faits heureux, embarrassant jusqu'à la souffrance et de la douleur. Mais en réalité ce qui arrive à marquer la vie des gens c'est la façon dont ils réagissent aux situations, c'est là qu'on se met dans le champ des émotions.

L'anxiété est une émotion, et c'est une forme de réponse de l'être humain à ce qui se passe. Il est important de savoir que les émotions ont deux visages, d'une part elles sont responsables des actions très flattées et d'autre part des tragédies et des pires souffrances.

1. Qu'est-ce que l'anxiété ?

Pour la psyquatrie, l'anxiété est une réponse automatique qui se produit dans notre cerceau quand il connait l'existence d'un danger. Nous pouvons l'appeler un mécanisme de défense, une réaction naturelle de la mémoire face aux situations dangereuses. C'est pourquoi, certain grade d'anxiété est sain puisqu'il aide dans la formation du caractère de la personne ; mais il peut aussi devenir paralysant et causer de grands dégâts.

L'anxiété peut survenir lorsqu'on pense à des événements passés ou futurs, à propos des choses qui ne peuvent pas être contrôlées. Elle peut également être donnée en se souvenant des erreurs passées qui finissent par tourmenter ou souhaitant prévoir tout revers qui pourrait survenir. L'être humain aura toujours peur face à ce qu'il ne sait pas et donc ne contrôle pas.

La vie est pleine de situations qui échappent de nos mains et il est normal que notre réaction à la préoccupation, il serait absurde de demander l'indifférence ou une attitude frivole, et il n'est pas sain de se produire. En un degré de préoccupation est en bonne santé car il fait réagir l'être humain à des moments critiques, montre maturité de responsabilité, au tant que la préoccupation s'accompagne aussi d'action. Mais quand l'inquiétude est excessive et elle devient effrayante, nous sommes prisonniers d'anxiété, ce qui est une préoccupation dérangeante, c'est très différent de montrer un profond intérêt à résoudre une situation.

Les professionnels sur le terrain concluent que l'anxiété est l'une des émotions humaines les plus néfastes parce qu'elle attaque tout l'être humain. Lorsque l'anxiété est excessive, elle érode l'esprit et le corps, elle affecte la capacité de jugement de l'être humain, diminue son pouvoir de décision et le fait progressivement chaque jour plus incapable de faire face à la vie. En outre, la personne anxieuse affecte ceux qui sont à ses côtés.

2. Pourquoi rester anxieux ?

Ce qui est vraiment absurde est que même en sachant qu'il y a des choses hors de contrôle, les gens continuent à s'inquiéter, c'est comme chercher une réponse à une question qui n'a pas encore été faite.

Réfléchissons maintenant aux situations qui rendent la plupart des adolescents et des jeunes anxieux, principalement les changements sont la source d'une grande anxiété à ce stade, changements d'école, lieu de résidence, d'amis, un autre facteur est les examens, les compétitions sportives, etc. Il est normal d'être anxieux à propos de la nouveauté car cela inspire la peur parce que c'est inconnu.

Dieu ne nous abandonne jamais et l'histoire le prouve. Un exemple d'anxiété que nous trouvons chez le roi Saül. Dans 1 Samuel 13:8-15, on nous raconte l'histoire ou Saül n'avait pas de patience pour rester en attente du sacrificateur Samuel pour offrir le sacrifice, il est allé de l'avant et l'a fait lui-même. La peur que les gens désertent et restent tout seul devant la menace des Philistins, le fit désobéir à Dieu. Evidemment, il y avait des facteurs de pression causant de grande peur et du désespoir, mais Saül devait attendre.

L'action d'offrir le sacrifice hors du temps, cela n'était pas en soi un péché, mais ne mettre confiance et désobéir Dieu était son péché et la conséquence était de savoir que son royaume ne continuerait pas. La même chose vaut pour tous les personnes anxieuses qui se précipitent et prennent de mauvaises décisions et presque toujours incorrectement.

3. Se reposer en Dieu

Compte tenu de la preuve du grand dommage causé par être anxieux prolongée, la question est : Peut-on éviter l'anxiété ? Beaucoup de gens dans un état anxieux croient qu'ils trouvent la solution avec des sédatifs, injections calmantes ou autre addiction compulsive, comme de l'alcool ou des drogues. Mais la seule solution effective pour l'anxiété était, est et continuera d'être Dieu.

Le passage biblique qui nous parle clairement sur ce qu'on doit faire avec l'anxiété est Matthieu 6:25-34. Jésus exhortait ses disciples qu'ils ne se préoccupent pas. En parlant sur les oiseaux, de lys et de la générosité de Dieu envers eux, Jésus toucha un principe de base : « La confiance » et d'autre part, il condamnait l'anxiété parce que Dieu a promis de fournir à nos besoins, il prend soin de tous les domaines de notre vie.

Le passage se termine avec un avertissement pour ne pas nous soucier de l'avenir, parce qu'on ne doit pas nous concentrer sur les problèmes de chaque jour, dans lequel Dieu donnera la force. Ce qui apparaît dans cette exhortation de Christ est un mandat à ne pas être inquiet pour le futur.

Dans ce passage, Jésus enseigne quelques principes : 1) Dieu nous a donné la vie, par conséquent, nous pouvons confier qu'Il peut nous donner ce que nous avons besoin (v. 25). 2) Ne s'inquiète pas pour un future qui ne se voit pas, ni accumuler des richesses pour ce futur qui est incertain (v. 26). 3) La préoccupation est inutile (v. 27). 4) Dieu est très généreux envers l'humanité (vv. 28-30). 5) L'anxiété est essentiellement un manque de confiance en Dieu, le chrétien ne peut pas s'inquiéter parce qu'il se confie dans l'amour de Dieu (v. 32). 6) Pour détruire l'anxiété, on doit se centrer a la recherche du royaume de Dieu, quand Dieu domine notre vie, toute anxiété disparait (v. 33). 7) L'anxiété peut être vaincue en apprenant à vivre un jour à la fois, accomplir chaque tâche en ce moment où l'on doit faire (v. 34).

Il est important de rappeler 1 Pierre 5:7.On nous dit ce qu'on doit faire et la raison pour laquelle qu'on doit le faire, le mot décharger signifie renoncer à notre responsabilité et la déposer en Dieu, reposant en Lui réellement.

Révisez/Application :

Demain, j'ai une présentation dans ma classe. Réellement, j'ai étudié et préparé le sujet il y a deux semaines de cela, mais j'ai peur de parler devant la classe parce que je pense que je peux me tromper et tout le monde va se moquer. Toujours avant de parler devant un public, mes pieds tremblent et je ne peux pas dormir, mais quand je suis devant, la nervosité disparaît peu à peu.

1. Quels sont les symptômes de l'anxiété ?
   Nervosité, jambes tremblantes, ne peut pas avoir du sommeil et avoir des pensées négatives.

2. De quoi avez-vous peur ?
   Faire des erreurs et se moquer des gens.

3. Est-ce un cas normal l'anxiété? Pourquoi ?
   Oui, parce que se sent inquiétée jusqu'à un temps, finalement fait face à la situation et au fur et à mesure, il fait ce qu'il a l'intention de craindre (être devant) la crainte s'en va.

4. Quel conseil biblique le donnerais-tu ?
   Je lui dirais tout simplement assister à l'occupation de chaque jour et ne s'inquiéter pas longtemps avant. Je l'encouragerais à croire que s'il se prépare, tout lui sera bien. Par la suite, je lui féliciterais pour sa préparation anticipée.

Défi : Pendant la semaine, mets en pratique ce que tu as appris en classe, identifie d'abord quand tu es anxieux, puis note combien de fois tu te sens anxieux, combien de jours dans la semaine et combien de fois par jour tu te trouves dans cet état. Fais ensuite une liste des raisons qui t'inquiètent, quand tu auras identifié tout cela, dans ton moment de prière (si tu ne l'as pas, c'est un bon moment pour le commencer) remets toutes ces préoccupations entre les mains de Dieu et lis 1 Pierre 5:7.

L'anxiété est normale, mais tu ne peux pas être anxieux longtemps et constamment, seul Dieu donne la paix.

Attitude pour prier

Juan Estrada • Mexique

Objectif : Que l'élève reconnaisse que l'attitude envers la prière personnelle affecte directement dans le but de cela.

Pour mémoriser : « *Mais quand tu pries, entre dans ta chambre, ferme ta porte, et prie ton Père qui est là dans le lieu secret ; et ton Père, qui voit dans le secret, te le rendra* » Matthieu 6:6.

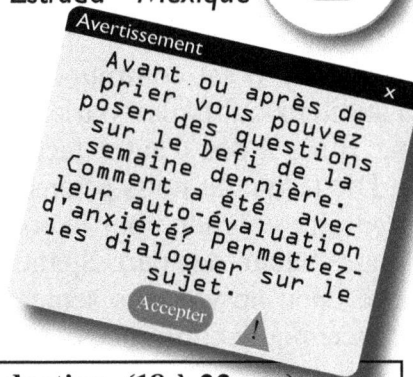

Avertissement

Avant ou après de prier vous pouvez poser des questions sur le Defi de la semaine dernière. Comment a été avec leur auto-évaluation d'anxiété? Permettez-les dialoguer sur le sujet.

Accepter

Connecter | Télécharger

Dynamique d'introduction (12 à 17 ans).

- Matériaux : Papier, un sac et crayons.

- Instructions : Demandez que, sans mentionner leur nom, écrire sur une feuille de papier ce qui suit : 1) Leur plat préféré, 2) Leur dessert préféré, 3) Un personnage de la Bible préféré et 4) le genre de film préféré (drame, action, romantique, etc.).

   Une fois que tout le monde a fini, ils vont placer les papiers dans un sac et un volontaire les sortira un par un et les lire à haute voix et la classe devrait identifier qui l'avait écrit.

Dynamique d'introduction (18 à 23 ans).

- Matériaux : Tableau, craie (chaux) et marqueurs.

- Instructions : Sélectionnez deux ou trois étudiants pour écrire au tableau trois activités qu'ils pratiquaient ou réalisaient et trois activités qu'ils n'avaient jamais pratiqués.

   Une fois leur liste soit terminée, chacun des étudiants répondront à environ 10 questions que leur collègues les font par rapport aux activités qu'ils ont écrit.

   L'objectif de cette activité est de montrer que difficilement on peut tromper les compagnons. Discuter de l'importance d'être toujours honnête, déjà que si les compagnons nous connaissent, combien plus Dieu nous connaîtra.

Connecter | Télécharger

L a prière dans ta chambre, dans l'intimité la plus profonde, te permettra d'exprimer calmement ton remerciement à Dieu ou élèves tes demandes au trône de sa grâce où Il saura comment communiquer ce qu'il pense de tes besoins. Se communiquer avec Dieu chaque jour doit être une nécessité vitale dans ta vie. Mais la prière doit être accompagnée d'un comportement agréable à Dieu, une attitude d'humiliation devant le Père. Questionnez : Quel el le lieu que tu utilises fréquemment pour prier ? Est-ce que tu utilises l'internet pour te communiquer avec Dieu pour l'exprimer tes demandes ? Comment a été cette expérience ?

   Demandez à un volontaire qu'il lise un des passages de Jérémie 29:11-13, 33:3 ; Matthieu 6:5-8 et pour terminer la lecture, demandez-leur de demander aux autres, quel est le thème principal de cette partie de la Bible ?

   Le thème principal de ces passages est l'attitude que nous devrions adopter dans la prière. Bien que les passages répondent plusieurs autres questions comme : Quel type de mot que nous ne devrions pas utiliser dans une prière ? Pourquoi ? Pourquoi nous ne recevons pas de Dieu ce que nous demandons ?

1. Du cœur au cœur

   Dans les premiers versets de Matthieu 6, notre Seigneur, dans le fameux Sermon sur la montagne, a adressé trois thèmes de piété pratiqués par les Juifs : 1) Aide pour les nécessiteux, 2) prière et 3) jeûne. Et précisément dans Matthieu 6:5, il dit à la foule, que quand elle priait, elle ne serait pas comme les hypocrites qui aimaient être entendu par ceux qui l'entourent.

Quand nous prions, nous parlons à Dieu et non à ceux qui nous entourent. C'est important que notre cœur et notre esprit soient unis au cœur de notre bon Dieu dans ce moment spécial. Le privilège de parler avec Dieu nous a été accordé par son grand amour, ce n'est pas notre moment, c'est son moment en nous.

Quand il est communément dit : « Je vais te parler du cœur au cœur », il est destiné à convaincre l'auditeur qu'il allait parler avec toute sincérité et comme disent les autres « avec le cœur dans la main ». Il n'y a pas d'autre façon de parler avec Dieu qui n'est pas du cœur au cœur. Quand nous parlons à Dieu, (quand nous prions) notre désir ne devrait être que d'être entendu par Lui, quand notre prière doit être entendue par la congrégation, il est entendu que c'est fort et nous devenons des porte-parole pour chacun des participants. La prière doit s'éloigner de l'éclat des mots. Nous devons être conscients que Dieu ne voit pas seulement la demande, mais aussi, l'intention de la prière. Questionnez : Es-tu expérimenté confiance et sécurité dans la prière ?

La confiance et la sécurité sont des aspects importants dans notre prière. Quand nous prions, Dieu écoute plus loin que nos paroles, Il écoute notre cœur. Pour cela, il est important qu'il y ait repos (confiance) en Dieu et certitude (sécurité) de Dieu. Chaque fois que nous prions, inévitablement nous montrons ou non notre confiance en Dieu. Quand nous prions, c'est quand nous présentons à Dieu les problèmes et les situations difficiles qui viennent dans nos vies, au lieu de nous préoccuper et essayer de les résoudre seul, nous voulons dire dans ce sens que notre confiance est en Dieu. Comme dit le psalmiste dans le Psaume 52:8 « Et moi, je suis dans la maison de Dieu comme un olivier verdoyant, Je me confie dans la bonté de Dieu, éternellement et à jamais ».

2. Laissons les vaines répétitions

Combien de fois que nous écoutons dire que Dieu sait tout, qu'Il est omniscient. Pour omniscient nous voulons dire « la parfaite connaissance qu'à Dieu de Lui-même et de toutes les choses » (Introduction à la Théologie Chrétienne. Wyley, H. Orton et Culberston. MNP, EUA : 1976, p. 112). Par contre, si Dieu est omniscient, eh bien nous comprendront qu'Il a connaissance de nos joies, tristesses, besoins, etc. Mais aussi nous devons savoir que Dieu est content que nous l'approchions et exprimions notre amour, notre admiration et Dieu s'attend à ce que notre communication soit directe et quotidienne, alors il attendra que nous communiquons avec Lui en tout temps.

Prier c'est tout simplement parler avec Dieu, c'est avoir une conversation comme nous l'avons avec n'importe quelle personne. Mais, ce que ne devrait pas avoir une prière sont des « vaines répétitions » (Matthieu 6:7) parce qu'elles ne sont pas acceptées par notre Seigneur. Quand nous cherchons la faveur de Dieu, notre attitude devrait être celle de l'humilité, sachant que nous ne méritons rien par nos mérites, sinon que tout simplement par l'amour que notre bon Père nous donne.

Il y a beaucoup de personnes qui se sentent timides quand on les demande de prier en public, mais au fur et à mesure qu'elles mettent en pratique la conversation avec leur Père céleste dans l'intimité de leur chambre ou dans n'importe qui lieu là où elles ont choisi pour prier, alors la nervosité passera. Après un moment, elles prieront Dieu et même ne pas rendre compte des personnes qui les entourent. Demandez aux élèves qu'ils participent en disant ce qu'ils expérimentent quand on les demande de prier en public.

3. Relation intime et personnelle avec Dieu

Quand le peuple Israël était en captivité à Babylone sous la domination de Nébucadnésard, au milieu de l'oppression et quand il semblait que Dieu les avait oubliés, le Seigneur leur parlait par l'intermédiaire de Jérémie et leur disait :

« ... Vous m'invoquerez, et vous partirez ; vous me prierez, et je vous exaucerai. Vous me chercherez, et vous me trouverez, si vous me cherchez de tout votre cœur » (Jérémie 29:12-13).

Dieu à travers les âges a été et continue d'être attentif à son peuple, et disposé à l'écouter. Mais selon les Écritures, non seulement Il nous écoute, mais aussi Il sait ce que nous avons besoin avant que nous le demandons (Matthieu 6:8 NVI 1990). Quel grand privilège! Notre Dieu sait ce que nous avons besoin, Il sait ce que nous désirons aussi, mais Il veut nous donner vraiment ce que nous avons besoin. Notre père veut que nous le cherchions et veut nous écouter, à cause de cela, il dit : « Invoquez-moi, et je vous répondrai... » (Jérémie 33:3a). Si une fois que nous adorons notre Père dans notre prière, nous devons invoquer, nous devons demander ce que notre cœur désir, mais il n'est pas nécessaire de répéter et de répéter, car Dieu le sait d'avance. Dieu connait nos besoins même avant que nous le disions, c'est une chose que nous devons considérer quand nous parlons avec notre bon Dieu.

Quand un enfant insiste pour que sa mère lui donne quelque chose qu'il veut, dans de nombreux cas, sa mère l'écoute de la première fois et il n'est pas nécessaire pour elle de l'entendre à nouveau, cependant, l'enfant insiste sur une et encore une fois. Une mère prudente attend le bon moment et quand ce moment arrive, elle donne à son fils ce qu'il a demandé. Peut-être que l'enfant a demandé une chose pour satisfaire sa faim, mais sa mère dans sa sagesse, a donné le mieux et la bonne nourriture.

Dieu veut que nous soyons des bon fils, Il veut nous écouter, Il veut que nous le cherchions à travers sa Parole, Il veut que nous ayons confiance en Lui parce qu'Il nous écoute et finalement nous donnera conforme à ses richesses en gloire. Questionnez : Avez-vous demandé quelque chose à Dieu dans une occasion et Il ne le vous donna pas ? Quelle serait la raison ? Comment une relation intime et personnelle avec Dieu peut-elle être réalisée ?

Révisez/Application :

Accordez du temps pour répondre aux questions suivantes. Les réponses sont libres et à la fin, demandez que certains mentionnent leurs commentaires, puis que certaines actions sont entendues clarifier les doutes ou les erreurs qu'ils ont subis. (Nous incluons les réponses possibles).

1. Que comprenez-vous en priant en secret ?
   Prier seul sans la compagnie des autres.

2. Penses-tu que c'est une mauvaise chose de prier en public ?

3. A quoi Jésus a fait référence quand Il a dit : "vaines pétitions ?"
   Il faisait référence à l'insistance, a la répétition nécessaire des demandes.

4. Quelle attitude doit-on adopter pour prier en priant en secret comme en plein public ?
   Nous diriger à Dieu avec un cœur sincère.

Défi : Discute avec quelques frères de la congrégation de la façon dont ils ont appris à prier. Était-ce difficile ? Quelqu'un t'a-t-il enseigné ? Demande ensuite à tes parents ce qu'ils pensent de la manière de prier ? Commente en classe dimanche prochain ce qu'ils t'ont répondu et ce que tu as appris pendant la semaine.

Bénis Jéhovah

Objectif : Que l'étudiant trouve des formes de culte dans sa prière personnelle.

Pour mémoriser : « *Mon âme, bénis l'Éternel, et que tout ce qui est en moi, bénis Son saint nom* » Psaume 103:1.

Avertissement

Interrogez au sujet des découvertes qu'ils ont faites concernant la prière et parlez-en.

Accepter

Connecter | Télécharger

Dynamique d'introduction (12 à 17 ans).

- Matériaux : Feuilles de papier et crayons.

- Instructions : Aujourd'hui, ils seront tous des détectes. Demandez-les d'examiner chaque détail dans le salon de la classe ou là ou vous choisissez. Par exemple, ils peuvent décrire même la fourmi sur le sol ou la couleur de la chaise là où ils s'assoient. Pour terminer, ils donneront le rapport à la classe.

  A la fin, demandez-les s'ils avaient fixé ces détailles antérieurement. C'est comme ça que nous devons prendre du temps et reconnaitre Dieu pour les bénédictions qu'Il nous a données.

Dynamique d'introduction (18 à 23 ans).

- Matériaux : Papier couleur et marqueurs de la couleur brune.

- Instructions : Divisez la classe en groupe de trois ou de quatre et demandez-les qu'ils écrivent une définition des mots « adorer » et « prier ». La définition pourrait inclure des synonymes ou des histoires qui peuvent agir. Encouragez-les à dramatiser leurs présentations.

  Puis demandez si on peut adorer et prier en même temps. Dans cette leçon, ils trouveront des formes pour adorer pendant la prière personnelle.

Connecter | Télécharger

Imaginez-vous quelqu'un qui marche dans un lieu public et tout d'un coup, il regarde le ciel et commence à compter les nuages et sourire avec les objets qui forment les nuages et après qui, il crie : « Merci Père pour ta création ! »

Questionnez : Que penserait quelqu'un d'autre ? C'est étrange prendre le temps pour examiner l'atmosphère là où nous sommes. Presque nous ne prenons pas le temps pour sentir le sens du texte d'un livre, prendre l'odeur d'une fleur, ou penser à ce que nous avons autour de nous et encore moins pour reconnaitre le Père qui créa toutes les choses. Souvent, nous nous concentrons sur notre vie quotidienne sans penser qu'il y a un Dieu saint qui nous soutient tous les jours seulement par sa miséricorde.

1. L'adoration à Dieu dans la prière

C'est bon de reconnaître quelqu'un quand il fait quelque chose de bien, n'est-ce pas ? La prière c'est parler avec Dieu en personne et Dieu, comme il nous plaît quand nous lui disons que nous admirons sa création et ce qu'il fait pour nous, cela fait partie du culte et c'est ce que nous devons faire quand nous avons notre temps de prière.

Dans la première partie du Notre Père, Jésus commença la prière en exprimant l'adoration : « Notre Père qui es aux cieux, que ton nom soit sanctifié » (Matthieu 6:9).

Dans le psaume 103, le psalmiste a exprimé une prière dans laquelle il adorait Dieu pour tant de choses qu'il avait fait dans sa vie comme son pardon (vv. 3a, 9, 10), sa miséricorde (vv. 4b, 8, 11b), sa souveraineté (vv. 14, 17a, 19) et sa justice (v. 17b).

Prévoyez un moment à la classe pour adorer Dieu dans la prière. Demandez-les de fermer leurs yeux et penser avec leur lieu préféré et ce que Dieu a fait dans leurs vies. Puis suggérez qu'ils remercient Dieu pour ces choses. L'idée est qu'ils prennent le temps de penser à ce que Dieu a fait dans la création et dans leurs propres vies et qu'ils réfléchissent sur les bénédictions de Dieu en ce moment. En d'autres termes, qu'ils valorisent la merveilleuse façon dans laquelle Dieu les a créés et ensuite remercier le Seigneur pour tout ce qu'il a mis autour d'eux.

Grace à Dieu, nous sommes vivants ! Le croyant en Dieu le Père, apprend que tout ce qu'il peut voir et sentir, vient de Lui parce qu'Il est Dieu plein de grâce qui nous donne la vie par pur amour. C'est juste à cause de sa grâce aimante que nous pouvons jouir de la vie. Et nous devons le reconnaître avec nos esprits et dire avec notre bouche, dans notre temps de prière.

Dans cet esprit, on peut faire cet exercice de prière, chaque fois que nous pouvons. Chaque fois que nous captons une chose nouvelle autour de nous, nous devons remercier Dieu le Père de l'avoir créé. Par exemple, si on écoute un oiseau chantant ou on sent une goutte de pluie fraiche, il faut dire : « Merci Père pour ta création ! » Après quoi, identifiez l'émotion que vous sentez dans votre cœur. Si c'est agréable et il y a la paix, dite : « Je t'adore Dieu, je te bénis Père pour ce je ressens ». L'adoration doit provenir du cœur.

Ce que nous apprenons, en lisant le psalmiste, c'est que les choses merveilleuses qui nous arrivent dans la vie cause qu'on se sent reconnaissant envers Dieu et on doit le lui dire pendant la prière. « Je suis reconnaissant envers toi Père ! » D'accord avec le psalmiste, notre âme doit glorifier Dieu pour sa souveraineté, sa création et d'être saint.

La prière est une manière d'adorer Dieu, mais nous pouvons aussi l'adorer au moyen d'un dessin, d'un peindre, ou écrire une poésie.

2. Nous adorons Dieu parce qu'il est notre Père

Interrogez la classe : Pourquoi disons-nous que dieu est notre Père ? Permettez que plusieurs personnes donnent leur opinion. Si vous voulez, nommez un volontaire pour qu'il écrive les raisons que les élèves sont en train de donner.

Le mot « Père » le Seigneur Jésus l'utilisa de très souvent dans ses prières, dans ses prédications et ses enseignements. En écrivant cet évangile, Matthieu registra le mot Père 44 fois et Jean en écrivant son évangile, il mentionna le même mot 115 fois. La quantité de fois que les disciples ont enregistrée le mot Père nous fait penser dans la manière que ce mot impressionna ces disciples de Jésus. Ce n'était pas une chose accidentelle, sinon une chose de profonde signification.

Premièrement, nous savons que dieu est notre Père, parce que le Seigneur Jésus l'enseigna : « Notre Père… » (Matthieu 6:9) Dans Jean 1:12-13, il dit que : « Mais a tous ceux qui l'ont reçu, a tous ceux qui croient en son nom, Il l'a donné le pouvoir de devenir enfants de Dieu … » Cela signifie que nous qui sommes nés de nouveau, nous sommes enfants de Dieu.

Dans Romains 8:14-16, on dit que : Nous qui sommes guidés par l'Esprit de Dieu, nous sommes enfants de Dieu, et nous ne sommes pas esclaves sinon enfants et nous pouvons crier, Abba Père ! Le fait d'être enfants de Dieu est une action de l'amour de Dieu envers nous, « Voyez quel amour le Père nous a témoigné, pour que nous soyons appelés enfants de Dieu ! Et nous le sommes. Si le monde ne nous connaît pas, c'est qu'il ne l'a pas connu » (1 Jean 3:1) et une raison de plus pour l'adorer.

3. Nous adorons Dieu parce qu'Il est souverain

Quand nous parlons de Dieu comme souverain, nous nous référons au droit de Dieu de gouverner tout ce qui existe. Notre Dieu le Père est dans les cieux, celui-là est son trône « Mais moi, je vous dis de ne jurer aucunement, ni par le ciel, parce que c'est le trône de Dieu » (Matthieu 5:34).

L'Éternel a établi son trône dans les cieux, Et son règne domine sur toutes choses (Psaume 103:19). Dieu est souverain ! « Évidemment, le concept général de la souveraineté divine est basique dans tout le théisme » (Psaume 115:3). (Croyance en un Dieu unique et souverain). « Premièrement, il est essentiel dans le monothéisme, Dieu n'est pas seulement divin ; Il est l'unique divinité… (Exode 20:3). Étant l'unique Dieu, seul il est le responsable pour la détermination des siècles et objectifs de l'univers et des créatures qui en habitent. Deuxièmement, le concept de souveraineté divine est vital parce que Dieu est clairement le créateur de l'univers… » (Dictionnaire Théologique Beacon. Taylor, Grider et Taylor. 1995, p. 655).

Même ainsi, nous, ses enfants ici sur la terre nous pouvons nous communiquer avec lui, nous pouvons prier et lui dire des choses spéciales « Venez, chantons avec allégresse à l'Éternel ! Poussons des cris de joie vers le rocher de notre Salut ; Allons au-devant de lui avec des louanges, Faisons retentir des cantiques en son honneur ! Car l'Éternel est un grand Dieu, Il est un grand roi au-dessus de tous les dieux ; Il tient dans sa main les profondeurs de la terre, Et les sommets des montagnes sont à lui. La mer est à lui, c'est lui qui l'a faite ; La terre aussi, ses mains l'ont formée. Venez, prosternons-nous et humilions-nous, Fléchissons le genou devant l'Éternel, notre créateur ! Car il est notre Dieu, Et nous sommes le peuple de son pâturage, Le troupeau que sa main conduit… Oh ! Si vous pouviez écouter aujourd'hui sa voix ! » (Psaume 95:1-7).

Notre Père possède la souveraineté sur toute chose et c'est pour cela Il est digne d'adoration. La prière personnelle qui se fait dans la chambre en secret, comme Jésus nous l'enseigne dans Matthieu 6:6, c'est le moment parfait de reconnaitre les merveilles de Dieu dans nos propres vies et dans l'univers.

4. Nous adorons Dieu parce qu'Il est saint

Dans le début de la prière connue comme le Notre Père, Jésus nous enseigne que nous devons adorer le Saint nom du Père : « Que ton nom soit sanctifié, » (Matthieu 6:9). Le nom parmi le peuple hébreux n'était pas seulement une forme d'appeler quelqu'un, le nom exprimait la nature, le caractère et la personnalité d'une personne (Marc 3:16-17).

Quand nous débutons notre prière avec la louange au Père en déclarant que son nom est saint, nous sommes en train de déclarer que la nature, le caractère et la personnalité de Dieu sont saints. D'autre part nous commençons la prière en nous humiliant et en adorant le Père pour ce qu'Il est : Dieu pur, sans tache, sans obscurité, sans défaut, saint. Quand nous disons que ton nom soit sanctifié (v. 9), en réalité, nous disons, Père, tu es saint, continue d'être saint et tu continueras à être saint.

La sainteté de Dieu signifie aussi que Dieu est pur. Par exemple, les sacrificateurs israélites devaient être sans péché pour entrer dans le lieu très saint. S'ils étaient à blâmer, ils sont morts en entrant dans la présence de Dieu. Dieu ne tolère pas le mal. Et c'est pourquoi Jéhovah a dit aux Israélites et à nous aujourd'hui : « Vous serez saints pour moi, car je suis saint, moi, l'Éternel ; je vous ai séparés des peuples, afin que vous soyez à moi » (Lévitique 20:26).

Révisez/Application :

Prévoyez du temps pour qu'ils d'écrivent en quelques mots leurs témoignages et souligner les raisons qu'ils ont pour adorer Dieu pour ce qu'il a fait dans leurs vies.

Défi : Nous sommes tous stressés réellement. L'enseignant est stressé avec ses élèves et les élèves sont stressés avec la tâche. Des adultes avec du travail et des enfants avec leurs jeux difficiles. Cette semaine, lorsque tu te surprends à penser à toutes les mauvaises choses, est-ce que tu vas promener et penser au verset de cette leçon : « Mon âme, bénis l'Éternel, et que tout ce qui est en moi, bénisse son saint nom » (Psaume 103:1). Regardez autour de toi et remercie le Seigneur pour les arbres, pour les bâtiments, pour tes pieds, pour tout ce qui te passe par la tête. Reviens dimanche prochain pour partager cette expérience avec tes collègues.

Décision correcte

Marcelo Fretes • Ecuador

Objectif : Que l'élève comprenne que Jésus enseigna que par le moyen de la prière nous pouvons chercher et permettre que la volonté de Dieu se réalise dans nos vies.

Pour mémoriser : « *Et le monde passe, et ses désirs ; mais celui qui fait la volonté de Dieu reste pour toujours* » 1 Jean 2:17.

> **Avertissement**
> Rappelez-leur de remercier pour chaque chose. Vous pouvez commencer cette leçon en demandant à plusieurs volontaires qu'ils prient en remerciant brièvement pour différentes choses.
> Accepter

Connecter | Télécharger

Dynamique d'introduction (12 à 17 ans).

- Matériaux : Des gros mouchoirs, chaises (si la salle est trop étroite, vous pouvez faire la dynamique dans un autre endroit large).

- Instructions : Formez plusieurs groupes et bandez les yeux d'un représentant par groupe. Demandez-leur de donner tourne sur eux-mêmes et en plaçant des chaises dispersées.

  Chaque groupe devrait guider son représentant bout à bout du lieu (sans toucher les chaises, ou affrontement entre eux). Chaque fois que les représentants des groupes touchent une chaise ou entrer en collision avec un autre, 10 points seront ajoutés. A la fin, le groupe qui obtient moins de point sera le champion.

  Discutez de ce qu'ils ont ressenti lorsqu'ils ont été guidés par d'autres sur une route avec des obstacles.

Dynamique d'introduction (18 à 23 ans).

- Instructions : Formez un cercle très large et choisissez une personne à être le « marcheur ». Placez cette personne au centre du cercle. Ensuite, demandez-lui de commencer à marcher sans ouvrir ses yeux. Indiquez aux membres du groupe qu'ils sont responsables de prendre soin de la sécurité du marcheur et le diriger toujours vers le centre du cercle. Après quelques minutes, choisissez un nouveau marcheur. En variété, sélectionnez deux marcheurs ou plus, indiquez-les de marcher en même temps. Indiquez aux autres qu'ils devraient empêcher que les marcheurs chevauchent (ou contre ceux qui forment le cercle). Ensuite, demandez-leur de commenter ce que cette expérience les a enseigné en ce qui concerne confier.

Connecter | Télécharger

La volonté est la « faculté de décider et d'ordonner son comportement. Libre arbitre ou libre détermination » (Académie Real Espagnole en ligne [Consulté le 23/11/10]). Cette définition nous montre que l'être humain a la capacité de prendre ses propres décisions et de faire sa volonté.

Quand nous nous référons à la volonté du chrétien, ce concept change. Il s'agit de se reposer en ce que Dieu a préparé pour lui dans la vie quotidienne et pour accomplir sa volonté. Bien sûr, à plusieurs reprises, en sachant que la volonté de Dieu semble incertaine et difficile, mais si nous dépendons de Lui et recherchons Sa volonté, nous pouvons savoir clairement ce que Dieu attend de nous.

Pour avoir la sécurité de ce que le Seigneur veut pour notre vie, nous devons avoir une étroite relation avec Lui à travers des différents exercices spirituels (la prière, méditation de la Parole, jeune, etc.). Il sait que si nous vivons dans la volonté de Dieu, cela dépend uniquement de la relation intime que nous avons avec Lui. Les erreurs existent si nous sommes guidés par nos sentiments ou notre façon de penser (Jérémie 17:9).

Dans Matthieu 6:10, Jésus débutait sa prière reconnaissant toute autorité de Dieu : « que ton règne vienne ; que ta volonté soit faite sur la terre comme au ciel ». Jésus savait que Dieu avait tout sous son contrôle, mais aussi il savait que sur la terre tout était sous la domination de sa souveraineté. Dans cette prière, Jésus lui a donné tout le contrôle de sa volonté, il y a le secret qui révèle comment faire la volonté de Dieu sans réserves. Lui permettant à Dieu tout le contrôle de nos décisions fait que sa volonté soit accomplie sans obstacles dans notre vie.

1. La volonté de Dieu n'est pas toujours ce que nous choisirions

En Jésus nous avons le meilleur exemple de cela. A Gethsémané Jésus vivait la situation la plus difficile de sa vie. Bien qu'il sache que ce qui allait arriver n'était pas ce qu'il aurait préféré faire, il a accepté la volonté du Père (Luc 22:42). Si nous lisons cette même scène dans Matthieu 26:36-46, nous pourrons voir que Jésus répéta cette prière trois fois avant d'accepter la volonté de son Père. Questionnez : Qu'est-ce que cela nous enseigne ? Faire la volonté de Dieu, c'est vouloir faire ce que Dieu veut que nous fassions, peu importe le prix.

La prière de Jésus à Gethsémané aussi nous enseigne que si nous voulons faire la volonté de Dieu, nous devons avoir une communion étroite avec Dieu. Jésus savait que dans sa vie, viendrait quelque chose difficile dans sa vie qui permettrait que s'accomplisse la volonté de Dieu le Père et que serait une bénédiction pour l'humanité. Si nous faisons de même que Jésus et nous cherchons la présence de Dieu, nous serons guidés pour faire sa volonté et nous aurons la paix et la joie qui viennent seulement de Lui. Sachant que la décision que nous prenons à l'approbation et le soutien de Dieu nous garantira des conséquences satisfaisantes.

2. Quand nous ne faisons pas sa volonté, nous subirons des conséquences

Jonas était un prophète que Dieu appela pour prêcher la repentance à la ville de Ninive (Jonas 1:1-2). La mission que Dieu donna a Jonas était d'appeler les ninivites à la repentance (Jonas 3:4). Cette situation produisit un mécontentement dans le cœur de Jonas parce qu'il voulait que Ninive fusse punie par Dieu (Jonas 4:2). Ainsi, il décida de s'en fuir de la présence de Dieu (Jonas 1:3). Il a pris un bateau qui l'a emmené à Tarsis, en direction contraire de celle de Ninive. Mais, au milieu de la mer, il se leva une grande tempête, et les mariniers ont découvert que Jonas était le coupable (Jonas 1:4-7). Apres avoir intenté de conduire à bord le navire et ils ne pouvaient pas (Jonas 1:13), ils lancèrent Jonas à la mer et un poisson que Dieu lui-même préparé lui a avalé et a dû survivre trois jours et trois nuits dans son ventre (Jonas 1:17).

Quand nous voulons faire notre volonté et nous résistons à faire ce que Dieu veut que nous fassions, nous ferons face à des conséquences négatives, parce que nous nous convertissons en désobéissants (Hébreux 2:2). C'est la raison pour laquelle, nous devons faire toujours sa volonté pour que tout autour de nous se développe et continue son cours.

3. Faire la volonté de Dieu apportera la bénédiction à nos vies

Exemple de ceci nous pouvons apprécier dans l'histoire du prophète Daniel (Daniel 1). Des situations différentes et difficiles comme l'exil, la captivité, la séparation de sa maison et l'esclavage qu'il a dû vivre dès son plus jeune âge.

Demandez à la classe de lire le chapitre 1 du livre de Daniel de manière individuelle et découvrir ce qui était la clé pour que ce jeune homme puisse faire la volonté de Dieu. Au verset 8 du chapitre 1, nous trouvons la clé de sa vie. Ce jeune a décidé de faire la volonté de Dieu. Daniel pourrais se justifier en disant : « Si Dieu nous apporta ici, nous mangerons tout ce qu'on nous donne » mais non. Il décida de faire la volonté de Dieu, sans regarder quelles seraient les conséquences.

Combien de fois nous nous laissons influencer par les autres ? Faire la volonté de Dieu est faire ce qui Lui plait et non ce qui nous plait. Il est important de comprendre qu'il y aura toujours des opportunités de résister à faire la volonté de Dieu. C'est pourquoi, avoir une relation étroite avec Dieu nous permettra de prendre les bonnes décisions dans notre vie quotidienne.

Si Daniel avait suivi le reste de ses compatriotes, Dieu ne l'aurait pas utilisé pour faire tous les miracles que la Bible nous dit. Daniel a pris la meilleure décision, et dans le reste du livre qui porte son nom, nous pouvons voir l'appui de Dieu en sa ferveur et l'influencer même dans la vieillesse (Daniel 12:13).

4. Faire la volonté de Dieu nous fait faire partie de sa famille

Jésus dit : « Car, quiconque fait la volonté de Dieu, celui-là est mon frère, ma sœur, et ma mère » (Marc 3:35). Questionnez : Qu'est-ce que cela signifie ? Avec cet enseignement, Jésus dévoila très clairement que nous qui faisons la volonté du Père, nous appartenons à la famille de Dieu.

C'est pourquoi nous devons maintenir une relation étroite avec Dieu, avec l'église (famille de Dieu), avec les frères qui ont de la maturité dans la foi. De cette façon, nous aurons beaucoup d'aide et de conseils pour savoir si nous sommes en train de faire la volonté de Dieu ou non.

Imitons notre Seigneur Jésus, lui qui malgré en condition d'homme et Dieu, Il ne cessa de chercher le Père en s'éloignant seul pour prier et chercher son guide (Matthieu 14:23 ; Marc 6:46 ; Luc 6:12).

Dieu nous a appelés à une vie meilleure, nous a ôté des ténèbres vers sa lumière, comment pouvons-nous ne pas soumettre notre vie à sa volonté ? Qui d'autre peut rendre notre vie significative et juste que Lui ?

Dieu a un but pour notre vie, nous découvrons ce but en faisant sa volonté chaque jour.

Révisez/Application :
Demandez d'écrire V (Vrai) ou F (Faux).

1. Nos sentiments et nos pensées sont les moyens corrects pour connaitre la volonté de Dieu.	F
2. Seulement en connaissant Dieu que nous pouvons connaitre sa volonté.	V
3. La volonté de Dieu sera toujours agréable et parfaite.	V
4. A Gethsémané, Jésus fit sa volonté.	F
5. Le prophète Daniel fit la volonté de Dieu en proposant de ne pas se contaminer.	V

Demandez qu'ils écrivent en une seule phrase l'enseignement que laissa cette leçon dans leurs vies.

Défi : Quelle est ta relation avec Dieu ? Quelle est sa volonté pour ta vie? Cette semaine, concentre-toi sur l'amélioration de ta relation avec Dieu, laisse tes prières être flatteuses envers lui, essaie d'approfondir ton intimité chaque jour et cherche sa direction. Tu peux prendre une journée pour jeûner, prier et méditer sur sa Parole.

La disposition

Objectif : Que l'élève comprenne que Dieu en tant que fournisseur, Il donne la priorité à nos besoins ; sans attendre l'influence de la consumation sociale.

Pour mémoriser : *« Donne-nous aujourd'hui notre pain quotidien »* Matthieu 6:11.

Avertissement

Avant de commencer, parlez à propos de ceux qu'ils ont fait rendre plus intime la relation avec Dieu. Motivez-les !

Accepter

Connecter | **Télécharger**

Dynamique d'introduction (12 à 17 ans).

- Matériaux : Ils peuvent être des éléments ou illustrations : Un sac de literie, un pull, un paquet de barres de granula, chaussures, une bouteille d'eau, un cellulaire, un jeu portable, une carte de crédit, l'argent en effectif, un compas et une pelle.

- Instructions : Formez des groupes de quatre personnes. Mettez les éléments devant la classe et demandez-les qu'ils résolvent ce cas suivant : « Un ami est perdu dans le désert, les autorités l'ont trouvé mais, en raison des conditions climatiques, ils ne peuvent pas le sauver avant deux jours. Les secouristes peuvent lui fournir de l'air pour l'aider à survivre à ces jours, mais seulement ils peuvent les envoyer quatre articles ».

  Permettez que chaque groupe sélectionne les articles et ensuite défende leur élection. Cette dynamique les aidera à comprendre la valeur des choses essentielles pour la vie. Quand il s'agit de subsister, nos priorités changent, et ce qui était précieux dans un moment «nécessaire» maintenant, il n'est plus.

Dynamique d'introduction (18 à 23 ans).

- Matériaux : Deux photographies des familiales, la première d'une famille du XIXème siècle ou plus ancienne et une autre photographie d'une famille contemporaine (si vous n'obtenez pas les photos, donc écrivez sur le tableau « Famille au 1800 » et « Famille en 2000 »).

- Instructions : Divisez la classe en deux petits groupes et demandez-les de définir les différences existantes entre la famille actuelle et la famille du siècle XIX, la forme de vivre, de gagner leur survie, valeurs possibles, leurs croyances, leurs économies familiales et n'importe quelle autre différence qui les caractérise. Ensuite, analysez le positif et négatif des changements dans la société et l'église dans cette période de temps.

  Cette dynamique aidera à sensibiliser les jeunes concernant l'impact des changements dans la société et comment ceux-ci ont imprégné l'église et ses membres, à partir des philosophies économiques.

Connecter | **Télécharger**

Si nous pourrions remonter 100 ans en arrière, nous verrions nos arrière-grands-parents vivre sans téléphone cellulaire, sans aucun appareil de la musique digitale, sans habilles de marque, possiblement ni réveil ils possédaient, son horaire était le soleil et le télégraphe comme moyen de communication.

Nous pourrions penser que c'est impossible vivre ainsi, et quelques-uns pourraient penser que vivre sans ses éléments-là n'a aucun sens, mais, ils vivaient ainsi. Questionnez : En quoi se trouve la différence ? Dans les changements sociaux. D'une économie de subsistance (acheter pour vivre), nous sommes passés à une économie de marché (vivre pour acheter) où nous croyons que notre vie dépend de la quantité de technologie et d'articles nouveaux et chers que nous ayons. Mais les principes divins demeurent éternellement, ce que Jésus enseigna, c'était pour nos arrière-grands-parents et c'est pour nous aujourd'hui.

1. Les besoins humains

Quand les apôtres demandaient à Jésus de les enseigner à prier, Il pria et en incluant cette requête : « Donne-nous aujourd'hui notre pain quotidien » (Matthieu 6:11). Le verset 11 est l'unique référence à une chose matérielle qui fait mention de la substance ou de l'existence elle-même, donc une paraphrase possible serait : « Donnez-nous aujourd'hui, le pain dont les besoins d'aujourd'hui ont besoin » (Commentaire exégétique et explicatif de la Bible Jamieson-Fausset-Brown, Tome II Le Nouveau Testament, p. 38, MBP, EUA : 1994, version digitale).

Questionnez : Pourquoi pensez-vous que Jésus ne demandait pas quelque chose de plus ? Quel est le concept qui suit ce modèle de prière ? Dieu, peut-t-il nous bénir économiquement ? Existe-t-ils des exemples de bénédictions qui apportaient des riches aux hommes à travers l'histoire de la Bible ? Étaient-t-ils Jésus et ses disciples des hommes riches ?

Jésus demanda seulement pour la nourriture du jour, et demain ? Jésus enseigna que la vie doit être simple (Matthieu 6:19-21) mais la pression sociale a une telle force que beaucoup y cèdent. À travers les médias massifs, aujourd'hui nous sommes bombardés publiquement afin que nous achetions plus de choses, parce que le système économique consiste à fabriquer, vendre et fabriquer plus pour vendre plus, un cycle sans fin de consommation. De manière que les valeurs de la société ont changé et l'honnêteté, l'intégrité et a été remplacé par l'opportunisme, l'égoïsme et l'individualisme. Aujourd'hui, les normes par lesquelles le succès est mesuré d'une personne sont les biens qu'elle possède, l'année et la marque de la voiture qu'elle utilise, ses vêtements et le type de cartes de crédit qu'elle possède. De ce point de vue, la chose importante est tout ce qui est en dehors de la personne, lui donnant moins ou aucune valeur de l'être et ses attributs ; la personne n'est pas importante.

Un docteur de la loi lui dit à Jésus qu'il allait le suivre la ou il irait et Jésus lui répondit : « Les renards ont des tanières, et les oiseaux du ciel ont des nids ; mais le Fils de l'homme n'a pas où reposer sa tête » (Matthieu 8 :20). Le Royaume que Jésus enseigna sur la terre n'est pas un royaume de la consommation, ou l'affichage ou l'ostentation de la richesse. Son Royaume est d'humilité, et de service, un Royaume d'amour.

2. Dieu répond à nos besoins

Je me rappelle quand j'étais un enfant, je récitais la prière du Notre Père et peut-être beaucoup d'occasions, je le récitais de manière automatique, mais un jour, en m'écoutant dire : « Donne-nous notre pain quotidien aujourd'hui », je pensais que le bon pain d'aujourd'hui, ma mère et moi avons déjà acheté ce dont nous avons besoin à la maison pour cette semaine ; alors j'y ai bien pensé et j'ai prié : « Fournis dans ma maison la nourriture du mois et qu'il y a des céréales avec surprise ». Quand j'ai prié pour les céréales, je pensais que j'avais fait une grande découverte mais vraiment comme un enfant je n'avais pas compris le sens de ce passage.

Le besoin de nourriture est une nécessité fondamentale, mais dans le monde d'aujourd'hui il y a des échelles de besoins qui parlent d'autres niveaux de besoin de l'être humain tels que la sécurité et la réalisation de soi. Dans le Seigneur partons des besoins primaires en tant que nourriture, Dieu veut que nous demandions ce qui est nécessaire et notre dépendance de la providence de Dieu doit être quotidienne. Et le reste des besoins ? Dieu ne les oublie pas, Dieu nous a créés et sait de quoi nous avons besoin (Matthieu 6:8).

Dans Matthieu 6:25-34, Jésus nous demanda de ne pas nous inquiéter ou nous trempe dans l'anxiété. De nos jours, les gens se préoccupent pour posséder des richesses, conserver et accumuler, et cela ne signifie pas qu'économiser soit mal ; le problème c'est la signification et le pouvoir que nous donnons a l'économie. Pour beaucoup de personnes, l'économie signifie tranquillité et la paix. Sa vie est définie pour ce qu'ils possèdent (Luc 12:18-21).

Lisez Proverbes 30:8-9 NVI par devant la classe et demandez : Que pensez-vous de ce principe ? Pourriez-vous faire de ce Proverbes votre prière quotidienne ?

3. Confiance en Lui

Dans les questions de santé, il est dit que l'un des plus grands maux de notre temps est le stress, nous faisons tout vite, nous occupons tout en ce moment et le mot instant est un mot très important de nos jours. Mais quand nous dialoguons avec les personnes qui sont stressées, nous voyons qu'ils sont ainsi pour accomplir les objectifs, payer les dettes, monter des positions, avoir plus d'argent et donc ne pas avoir le temps et ne peut pas arrêter de faire. Beaucoup d'entre nous sont tombés dans ce jeu si dangereux qui risque notre santé physique, spirituelle et même notre famille.

Le dictionnaire dit que l'empressement est « travail excessif, solliciteur et consolant, fatigue, amande et épreuve » (Académie Real Espagnol. « Dictionnaire de la Langue Espagnole », [en ligne], Vigésima deuxième édition [consulté le 30 Octobre 2010]). N'importe de ces définitions se trouve loin de la volonté de Dieu pour ses enfants. Il ne veut pas nous voir fatigués ou souffrir et travailler excessivement pour ce que ce monde offre ; plutôt nous demande que nous allions à Lui et apprenions de Lui (Matthieu 11:29).

Demandez-les qu'ils lisent Philipiens 4:6 et répondent : Pour quelle chose nous devons nous inquiéter ? Que devons-nous faire en lieu et place de nous inquiéter ? Paul nous aide à nous confronter avec notre réalité chrétienne. Crois-tu en Dieu et sa providence ? Alors ne t'inquiète pas. Remplace ton empressement en plaçant tes pétitions devant le Seigneur et remercier Dieu au milieu de la situation présentée et soit reconnaissant pour la réponse de Dieu. Ne s'inquiéter & Demander = Paix. Philipiens 4:7 nous rappelle, si nous faisons l'antérieur avec foi, la paix de Dieu qui surpasse toute l'intelligence gardera nos pensées en Jésus-Christ.

Révisez/Application :

Prévoyez du temps pour compléter le tableau suivant. Réponses du tableau.

Verticales :

1. Dieu promet le satisfaire : BESOIN
2. Le pain de ce jour : NOTRE PERE
3. Là où est son trésor, là aussi se trouve son : CŒUR
4. Contraire à l'action de confier : S'INQUIÉTER

Horizontal :

3. Style de vie actuelle : CONSOMMATION
5. Les oiseaux le possèdent dans Matthieu 8:20 : NID
6. La personne la plus importante dans notre vie : JÉSUS
7. Moyen pour présenter les besoins devant Dieu : LA PRIERE

Défi : Pendant la semaine, visite une maison pour orphelins avec sa classe et réfléchis aux vrais besoins des êtres humains et compare-les avec ce que tu as et réfléchis à la façon dont tu peux partager.

Donner et recevoir

Viviana Pérez • Equateur

Objectif : Que l'élève comprenne que le pardon de Dieu et notre pardon envers les autres ont un effet libérateur.

Pour mémoriser : « *Et pardonne-nous nos offenses, comme aussi nous pardonnons a ceux qui nous ont offensés* » Matthieu 6:12.

Avertissement

S'ils ont fait la visite à la maison des orphelins, qu'ils parlent à propos de l'expérience. S'ils ne le faisaient pas, qu'ils se planifient pour le rendre possible.

Accepter

Connecter | Télécharger

Dynamique d'introduction (12 à 17 ans).

- Matériaux : Cinq ou six petites pierres pour chaque élève.

- Instructions : Demandez à la classe qu'ils répondent. As-tu commis quelque péché durant la semaine ? Étais-tu irrespectueux ou désobéissant envers tes parents ? As-tu offensé quelqu'un avec tes paroles ou tes attitudes ? (Vous pouvez ajouter d'autres questions). Chaque fois qu'un étudiant répond positivement, il doit mettre un caillou dans ses chaussures. Alors, demandez-leur de faire une petite course de vitesse très courte et quand ils finissent, questionnez-les, quelle était la sensation qu'ils pouvaient sentir a l'heure de courir avec une nuisance dans leurs chaussures ? En quoi se ressentent ces malaises au péché sans confesser que nous apportons dans notre vie ? Si quelqu'un a couru sans de cailloux, comment se sentaient-t-ils ?

  Lisez ensemble Matthieu 6:12. Dans le sens spirituel, comment pouvons-nous nous débarrasser des pierres d'après ce passage ?, de quelle manière que le pardon de Dieu nous rend libre ? Demandez-les de laisser les petits cailloux dans leurs chaussures jusqu'à la fin de la classe.

Dynamique d'introduction (18 à 23 ans).

- Matériaux : Des grosses cailloux ou livres volumineux.

- Instructions : Demandez à quelques volontaires de soutenir les livres ou les cailloux avec les bras tendus à la hauteur de leurs épaules pour la majeur durée qu'ils peuvent résister, entre temps, qu'ils lisent Matthieu 6:12 ; Luc 6:37, Puis demandez à ceux qui ont le poids : Comment vous vous sentez quand le livre ou la pierre commencé à être lourd de plus en plus ? En quoi est-ce que cela se ressemble à la façon dont vous vous sentez quand vous avez fait quelque chose de mal contre quelqu'un d'autre ou contre Dieu, mais vous n'avez pas demandé pardon pour vos actions ? Comment vous vous êtes senti quand vous avez pu déposer les livres ? Comment est-ce similaire à ce que vous ressentez quand ont vous pardonnent pour quelque chose que vous avez fait à quelqu'un ou à Dieu ? (Les idées dynamiques pour les réunions de jeunes. Loveland, USA : 1996, Action p. 66.)

Connecter | Télécharger

Avant de commencer la classe : demandez à un groupe d'étudiants de préparer une courte dramatisation de Matthieu 18:23-35 pour être présenté pendant la leçon au point 2.

Beaucoup de maladies d'aujourd'hui sont causées par le manque de pardon. Les médecins disent que la colère, le remord, la frustration produisent des troubles nerveux qui font que le corps agisse selon sa propre défense, sans se rendre compte qu'en se réprimant, il se autodétruit. Par exemple de la gastriques, les troubles du cerveau, maladies de la peau, stress, maladies psychosomatiques, entre autres, dans de nombreux cas ils sont le produit de porter le poids du pardon.

1. Dieu, le champion du pardon

Demandez-les qu'ils lisent ces passages à haute voix et découvrir l'enseignement qu'ils ont en commun : Marc 2:7-11 ; Luc 24:45-47 ; Actes 2:38, 5:30-31, 10:43, 13:37-38, 26:18 ; Colossiens 1:12-14.

Le pardon est un attribut divin, les passages lus contiennent un seul concept et c'est que Dieu a tellement d'amour pour nous qu'il nous donne le pardon à travers Jésus-Christ et nous donne non seulement une seconde chance mais tout ce qui est nécessaire.

Chacun d'entre nous a déjà pardonné quelqu'un dans nos vies, mais si d'une certaine façon nous ressentons à nouveau la douleur et parlons de nouveau du pardon que nous avions offert, cela signifie qu'en réalité nous n'avons pas pardonné. Une fois que Dieu nous pardonne, Il ne se rappelle pas de nos péchés (Esaïe 43:25 ; Michée 7:19). La confession du péché et la vrai repentance sont suffisantes pour obtenir le pardon de Dieu (1 Jean 1:9). La clé est de confesser, parfois nous disons juste dans nos prières « Dieu pardonne-moi parce que j'ai péché, amen », mais la Bible nous enseigne qu'il doit y avoir la confession, c'est-à-dire reconnaître devant Dieu ce que nous avons fait de mal et nous repentir du cœur.

Dieu nous enseigne que par le moyen du sacrifice de Jésus, nous avons l'accès libre et gratis devant son trône. Lorsque nous confessons nos péchés et demandons le pardon, nous devons croire que nous le recevons. Dieu est le champion du pardon parce qu'Il a décidé de nous pardonner même avant de reconnaitre nos fautes. Tu peux écouter a Jésus qui nous justifie au milieu de sa douleur et crucifixion en disant : « Père, pardonne-leur parce qu'ils ne savent pas ce qu'ils font » (Luc 23:34) et 1 Jean 4:10 dit : « Et cet amour consiste, non point en ce que nous avons aimé Dieu, mais en ce qu'il nous a aimés et a envoyé son Fils comme victime expiatoire pour nos péchés ».

2. Pardonnez pour être pardonné

Demandez à la classe qu'ils lisent ces passages suivants et découvrir ce qu'ils ont en commun : Matthieu 6:12 ; Marc 11:25-26 ; Luc 6:37 et Ephésiens 4:32.

Matthieu 6:12 ne termine pas dans : « Pardonne nos offenses » sinon qu'il continue, « comme aussi nous pardonnons a ceux qui nous ont offensés ». Ces passages nous enseignent qu'il est fondamental qu'avant de demander du pardon, il faut pardonner d'abord à ceux qui nous ont offensés. Notre pardon ne ressemblera jamais au pardon que Dieu nous a offert, parce qu'Il sacrifiait plus que personne d'entre nous pourrais sacrifier. Nous ne serons pas pardonnés pour pardonner, parce que ce serait acheter la grâce avec grâce et le pardon est déjà donné comme un don à travers la foi, mais oui il se transforme en une dette morale, ni pour celui qui commet l'offense, comme celui qui doit pardonner. Mais si dans notre cœur il y a remord contre quelqu'un, notre prière sera sans effet (Matthieu 5:23-24).

Approcher la présence de Dieu avec un fardeau de ressentiment et de douleur sans le désir d'être dépouillé d'elle, c'est comme si elle était venue par l'eau à une délicieuse fontaine et s'en était allée sans boire. C'est important de se débarrasser de ce poids afin que nous puissions ressentir la vraie liberté. Comment ou avec quels arguments nous ne pardonnerions pas quelqu'un si Jésus nous pardonna tous sans reproches ?

En ce moment, ils peuvent présenter la dramatisation de Matthieu 18:23-35. Puis demandez à la classe leurs impressions sur le travail et comment il l'appliquerait à leurs vies.

3. Vous devez pardonner oui ou oui !

Alors Pierre s'approcha de lui, et dit : Seigneur, combien de fois pardonnerai-je à mon frère, lorsqu'il péchera contre moi ? Sera-ce jusqu'à sept fois ? Jésus lui dit : Je ne te dis pas jusqu'à sept fois, mais jusqu'à septante fois sept fois (Matthieu 18:21-22) La réponse de Jésus a Pierre était claire : Le disciple doit toujours pardonner. En disant 70 fois sept signifie que nous devons pardonner autant de fois qu'il soit nécessaire, de la même manière que Dieu nous pardonne. Le pardon est son mandat que nous devons remplir. Quand nous pensons que nous ne pouvons pas pardonner à quelqu'un, seulement regarde dans le miroir et réfléchir un peu sur combien on a ses limites, imparfait et faillibles que nous sommes. Si nous aurions échoué nous ferions n'importe quoi pour être pardonné, alors quand nous comprenons que nous aussi nous offensons, nous échouons et même péché, nous pouvons voir notre prochain avec la même miséricorde avec laquelle Dieu nous voit et nous pourrons pardonner (Colossiens 3:13-14). Une forme pratique pour nous aider à faire ce qui est correct est de nous demander, que ferait Jésus à ma place ?

Il y a des blessures très difficiles à guérir ou des offenses très graves, mais quand nous passons du temps avec Dieu, notre cœur et pensée se ressemblent plus à celui de Lui, ce qui nous donne la capacité de pardonner. Pour le contraire, si nous n'investissons pas du temps dans sa présence, nous agirons selon nos propres impulsions et il ne sera pas facile de pardonner, mais nous allons essayer de défendre notre position.

Dans Éphésiens 4:26, il dit que nous ne devons pas laisser passer beaucoup de temps pour solutionner les querelles et pardonner. Porter du ressentiment, c'est comme porter un poids pourri qui ne fait que nous fatiguer et nous rendre malades. Quand nous pardonnons, nous allégerons nos bagages et nous pouvons avancer vers notre but qui est la vie éternelle. Si nous pensons à la miséricorde que Dieu a avec nous, nous ne pouvons pas offrir à nos voisins rien de moins quelle pitié aussi. S'il vous est difficile de pardonner, pensez que nous sommes tous humains et donc nous échouons tous ou faisons des erreurs, nous devons donc avoir la même considération que nous attendons que d'autres ont pour nous.

Finalement, et une chose très importante c'est que nous devons nous pardonner nous-mêmes. L'auto-pardon, peut-être, l'une des plus grandes luttes de l'être humain. Beaucoup de gens vivent avec des charges très lourdes pour ne pas se pardonner.

La prochaine fois que tu pries en disant « pardonne-nous nos offenses, comme aussi nous pardonnons a ceux qui nous ont offensés » sois certain que tus a pardonné avant de demander pardon.

Révisez/Application :

A la fin, distribuez des feuilles de papier et un crayon à chacun et demandez-leur de faire deux listes, celle avec les choses qui sont faciles à pardonner et l'autre avec les choses qui sont difficiles à pardonner, finalement, demandez-les de compléter le verset mémoire.

Des choses faciles à pardonner :

_____

_____

Des choses difficiles à pardonner :

_____

_____

COMPLETEZ :

« Et pardonne-nous nos offenses, ainsi que nous
pardonnons à ceux qui nous ont offensés » Matthieu 6:12.

Défi : Je te mets au défi cette semaine de pardonner à ceux qui t'ont offensé, et quand tu ne peux pas le faire, mets une pomme de terre dans un sac en plastique (comme un symbole que tu n'as pas pardonné) que tu emporteras partout, à la fin de la semaine, vois dans quel état cela se trouve et partage avec ta classe ce que tu as ressenti en transportant le sac avec la pomme de terre partout.

Ne t'endors pas!

Leandro Massacesi • Argentine

Objectif : Que l'élève puisse identifier la tentation et utiliser les outils spirituels face à elle.

Pour mémoriser : « *Heureux le jeune homme qui supporte la tentation* » Jacques 1:12a.

> **Avertissement**   x
>
> Il ne faut pas oublier de parler des pommes de terre ! Prenez quelques minutes pour affirmer le sujet du pardon abordé la semaine dernière, permettez-leur de partager leurs expériences.
>
> *Accepter*

Connecter | Télécharger

Dynamique d'introduction (12 à 17 ans).

- Matériaux : Tableau et craie ou marqueurs. Une devinette ou casse-tête logique, mathématiques ou connaissance générale. Une prime simple.

- Instructions : Écrire cette devinette ou casse-tête dans le tableau avec la particularité de placer au pied du tableau, une réponse ou résultat incorrect en la plus petite lettre mais écrite d'arrière en avant, ou à l'inverse.

Demandez aux élèves qu'ils solutionnent le casse-tête. Celui qui donne la réponse correct gagnera le prix et une punition pour celui qui utilise la réponse incorrect déjà écrite. Vous pouvez voir des exemples de casse-tête dans : (http://estatusquasar.com/acertijos-logicos ; Consulté le 6/2/2011).

1. Qu'est-ce que jusqu'à présent n'était pas, qui doit-être, mais qu'il le soit, déjà il ne le sera pas. Réponse correct : Demain. Réponse incorrect : l'avenir.

2. Alicia a deux corsages et demie, elle veut améliorer son chiffonnier et acheter d'autre corsage et demie, a quoi ceci équivaut ? Réponse correct : Trois corsages et une paire de chaussettes. Réponse incorrect : Quatre corsages.

Ainsi que tous, nous avons le plaisir de lire les réponses dans les casse-têtes en lieu et place de penser par nos propres moyens, de la même manière que nous sommes tentés à faire le mal dans n'importe quel compartiment de notre vie. Il est de même que dans le jeu, la réponse était incorrecte, se laisser tomber en tentation ne sera jamais une bonne réponse à l'amour de Dieu.

Dynamique d'introduction (18 à 23 ans).

- Matériaux : Deux grands papiers de couleur distincte. Marqueurs de différentes couleurs. Un dictionnaire.

- Instructions : Demandez aux élèves qu'ils se divisent en deux groupes. Chaque groupe devrait créer une définition du mot «carrefour», puis faire un dessin faisant référence à ce mot.

Ensuite, demandez à la première équipe de terminer, cherche et lise la définition correct dans le dictionnaire. Entre tous, ils peuvent vérifier ce qu'ils ont fait et le partager.

Juste comme un carrefour sur la route nous oblige à choisir le chemin à suivre, ainsi que la tentation quand elle se présente dans notre vie, cela nous oblige à prendre une décision: Ou nous faisons le bien ou nous faisons le mal. Nous pouvons choisir.

1. Tentation, épreuve ou péché ?

La tentation est l'instigation ou l'encouragement qui vous pousse à faire quelque chose. Dans la vie chrétienne, nous l'utilisons pour définir le moment ou la circonstance qui nous séduit ou qui nous incite à faire une chose contraire à la volonté de Dieu. Dans ce moment, nous restons fidèles avec le Seigneur ou tombons, (nous mentons, insultons, agressons, regardons ou touchons ce à quoi nous ne devrions pas… définitivement, nous avons péché !

Adam et Eve face à l'arbre, et le roi David dans la terrasse de sa maison regardant à Bathscheba, Joseph avec la femme de Potifar et Jésus dans le désert. Tous ont passé par la tentation, mais tous n'avaient pas péché. « La tentation se transforme en péché seulement quand on accepte la suggestion du péché et y tomber » (Dictionnaire Biblique, Certeza Éditorial, Argentine : 1991, p. 1339). Mais, attention !, Jacques nous fait une déclaration importante.

Demandez à deux élèves de lire Jacques 1:12-15 utilisant la version Jérusalem corrigée en 1999. Puis, demande à la classe d'expliquer avec leurs mots ce qu'ils comprennent du passage.

Questionnez : Est-ce culpabiliser les autres un évènement moderne ? L'habitude de culpabiliser l'autre pour nos erreurs vient depuis Adam (Genèse 3:12).

En aucun cas nous ne devrions croire ou penser que Dieu veut nous faire tomber. Il ne sera jamais celui qui nous séduise pour faire le mal ou pour violer ses commandements. C'est le tentateur qui fait cela (Matthieu 4:3). Dans le verset 12, Jacques utilise deux mots pour expliquer son message : Tentation et épreuve. Pour la majorité d'entre nous, parler d' « épreuves » c'est nous faire référence à un moment de difficulté (maladie, perte d'emploi, etc.), et ce n'est pas faux, juste que le mot tentation, dans le langage biblique original, inclut aussi l'idée de « mettre à l'épreuve ». C'est pourquoi Jacques utilise les deux termes et nous appelle « béni » (heureux), si nous soutenons le temps de la tentation, si nous résistons devant ce qui nous séduit (Exode 20:20).

2. Méfiez-vous de l'excès de confiance !

Demandez aux élèves de mentionner les péchés qu'ils ne commettront jamais. Ensuite, lisez 1 Corinthiens 10:12. Rien n'a offert une meilleure occasion à la tentation que l'excès de confiance. Nous devons maintenir la vigilance dans nos points faibles et dans les plus forts. Bien que cela semble étrange, la tentation parfois vient de nos forces. S'il y a quelque chose que nous avons l'habitude de dire : « Je ne ferais jamais cela », Attention ! La sagesse populaire nous a avertis : « Ne dis jamais : Je ne boirai de cette eau ! » Pour être vigilant, nous pouvons distinguer au moins trois points forts qu'à la tentation (éprouvé), dans trois branches essentielles. L'apôtre Jean le résume très bien. Faisons un parallèle entre les trois passages.

Genèse 3:3-6	I Jean 2:16	Matthieu 4:1-11
• Vit que l'arbre était bon à manger.	• Les désirs de la cher (sexe, alcool, etc.).	• « Ordonne que ces pierres deviennent des pains » (v. 3)
• Vit qu'il était agréable aux yeux.	• Les désirs des yeux (L'argent, consommation compulsive, etc.)	• Jette-toi en bas (depuis la hauteur la plus haute du temple v. 5-6).
• Vit qu'il était utile pour atteindre la sagesse et être comme Dieu.	• La vaine gloire de la vie (pouvoir, autorité, fanatique).	• Je te donnerai toutes ces choses, si tu te prosternes et m'adores (v. 8-9).

L'apôtre Pierre dans 1 Pierre 5:8 nous fait autre avertissement. Attention avec le lion ! Pierre rapporte Satan avec un lion rugissant qui cherche à nous dévorer.

Les lionnes sortent a la chasse pour nourrir le troupeau et elles savent comment le faire, elles s'attaquent toujours au cou de ses victimes. Les lions cherchent de la nourriture quand ils sont sans troupeau, et quand ils attaquent leur proie, ils déchirent n'importe quel lieu avant de les tuer. Pierre a parlé de cette réalité, il compare à notre ennemi comme un lion parce qu'il a faim et si nous démontrons proies faciles, notre final sera triste aussi, nos esprits, nos cœurs et même notre corps seront endommagés férocement (VIH, anorexie, boulimie, drogue, etc.).

3. Mets-toi à genoux ... et combat comme un homme !

Plusieurs jeunes de divers églises ont tracés un graffiti avec cette phrase, au près d'un jeune avec des gants de boxe priant au pied d'une croix. Oui ! Sans distinction de sexe, c'est la meilleure façon de faire face aux tentations. Nous avons besoins d'être forts, vigilants et très conscients parce que la tentation va arriver, très bientôt quelque chose mettra notre intégrité à l'épreuve. Vous savez de quoi nous sommes en train de parler, de chercher les forces ou elles sont (1 Corinthiens 10:13 ; 1 Pierre 5:10).

Dieu s'engage avec nous pour nous permettre de résister à la tentation. Sa grâce et son pouvoir agiront sur nous. Nous ne triompherons jamais sur la tentation, si nous ne prenons pas Dieu a cœur. Il est important d'appeler le péché par son nom et évite toute situation qui nous expose à lui.

Dans ce combat contre la tentation, nous ne sommes pas seuls, à part le Seigneur, nous avons l'église qui nous accompagne. Partagez tes fardeaux et tes faiblesses avec les bonnes personnes au sein de ton église. Aussi tes amis et frères en Christ, dans ta communauté de foi (église), ils font partie de l'aide et de la force que Dieu nous a promise.

Révisez/Application :

Demandez-les de faire un cercle autour de la réponse correcte.

- La Bible dit que nous sommes tentés :

  De la part de Dieu / Par les gens /(Par notre propre cupidité)

- La tentation de Joseph était face à la :

  Nièce de Pharaon /(Femme de Potifar)/ Fille de Pharaon.

- Quand David fut tenté il était :

  Au travail / Dans la guerre /(Sans rien faire.)

- Jésus fut transporté au désert par :

  (L'Esprit)/ Par le diable / Par les disciples

- La tentation c'est :

  Péché /(Moment d'épreuve)/ Un jeu.

Défi : Propose-toi cette semaine de garder une trace sur papier, sur ton téléphone portable ou sur l'ordinateur des victoires que tu as obtenues sur les tentations qui se sont présentées à toi et n'oublie pas de remercier le Seigneur de t'avoir donné sa force.

Tu peux justement proposer à tes collègues de faire de cette idée une pratique courante parmi vous, pour la bénédiction et l'aide de tous !

Prière qui loue Dieu

Objectif : Que l'élève exprime dans la prière sa véritable louange à Dieu.

Pour mémoriser : « *... Car c'est à toi qu'appartiennent le règne, et la puissance, et la gloire, aux siècles et des siècles. Amen* » Matthieu 6:13b.

Avertissement

Avant de commencer la classe demandez-les comment ils sont allés avec l'identification de moments d'anxiété dans leur vies. Terminez ce temps en priant et portant toute anxiété au Seigneur.

Accepter

Connecter | Télécharger

Dynamique d'introduction (12 à 17 ans).

- Matériaux : Six papiers écrits avec des passages qui se référant à la louange. Par exemple : Deutéronome 10:21 : « Il est l'objet de tes louanges » ; Psaume 9:14 : « Je publie toutes tes louanges » ; Habacuc 3:3 : « Et sa gloire remplit la terre ».

- Instructions : Formez deux groupes et demandez à chacun de choisir trois participants. Chacun des six choisis par leurs équipes respectives auront que de choisir un morceau de papier avec un verset qui fait référence à la louange et devra exprimer ce qu'il dit seulement avec des imitateurs. Les membres de son équipe devraient découvrir le verset dans une minute. L'équipe qui mieux réalise sera le gagnant.

  Enfin, demandez-leur d'exprimer l'importance des passages choisis et ce qu'ils pensent de la louange à Dieu.

Dynamique d'introduction (18 à 23 ans).

- Matériels : Plusieurs journaux, gazettes, bulletins, etc. Cartons, ciseaux, colle blanche, crayons de couleur.

- Instructions : Demande-les qu'ils forment trois équipes et donnez à chacun la même quantité de magazines, ciseaux, colle, crayons et un papier bristol. Demandez qu'ils placent sur les papiers bristol des morceaux de papiers qui expriment les louanges que l'être humain donne a des différentes choses (musique, filmes, vêtement, etc.). Demandez-les qu'ils utilisent la Bible pour trouver les sites qui parlent à propos de ce que Dieu dit sur des situations qu'ils ont montré sur le bristol qu'ils ont travaillé.

  Chaque jour, nous voyons la louange que l'être humain donne a des choses vaines et ne donne pas les éloges respectifs à Dieu qui est le donneur de vie et le Créateur de toutes les choses.

Connecter | Télécharger

Nous vivons à une époque où la louange est partout, sauve là où elle devrait être. Ce que j'ai l'intention de dire est que de nos jours nous trouvons louange au corps, louange au talent, louange au gouvernement, louange de la science, louange de l'esthétique, louange du sport, louange de l'éducation, entre autres. Cela s'est passé avec l'aide des médias, des réseaux sociaux et des paramètres que la même société impose.

Mais nous, nous savons qu'il existe un seul être qui est digne de recevoir toute la louange suprême.

Posez la question : Quelle est la louange que la Bible mentionne ? La louange dans la Bible c'est l'aspect de l'adoration dans laquelle on donne l'honneur à Dieu. Cette louange est exprimée à différentes occasions. Parfois nous louons Dieu parce qu'il nous a permis de réaliser quelque chose que nous avons désiré, par exemple dans la Bible, nous trouvons la louange quand le peuple Israël termina de construire la maison de Dieu et ils étaient très contents (2 Chroniques 7:3). On loue comme action de grâce aussi (Psaume 9:1, 100:4). La louange s'exprime par fois avec des cantiques et musique (2 Chroniques 7:6 ; Psaume 28:7, 40:3, 95:1-2, 149:1-3, 150). La louange comme exaltation à Dieu fait partie de la prière modèle, (Matthieu 6:13b).

Le Notre Père nous rappelle que la communication avec Dieu n'est pas seulement demander et demander. Ainsi comme il est important la confiance de déposer nos demandes devant Lui (Hébreux 4:16), il est aussi de même important que notre reconnaissance au Dieu Tout-Puissant pour sa miséricorde, pour ses prouesses, pour sa bonté ; ce qui est constitué dans notre louange à Lui.

Voici trois raisons puissantes pour louer Dieu dans nos prières quotidiennes :

1. Parce que Dieu est Roi

Il existait toujours une différence entre les rois païens et ceux d'Israël. Quelques royaumes tel que Egypte, par exemple, ils considéraient leur roi comme une incarnation de leur divinité, cependant, parmi le peuple Israël le Roi était considéré comme un intermédiaire de Jéhovah, il était considéré comme son oint (1 Samuel 24:6).

Actuellement, même si la majorité des gouvernements des nations ne se manifestent pas comme théocratie, la Parole de Dieu nous dit que les autorités sont sous la puissance de Dieu. Sans le savoir, ils sont sous la souveraineté de Dieu (Romains 13:1) et Jésus-Christ qui est (Apocalypse 1:5).

En approchant de Dieu, par le Sauveur, Jésus-Christ doit s'approcher du Roi des rois et du Seigneur des seigneurs qui mérite toute notre reconnaissance et notre service. Malgré tout le mal qui est vu dans le monde, la haine, souffrance, malgré le pouvoir énorme du mal, le chrétien sait que Dieu règne, qu'il dirige le cours de l'histoire et que son royaume avance toujours. Il n'est pas un roi vaincu, il n'a pas abandonné le monde, il n'a pas abandonné son but de gagner les cœurs de tous et de restaurer la justice.

Quand nous sommes sauvés, Dieu devient le roi de nos vies et nous devons lui rendre tout honneur. Dans la prière qui se trouve dans Matthieu 6:13b Jésus conclut tout en affirmant que sont de Dieu le règne, la puissance et la gloire. C'est pour cela que comme Roi, Il doit être exalté (Psaume 10:16 ; 24:9-10).

2. Parce que Dieu est puissance et gloire

La poésie hébraïque célèbre la puissance de Dieu avec un sentiment singulier, pour cette raison, il y a tellement de psaumes qui exaltent ce thème. La raison en est que le véritable pouvoir ou la capacité d'exercer une autorité véritable correspond seulement à Dieu (Psaume 62:11). La puissance de Dieu se manifeste dans la création, laquelle Il créa, le soutient et le plaça sous la domination de l'homme (Genèse 1:26, Psaume 8:5-9).

La puissance de Dieu est donné à l'être humain consacré a Lui par le moyen de son Esprit : « La 'puissance', dans la théologie chrétienne aussi se rapporte de manière importante a une capacité spécialement pour témoigner donnée aux croyants quand ils reçoivent le baptême du Saint-Esprit ... » (Actes 1:8). (Dictionnaire Théologique Beacon. MNP, EUA : 1995, p. 533).

Nous pouvons voir puissance de Dieu également agir à plusieurs occasions activement dans les affaires de son peuple (Psaume 145:4 ; Luc 1:49).

La gloire de Dieu est l'expression de l'excellence du caractère et de la perfection des attributs de Dieu, faits manifestés dans toute la création (Psaume 19:1 ; Habacuc 3:3). Cette gloire aussi se révèle en Christ (Hébreux 1:2-3), révélée a l'humanité (Jean 1:14).

Dans la Bible on nous exhorte comme le peuple de Dieu de donner gloire à son nom (Psaume 29:2 ; 115:1). Dieu est l'unique qui mérite la gloire éternellement (Philipiens 4:20 ; Apocalypse 7:12). Notre vie, comme enfants de Dieu, doit être pour la gloire de Dieu (1 Corinthiens 6:20 ; 10:31). A la fin de notre vie, nous serons appelés à participer dans la gloire de Dieu, comme une chose meilleure de ce que nous sommes en train d'expérimenter maintenant (Romains 8:18 ; 1 Pierre 4:13).

Nous pouvons trouver la gloire de Dieu dans la terrible force de l'atome et dans la vaste extension de l'univers, sans doute ; mais même plus proche de nous se trouve la lumière du Christ qui nous révèle la gloire de son amour et qui se trouve auprès de tous ceux qui le cherchent de tout cœur.

3. Parce que Dieu est éternel

Nos vies sont brèves et elles passent vite, mais le Dieu que nous servons existait depuis toujours, Il ne fut pas créé ou dépend de rien pour exister. Alors que nous sommes passagers et que nous mourons, Il durera pour toutes les âges.

Quand Dieu réclame le nom d'Alpha et l'Oméga (première et dernière lettre de l'alphabet grec). Il ne veut pas indiquer que son existence est plus longue mais plutôt qu'elle est au-dessus du temps. L'éternité est un une dimension différente, différente dans la qualité du temps, sans passé ni futur ; c'est-à-dire, c'est un présent éternel. Ceci explique l'homme qui fut révélé par Dieu qui est Moise qu'Il est : « Je suis celui qui suit » (Exode 3:14 ; Jean 8:58), Dieu est celui qui est depuis l'éternité. Pour Dieu, milles ans est égal à un jour (2 Pierre 3:8). Son existence ne mesure pas par le temps finit. Il est les Roi pour toujours (1 Timothée 1:17).

La prière est un bon moment là ou notre fin se fond avec l'éternité de Dieu. Il est bon de prier en sachant que nous avons laissé nos pétitions entre les mains de celui qui a déplacé l'histoire pour les âges.

Questionnez : Est-ce que le futur vous inquiète ? Est-ce que le souvenir du passé vous fait mal ? Est-ce que vous vous sentez incertains du présent ? Prions le Dieu éternel qui aura une réponse pour chacun de nous.

Louez Dieu parce qu'il a été, est et sera pour toujours.

Le Notre Père nous fait rappeler à des choses qui en notre temps qui s'oublient. Aujourd'hui, le roi de l'être humain est le propre être humain, le pouvoir est donné à l'argent, la gloire est revendiquée par la science et la technologie, l'éternité est quelque chose qui compte peu parce qu'on vit dans le présent et les gens ne croient pas qu'il y a une vie éternelle.

Nous qui sommes enfants de Dieu, il faut que mous prendions l'autorité sur ses vérités éternelles que le monde ne veut pas reconnaitre, nous devons les dire et vivre avec la sécurité qu'elles nous donnent. Vivons et prions chaque jour en reconnaissant que à Dieu est le royaume, le pouvoir et la gloire pour l'éternité.

Révisez/Application :

Demandez-les qu'ils écrivent une prière à Dieu d'où ils expriment qui signifie que Dieu soit :

Le Roi des rois :

Le Dieu de tout pouvoir et de toute gloire :

Le Dieu éternel :

Ensuite, demandez-leur de partager ce qu'ils ont écrit avec qui est sur leur droite. Ensuite, dans la prière à la fin de la classe, demandez que chacun lise ce qu'il écrivait à Dieu.

Défi : Planifie une réunion de prière avec la classe où les prières communautaires à livrer à Dieu sont celles écrites par le groupe. Qu'elles soient des prières qui maintiennent l'élément de louange et d'exaltation à Dieu, même en écrivant des demandes de maladie, de direction, d'aide, de consolation, entre autres. Apporte ta prière écrite à lire pendant que tu pries. Que Dieu soit grandement exalté parmi son peuple !

Dieu t'appelle aujourd´hui !

Maria Eugenia Rodriquez • Mexique

Objectif : Que l'élève connaisse ce que Dieu est en train de faire aujourd´hui dans les missions et s'efforce de prendre part de cette équipe de manière active.

Pour mémoriser : « *Car Dieu ne se repent pas de ses dons et de son appel* » Romains 11:29.

> **Avertissement** x
> Évitez de commencer le cours sans avoir lu les prières d'exaltation que les élèves ont écrites.
> Accepter !

Connecter | Télécharger

Dynamique d'introduction (12 à 17 ans).

- Matériaux : Un ours ou autre animal de poil.

- Instructions : Raconte une histoire, par exemple : « Hier dans l'après-midi j'ai rencontré un ami. Il était triste et se sentait seul, il n'a pas d'amis, ni une personne qui l'aime. Je lui montrais l'affection et je lui invitais d'aller avec moi à l'école dominicale et je le disais que dans la classe il trouverait des amis qui l'aimeraient ». Ensuite, présentez l'ours : « Celui-ci est George, tous nous allons le montrer notre amour ». Demandez pour qu'ils passent l'ours de main en main pour que chacun d'eux le montre amour à travers une phrase ou un geste concret. En finissant, vous devez dire : Bon, George est content parce que tous vous lui montrez l'affection, mais maintenant il nous reste de lui confirmer que nous nous aimons de manière sincère. Ainsi, tout ce que vous aviez dites et faites au robot George, vous allez faire cela de la même manière avec votre camarade qui se trouve sur la droite et sur le gauche.

  Si vous réalisez réveiller les sentiments d'affection et d'amour dans le cœur de vos adolescents, vous pourrez voir comment ils démontrent l'affection de forme pratique à travers des accolades, salutations, bisous et paroles. Expliquez que des fois, beaucoup de personnes dans le monde veulent sentir l'amour de Dieu et nous pouvons êtres ses instruments.

Dynamique d'introduction (18 à 23 ans).

- Matériaux : Morceau de papier et un crayon.

- Instructions : Carrés de papiers et prévoyez un papier à chaque membre de la classe. Chaque étudiant choisira en silence (dans sa pensée) à un autre étudiant et écrire sur papier ce qu'il veut que son camarade fasse et il doit ajouter son nom (exemple : « Moi Andrea souhaite que Paul se mette debout au milieu de la salle de classe et fasse comme un petit chien »).

  Après que chaque élève a écrit son souhait, il devra plier le papier et le remettre à l'enseignant (e). Ensuite, prenez tous les morceaux de papier et expliquez le nom du jeu « Aime ton prochain comme toi-même » ou « Fais avec les autres ce que tu veux que les autres fassent avec toi ». Alors lisez les papiers et demandez au jeune homme qui l'a écrit, qu'il fasse ce qu'il a écrit sur le papier. Tout le monde doit participer.

  Cette dynamique les aidera à créer confiance entre eux dans la classe et surtout leur donnera une bonne leçon sur l'importance de partager l'évangile avec les autres comme d'autres l'ont partagé avec nous.

Connecter | Télécharger

Dès le début, Dieu voulait avoir une bonne relation avec toute sa création. Tout au long de l'histoire, nous voyons comme le péché a séparé l'être humain de Dieu provoquant une inimitié, néanmoins Dieu a appelé et suit appelant les gens à réconcilier l'être humain avec Lui, le message du salut se répand aujourd'hui de plus en plus à des endroits qui, en raison de leur idéologie, de leur culture et de leurs croyances, sont difficiles à pénétrer. Nous faisons partie de la génération que Dieu appelle et se prépare à accomplir sa volonté. Nous pouvons nous demander : « Est-ce qu'il m'appelle ? Mais, je n'écoutais rien ! ». Il est important d'être attentif à la voix de Dieu.

1. Nous devons promouvoir les missions

Pour les Philipiens, le début de la prédication de l'évangile de Jésus-Christ, était après que l'apôtre Paul partait pour la Macédoine. Ils étaient très contents, ni dans la date que Paul écrivit la lettre, il a mentionné qu'aucune église avait participé avec lui, à cause de donner et de recevoir, seulement eux, les Philipiens (Philipiens 4:14-18). Si vous pouvez, lisez-le dans la version Traduction en Langage Actuel.

Cependant, Paul avait la paix dans son cœur en ce qui concerne ses besoins personnels pendant ses voyages missionnaires, sincèrement, parce que Dieu lui promettait tout ! Paul ne voulait pas perdre l'opportunité et il remerciait aux Philipiens leurs présents y les a assuré que la signification spirituelle des leurs offrandes a été plus important pour lui que les cadeaux eux-mêmes (v. 18).

Il est beau de savoir que notre offrande est vue comme sacrifices spirituels au Seigneur, qui lui plaisent ! Paul croyait dans la providence divine, que Dieu était en contrôle des évènements et aussi Il était capable de fournir chacun de ses besoins. Questionnez : Savez-vous ce que l'église est en train de faire aujourd'hui pour soutenir quelque missionnaire ?

2. Comme nous avançons jusqu'à aujourd'hui

Il y avait une annonce à la télévision mexicaine qui a montré des images de comment c'était dur pour les travailleurs de la compagnie de lumière ont voyagé des milliers de kilomètres entre les montagnes et les rivières, au milieu des tempêtes et de la chaleur intense jusqu'à 50 ° C ; tout cela pour que chaque mexicain avec un mouvement simple, apprécie l'énergie électrique à la maison. Leur slogan fut : « Il est facile de dire, mais cela oblige un grand effort ».

Cela me fait penser avec le dur travail de Paul pendant ses visites missionnaires. Paul et Barnabas, dans la tentative d'essayer de rendre visite à leurs convertis lors du premier voyage missionnaire, ils avaient un désaccord personnel (Actes 15:36-39). Paul considérait que Marc était irresponsable et l'œuvre était trop fort pour être faite par quelqu'un de ce type. Le résultat de ce différend était la séparation de vieux amis, ce qui aurait dû les causer beaucoup d'affliction, cependant, malgré la différence qui existe entre les serviteurs de Dieu, le travail de Dieu ne s'arrêtait pas. Barnabas et Marc prirent la direction de Chypre, pendant que Paule choisit à Silas et ils partirent pour la Syrie et Cilicie (Actes 15:40-41). Entre les villes qu'ils visitèrent, Paul et Silas rencontrèrent a Timothée un jeune de bon témoignage, celui-là fut rescapé durant le premier voyage missionnaire de Paul, lui qui était présent lors de la souffrance de Paul a Lystre (2 Timothée 3:10-11) Ce jeune homme s'est montré digne de servir Dieu.

Tout semblait aller très bien mais comme ils voyageaient avec joie en partageant le message et en encourageant les frères dans différentes villes, soudainement le Saint-Esprit leur a interdit de prêcher le message en Asie (Actes 16:6). Ensuite ils tentèrent aller à Bithynie et encore une fois, le Saint-Esprit les a interdit (Actes 17:7). N'importe qui d'entre nous aurait dit : Qu'est-ce qui se passe Seigneur ? Silas pouvait dire à Paul « Si nous ne pouvons pas aller là où tu planifiais, retournons-nous donc ». Assurément, Paul se questionnait le pourquoi le Saint-Esprit l'empêchait de passer à gauche (Asie, v. 6) ou à droite (Bithynie, v. 7). Cependant, il a continué à regarder tout droit devant et soudainement une grande porte ouverte lui montrant une moisson immense en Europe (Actes 16:8-10). Dieu a fermé les portes plus petites parce qu'Il avait une plus grande tâche pour l'apôtre.

Tout au long de l'histoire de l'église, nous connaissons de nombreux missionnaires qui ont parcouru des milliers de kilomètres, transporté de différentes manières pour aller d'un endroit à l'autre. Beaucoup ont donné leur vie et celle de leurs familles au milieu de cultures différentes de la leur, pour apporter le message du salut aux autres. Certains de ces missionnaires et leurs familles sont venus dans ce pays souffrant de maladies, de persécution, de mépris, de mort et plus de choses que celles-là ils avaient dû faire face et surmonter. Peut-être dans quelques occasions, ils étaient sur le point de décourager, mais ils restèrent fermes sachant qu'il y avait beaucoup de personnes qui avaient besoin d'écouter qu'il y avait espérance pour leur condition ou leur problème.

3. Savoir ce qui manque encore

Dans le monde entier il y a environ 200 pays et l'Église du Nazaréen est présente dans 155 d'eux. Aujourd'hui il y a des pays là où on empêche la prédication sur Jésus. Questionnez : Avez-vous écouté parler de la fenêtre 10/40 ?

Cette fenêtre est composée de 61 pays. Il s'étend de l'Afrique de l'Ouest à l'Asie de l'Est et sont les pays moins évangélisés. Dans ces endroits il y a 4000 millions de personnes, ceci est 2/3 partie des habitants de la planète.

Voyons ce que Paul dit dans Romains 10:13-15. Laissez que les élèves pensent et donnent quelque réponse autour de leur ville ou pays. Qui sera sauvé ? Comment vont-ils invoquer s'ils n'ont pas cru ? Et comment vont-ils croire s'ils n'ont pas entendu ? Comment vont-ils entendre s'il n'y a personne à partager ? Comment vont-ils partager s'il n'y a personne à qui aller ?

Qu'est-ce que nous sommes en train de faire église pour que l'œuvre missionnaire avance ? Est-ce que nous participons en eux activement ? Nous sommes une partie de la génération qui devons continuer allumé le flambeau de l'évangile, certains priant, d'autres offrant et d'autres répondant à son appel. Dieu veut nous utiliser ! Qu'allons-nous faire ?

Révisez/Application :

Demandez qu'en groupe de deux qu'ils dressent une liste qui ait au moins cinq aspects pour lesquels nous pouvons prier pour un missionnaire et sa famille quand ils sont dans une mission interculturelle (hors de son pays) et cinq problèmes qu'ils peuvent faire face. Laissez-les en dire quelques d'entre eux. Voici quelques exemples :

Demandes de prière
1. Force dans la vie spirituelle
2. Santé
3. Adaptation à la culture
4. Protection dans leur ministère
5. Qu'ils aient la grâce de Dieu

Problèmes dans le domaine de la mission
1. Rejet de la société
2. Désaccords avec leurs dirigeants
3. Maladie
4. Kidnapping
5. La faim

Défi : D'ores et déjà, tu sais bien que Dieu t'a appelé à être une lumière dans ce monde qui va de mal en pis… Qu'est-ce que tu vas répondre ? Au cas où tu lui dirais : Attend un peu Seigneur ! Ou tu lui diras : Si tu viens avec moi, je le ferai ! Prend une minute pour prier et fais-le tous les jours jusqu'à ce que le Seigneur te montre le pas que tu dois faire. Mais commence dès maintenant en t'impliquant activement dans ton église et en dehors de celle-ci.

Le grand missionnaire

Objectif : Que l'élève voit l'œuvre missionnaire de Jésus un modèle à imiter dans son propre contexte.

Pour mémoriser : « *Ayez en vous les sentiments qui étaient en Jésus Christ...* » Philipiens 2:5.

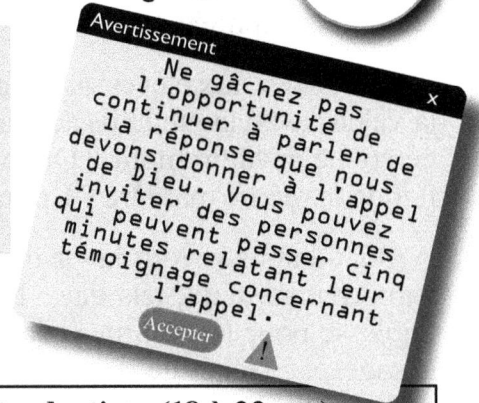

Avertissement x

Ne gâchez pas l'opportunité de continuer à parler de la réponse que nous devons donner à l'appel de Dieu. Vous pouvez inviter des personnes qui peuvent passer cinq minutes relatant leur témoignage concernant l'appel.

Accepter

Connecter | Télécharger

Dynamique d'introduction (12 à 17 ans).

- Matériaux : Une boite qui peut avoir la ressemblance d'un artefact et des feuilles de papier avec les clés.

- Instructions : Choisissez deux personnes et dites-les qu'ils recevront une mission spéciale et difficile (si vous savez leurs capacités, choisissez une avec la capacité de planification et un autre à exécuter). Dites, « votre mission est : Dans cinq minutes, vous devez désactiver un artefact mortel Grâce à des indices cachés dans ce lieu (délimiter la zone), vous trouverez la clé pour le désactiver ».

  Établir trois sites ou personnes, où se cachent les clés, par exemple : « Assied-toi et je te dirai quelque chose important » (cache une clé dans un siège), « aimes-tu mes bas rouges » (Une personne avec des chaussettes rouges porte une autre clé). Dans les clés écrivez les phrases suivantes sans les réponses. 1. Genèse 41:2-7, Le rêve de Pharaon a le premier numéro [Réponse : SEPT]. 2. Deutéronome 6:4, a le deuxième numéro [Réponse : UN]. 3. Marc 3:14, Le numéro de ses disciples [Réponse : DOUZE]. Le code qui désactive l'artefact est : 7-1-12.

  Une fois que la personne trouve la clé, elle devrait la lire et donner la bonne réponse.

  Les missions sont toujours un devoir spécial et nous devons chercher la clé pour l'aider à l'accomplir. La plus grande mission qui nous a été donnée est de partager l'évangile pour sauver la vie des gens.

Dynamique d'introduction (18 à 23 ans).

- Instructions : Choisissez trois couples. Le reste du groupe sera le tribunal. Dites-leur : Votre mission : en trois procès-verbal devrait élaborer un plan d'évangélisation à un groupe de personnes qui n'ont pas écouté parler de Jésus. Ils vont le faire en couples afin qu'ils puissent prendre soin et s'encourager les uns les autres, tels comment Jésus envoya a ses disciples (Luc 10:1).

  Pour évaluer, donnez un point pour chaque critère accompli. Ne citez pas les critères jusqu'à la fin de l'activité.

1. Toute mention de la prière, l'invocation du nom de Jésus, ou la présence du Saint-Esprit, pour commencer, ou avant de commencer la mission.

2. Toute mention de « l'état » des personnes qui vont évangéliser : leur cœur, ses attitudes, leur environnement, etc. Comme une base pour commencer.

3. Toute mention de buts ou d'objectifs facilement mesurables.

4. Toute stratégie ou plan qui inclue des activités spécifiques ou ressources (Temps, Bibles, brochures, etc.).

5. Toute mention que le salut est entre les mains de Dieu et ne dépend que de Lui.

   Surveillez la production du plan et des commentaires du groupe. Ce matériel est précieux pour la leçon. Rappelez-vous que si bien, l'évangélisation suppose la disposition et l'effort humain, c'est un travail de l'Esprit.

Connecter | Télécharger

Dans la Bible, nous trouvons plusieurs histoires fascinantes et réelles, sur des personnes qui, ayant reçu une mission confiée par Dieu, ils mobilisèrent des ressources personnelles et matérielles pour terminer ce qu'ils étaient assigné. Ces gens ont écouté Dieu, ils ont compris ce que Dieu a dit, ils ont traversé une crise de foi et ils accomplirent. Il y a de grandes leçons spirituelles dans chaque cas.

1. Le meilleur missionnaire

Le dictionnaire Académie Real Espagnol définit mission comme : « Action d'envoyer. Pouvoir, faculté qui se donne à quelqu'un d'aller de remplir quelque devoir. Commission (responsable). Commission temporaire donnée par un gouvernement a un diplomatique ou agent spécial pour une fin spécifique ».

Demandez aux élèves qu'ils mentionnent les personnages bibliques qui ont impressionnés leur vie, par la valeur avec laquelle ils accomplirent leur mission. Puis demandez : Quelle était la mission que cette personne devait remplir ? Qui a assigné cette mission ? Comment pourrait-il l'accomplir ? Auraient-ils fait de la même manière ? Connaissez-vous une histoire actuelle semblable à l'histoire biblique ?

Quand nous voyons la vie des personnages bibliques, nous trouvons des caractéristiques importantes dans chacun deux, tels que : Moïse, qui a hésité avant d'accepter sa mission ; Samson, qui avait une faiblesse pour les femmes ; Jacob, qui trompait son père ; Salomon, qui avait beaucoup de richesse et la sagesse ; Néhémie qui non seulement leva les murailles, mais aussi un peuple ; Jérémie le prophète amertume, Daniel un homme fidèle ; ou comme celles que nous trouvons dans le livre des Actes, d'où tous ont reçu la mission d'aller apporter le message de l'évangile au monde entier. L'apôtre Paul c'est le meilleur exemple de ce qu'être missionnaire signifie.

Mais, avons-nous l'exemple le plus sublime d'être missionnaires avec nous jour après jour ? Pense à cela avec beaucoup d'attention : Quand notre Seigneur et Sauveur Jésus-Christ est venu sur la terre, n'est-il pas venu avec une mission spécifique ? N'était-t-Il pas développé une stratégie ? N'était-t-il pas fait face aux difficultés qu'il résolvait de manière extraordinaire ? N'était-t-elle pas la mission la plus victorieuse connue par l'humanité ?

2. L'exemple de Jésus

La stratégie de Jésus commença depuis avant de son apparition sur la terre et développa pour venir dans ce monde et mourir sur la croix pour nos péchés.

1. Étant Dieu, Il n'a pas besoin d'être un homme pour accomplir sa mission (Philipiens 2:5-7).

2. En venant sur la terre, Jésus était parfaitement homme et parfaitement Dieu et fut tenté en tout (Hébreux 4:15), il sentait de la même manière que nous sentons, il faisait face aux difficultés que nous faisons face chaque jour et il a vécu.

3. Étant Dieu et homme, il obéissait, se responsabilisait et accomplit la mission qui lui fut accordé par le Père de manière parfaite et même mourir crucifié (Philipiens 2:8).

Celle-là, a été sa mission et il est un peu difficile de s'imaginer de tout ce qu'il a pu supporter pour l'accomplir. Pensons pour un moment, avec les caractéristiques d'une personne qui devait accomplir la mission de se sacrifier d'une manière radicale et parfaite pour sauver l'humanité. Qu'est-ce qui pourrait lui motiver à payer le prix de la mort pour nos erreurs ? Un amour parfait, Seul le Fils de Dieu pourrait accomplir une telle mission, parce qu'Il est amour.

Matthieu 9:35 nous montre une manière qui est assez claire que Jésus développait sa mission. Le passage dit qu'Il dit qu'il a voyagé à travers les villes et les villages, enseigné et guéri miraculeusement, donnant la preuve de la puissance de Dieu et les bontés du Royaume des cieux. Il s'exposait intentionnellement dans l'obéissance, a tout ce que le Père a ordonné, en donnant le témoignage de la sainteté et avec un objectif clair dans son cœur : Se présenter comme offrande parfaite pour le sacrifice.

Pour réaliser sa mission, Il élu 12 hommes communs (Luc 6:12-16). Pourtant, c'étaient des hommes que personne ne choisirait pour les accompagner dans une mission d'une telle magnitude.

Mais, cette élection fut intentionnelle. Cette sélection d'hommes sans formation ou capacités spéciales, de peu d'éducation, impulsive et non très courageux (sans aucun doute comme la plupart d'entre nous), il montre que Dieu est un Dieu de grâce, de miséricorde, qui honore la foi et l'humilité, et qui peut faire des merveilles à travers nos vies.

L'unique manière que ces hommes plus tard pouvaient continuer avec la mission que Jésus les avait laissé et ils ont transformé le monde avec le message du salut était avec l'aide de Dieu (Actes 2:1-13). À travers la présence du Saint-Esprit de Dieu avec et en eux selon la promesse donnée par Jésus (Jean 14:16-17). De la même manière que Dieu nous veut, remplis de l'Esprit de Dieu, pour accomplir la mission en ce moment-là.

3. La mission de Jésus

Jésus se fit homme et venu dans ce monde pour sauver l'humanité, Quelle mission ! (Jean 1:1-4). Dans l'histoire de l'humanité, nous trouvons que beaucoup de personnages différents ont été attribués au titre de « sauveur », Hollywood aussi à travers ses productions nous présente des aventures dans lesquels beaucoup de braves ont sauvé le monde, mais, ils ne sont pas même un reflet faible de ce que Jésus a fait pour l'humanité !

Jésus est venu pour sauver et réconcilier avec Dieu un monde immergé dans le péché (2 Corinthiens 5:19). Il n'y a pas ni avait, ni aura quelqu'un suffisamment saint qu'il puisse payer le prix de rançon pour les morts par le péché (Romains 6:23). Seulement Jésus, le fils de Dieu, brebis sans tache, il accomplissait les conditions pour libérer l'humanité. Son sang est suffi.

Eh, bien, pourquoi y a-t-il tant de méchanceté dans le monde ? Bon, le sang de Jésus est suffisant pour pardonner et libérer toutes les personnes, mais seulement pour ceux qui par la foi, lui reçoivent, a ceux qui croient en son nom. Pour cette raison, nous devons encourager les autres à chercher le Seigneur et devenir enfants de Dieu.

Es-tu un enfant de Dieu ? Si tu crois dans ton cœur que Jésus est le Fils de Dieu, et tu te repens de tes péchés, donc tu fais partie de la famille de Dieu ! Tu es le fruit de ma mission de Jésus sur la terre (Romains 10:9).

Révisez/Application :

Accordez du temps pour qu'ils répondent aux questions suivantes. Nous mettons des réponses possibles comme guide pour l'enseignant.

1. Comment définirais-tu mission ?
   Une assignation spécifique.
2. Comment définirais-tu missionnaire ?
   Quelqu'un qui est envoyé pour faire quelque chose (une mission) spécifique.
3. Crois-tu que Dieu peut t'appeler au service missionnaire ?
4. Explique le pourquoi de ta réponse antérieure.
5. Quelle est ta mission en tant que chrétien dans ce temps ?
   Partager l'évangile avec la plus grande quantité de personnes possibles

Défi : Cette semaine, réfléchis à ta mission là où tu te trouves. Il est important de commencer ta mission en partageant l'évangile avec tes proches, puis tes amis et connaissances. Tu peux également poursuivre ta mission en participant à un ministère au sein de l'église. Si tu en fais déjà partie, réfléchis comment le développer davantage, si tu ne l'as pas encore, propose d'en démarrer un.

Rien de moins que missionnaire

José Samuel Mérida • Guatemala

Objectif : Que l'élève comprenne que l'église est missionnaire depuis le début et qu'ils sont agents de cette mission tous les jours.

Pour mémoriser : « ... *Mais vous recevrez une puissance, le Saint Esprit survenant sur vous, et vous serez mes témoins à Jérusalem, dans toute la Judée, dans la Samarie, et jusqu'aux extrémités de la terre* » Actes 1:8.

Avertissement

Même avant de commencer la classe, dans le temps en attente, vous pouvez aller converser avec vos étudiants de manière informelle à propos du Défi.

Accepter

Connecter | Télécharger

Dynamique d'introduction (12 à 17 ans).

- Matériaux : Une balle de laine, des cartels avec des noms de certains des pays les moins évangélisés (fenêtre 10/40) et adhésif pour coller les cartels dans leurs poitrines. Arabie Saoudite, Bahreïn, Bhoutan, Népal, Coré du Nord, Laos, Libbie, Mali, Maldives, Marroque, Iran, Qatar, Inde, Algérie.

- Instructions : Demandez à chaque adolescent qu'il choisisse le pays qu'il veuille personnifier et s'attache le cartel avec le nom correspondant. Ensuite, demandez-leur de former un cercle et lancer la balle de laine les uns aux autres, sans lâcher le fil, en disant « Moi, Je suis (le pays qui représente) ». Avant de lancer chaque balle, il doit répéter les noms des pays que les participants ont mentionnés précédent. Un réseau sera formé. Quant à la fin, priez ensemble pour qu'on puisse atteindre plus de gens avec l'évangile dans ces pays.

Dynamique d'introduction (18 à 23 ans).

- Matériaux : Plusieurs journaux récents, ciseaux et Bibles.

- Instructions : Formez trois groupes. Distribuez les journaux et leur demander de faire une description de la situation mondiale actuelle en sélectionnant les nouvelles locales, nationales et internationales (assignez un par groupe). Ensuite, qu'ils s'associent quelques versets ayant à voir avec cette situation et présentent la synthèse de la note et du verset à toute la classe. Lorsque les trois groupes ont présenté, demandez-les, qu'est-ce qu'ils croient que l'église a à voir avec chacune de ces situations.

Connecter | Télécharger

1. Que signifie « église missionnaire » ?

L'église est missionnaire quand elle accomplit le mandat de Dieu et le sert au-delà de ses murs. Quand il s'incarne l'amour du Christ pour l'être humain où elle est. Être un « missionnaire » est une caractéristique essentielle de l'église, c'est missionnaire ou ce n'est pas église. Le problème est que parfois nous pensons que le « missionnaire » est celui qui entreprend les voyages spécifiquement, vivre et organiser des congrégations dans les autres pays et concluons que ceci est très compliqué et ce n'est pas une chose que nous pouvons faire.

L'église fut organisée avec une mission clairement définie : Jésus ordonna a ses disciples à donner du témoigne au monde et faire de nouveaux disciples (Matthieu 28:19-20). A travers ce mandat, le Seigneur a assuré que pendant qu'ils le feraient, sa présence serait avec eux.

Cette mission commencerait quand ils seraient remplis du Saint-Esprit et iraient de leur lieu d'origine, petit à petit, jusqu'à tout le monde (Actes 1:6). Demandez : Que vivaient les disciples pendant ces trois années auprès de Jésus ? Qu'allaient-ils à partager ? Ils avaient vécu à côté du

Seigneur et à travers Lui, ils ont vu le signe de l'amour de Dieu envers l'être humain, en s'occupant des besoins physiques et spirituels des gens où ils étaient. Et c'était exactement ce que les disciples dans l'obéissance se disposèrent à faire après la Pentecôte (Actes 2:40-46).

2. La mission envers vos proches

Assurément vous vous rappellerez comment quelqu'un de l'église influait en vous positivement pour que vous fassiez et renouvelle votre décision pour Christ. La mission de l'église pour les autres commence dans l'environnement particulier de chaque personne. Demandez : Avec combien de personne vous interagissent fréquemment (à l'école, le voisinage, le travail ou à travers de l'internet) ? Beaucoup d'elles sont des personnes que nous nous familiarisons et possiblement plusieurs de ces personnes n'ont pas expérimenté l'amour de Dieu et le pardon dans leur vie et nous sommes l'instrument que Dieu veut utiliser pour rendre son amour plus compréhensible pour ces personnes. Ainsi Philip l'a fait en voyant a Nathanaël (Jean 1:45).

L'église est missionnaire et cette mission commence quand nous, en tant que disciples, avons décidé d'interagir au niveau personnel avec nos connaissances, montrant avec notre attitude, les actions et la conversation, l'œuvre que Dieu est en train de compléter dans nos vies.

3. La mission dans notre quartier et pays

Comme nous avions dit, l'église doit aller plus loin de son édifice. Ce qui veut dire que servir aux gens qui n'assistent pas nécessairement aux services et ne sont pas nécessairement croyants. Quand nous voyons les besoins des gens de notre quartier, il est nécessaire d'organiser les efforts de la congrégation pour répondre à ces besoins. Le Seigneur a mis beaucoup d'habilités dans son église avec cet objectif. Elles sont très utiles pour servir le prochain et l'aider à comprendre l'amour de Dieu. Toutes ces habilités doivent être concentrées pour témoigner de la puissance de Dieu aux gens qui entourent la congrégation locale. En tant qu'église, nous devons organiser et exécuter des initiatives d'éducation, de santé et d'évangélisation, entre autres, qui ouvrent les bras de la congrégation local aux voisins de l'église.

Rappelons comment l'apôtre Pierre s'organisa avec les membres de la première église pour réaliser la première campagne d'évangélisation dans la communauté ou ils étaient réunis (Actes 2:38-42). Nous pouvons voir que la congrégation de la première église s'organisa pour atteindre la nécessité spirituelle et physique des voisins, ce n'était pas un effort solitaire de Pierre. Ceci est le challenge de l'église, s'organiser pour atteindre la nécessité intégrale des personnes là où elles se trouvent.

En plus de nos connaissances et de nos voisins, la mission de l'église embrasse tous les habitants de notre Pays. Bien sûr, ce sont des efforts plus importants, qui nécessitent une coordination et un travail d'équipe. Souviens-toi que l'église est la communauté des croyants, pas un croyant solitaire.

4. La mission avec le monde

Christ est mort pour tous. Quand nous rejoignons la famille de Dieu, nous apprenons à voir et à ressentir comment voit Dieu et ressent et nous sommes déplacés ensemble avec les nécessiteux. Quand nous avons la connaissance du besoin ou d'une tragédie qui traverse un lieu dans le monde, nous devons faire notre part pour apporter l'espoir de Christ à ces cœurs. Il y a essentiellement trois façons de s'impliquer dans la mission autour du monde. (1) Prier pour les personnes qui traversent des situations difficiles. Puis, soit des individus ou des pays que nous ne saurons jamais, nous pouvons prier pour les besoins qui existent dans n'importe quel pays du monde. (2) Offrir. Une offrande peut faire la différence pour les familles à des milliers de kilomètres lorsqu'elles contribuent au soutien de quelque projet chrétien du développement communautaire dans des autres régions du monde (éducation, santé, etc.). (3) Aller. Demandez : Quel est le plus encourageant, recevoir un appel ou recevoir une accolade ?

Dans Actes, nous voyons également comment l'église d'Antioche a été organisée pour aider aux besoins de l'Église de Judée (Actes 11:27-30). La mission de l'église est d'être les mains et les pieds du Christ dans ce monde qui souffre.

Quand aurons-nous le pouvoir de faire des disciples comme le Christ parmi nos voisins, pays et Jusqu'aux extrémités de la terre ? Quand nous laissons que son Esprit Saint prenne le contrôle de notre vie, nous serons perfectionnés, entraînés et pleins de pouvoir pour faire ce que nous pensions autrefois impossible (Actes 1:8). Nous sommes tous l'église et l'église n'est rien moins que missionnaire.

Révisez/Application :

Accordez du temps pour répondre aux questions suivantes. (Nous incluons des réponses possibles).

1. Qui signifie « église missionnaire » ?
   C'est l'église qui participe de manière permanente dans la mission de donner témoignage de l'amour de Dieu en tout lieu.

2. Méditez un moment et faites une liste des besoins que vous avez vus dans votre quartier.

3. Choisissez l'un des besoins ci-dessus et proposez une solution.

4. Que signifie « incarner l'amour du Christ » et quel est son rapport avec la mission de l'église ?
   Incarner l'amour du Christ, c'est vivre en chair les propres caractéristiques de l'amour du Christ envers les autres, de cette manière ils pourront expérimenter l'amour de Dieu et arriver à connaitre son plan pour sa vie et nous remplirons la mission en tant qu'église.

Pour terminer, partagez les réponses et les opinions.

Défi : Avec tes camarades de classe, apporte des produits d'épicerie non périssables la semaine prochaine et crée un garde-manger de première nécessité. Ensuite, identifiez des nécessiteux (personnes âgées, mères célibataires, orphelins, etc.) de l'église ou du quartier et accompagnés de l'enseignant de l'école du dimanche et de quelques parents, visite et livre personnellement le garde-manger, faites un câlin et priez pour les personnes bénéficiaires.

Mandat ou suggestion ?

Oscar Pérez • République Dominicaine

Leçon 18

Objectif : Que l'étudiant comprenne le mandat pour remplir la mission et à travers les exemples missionnaires bibliques, qu'il soit brave pour prendre un engagement avec le Seigneur.

Pour mémoriser : « *Pierre et Jean leur répondirent : Jugez s'il est juste, devant Dieu, de vous obéir plutôt qu'à Dieu ; car nous ne pouvons pas ne pas parler de ce que nous avons vu et entendu* » Actes 4:19-20.

Avertissement

Commencez le dialogue et discutez au sujet de l'expérience que vous viviez en accomplissant le challenge de la semaine dernière.

Accepter

Connecter · Télécharger

Dynamique d'introduction (12 à 17 ans).

- Matériaux : Six robes (vous pouvez utiliser des draps de couleurs), mouchoirs pour la tête, l'idée c'est imiter le vêtement des sacrificateurs, Pierre et Jean. Une petite table et une chaise (pour donner l'idée d'une salle de jugement).

- Instructions : Choisissez six joueurs de manière anticipée et leur attribuer le rôle de chaque personnage (Ana, Caïfes, Jean, Alexandre, Pierre, Jean et un animateur) et demandez-leur de lire Actes 4:1-22, pour se familiariser avec l'évènement. Si possible, effectuez un test de pré-classe pour exposer les détails du drame. Demandez qu'ils se fixent sur l'intervention de Pierre et Jean quand ils rejetèrent l'intimidation (vv. 19-20).

  Faire comprendre l'importance de ne pas cesser de témoigner ce que Jésus-Christ a fait pour nous.

Dynamique d'introduction (18 à 23 ans).

- Matériaux : Tableau

- Instructions : Écrivez les définitions suivantes de chaque vocabulaire et demandez à la classe de compléter une comparaison et établir les différences.

  Mandat : « Ordre ou précepte que le supérieur donne a ses disciples ». Suggestion : « Insinuation, inspiration, idée qui est suggérée. » Mission : « Action d'envoyer. Pouvoir, faculté qui se donne a quelqu'un pour aller et remplir une mission ».

  Ensuite, comparez les définitions avec 1 Pierre 2:9-10 et Matthieu 28:19-20. Demandez à un élève qu'il écrive les conclusions des commentaires au tableau.

  Ils doivent arriver à la conclusion que la mission est un mandat de Dieu, pas une suggestion, par conséquent nous devons devenir décidément impliqués en elle.

Connecter · Télécharger

1. Obéissance au mandat missionnaire

Le dictionnaire théologique Beacon nous aide à comprendre la terminologie : Mission : « C'est le terme théologique le plus large. Elle inclut toutes les activités salvatrices de la Trinité et de l'église pour l'extension du royaume de Dieu sur la terre ». Elle inclut, partager le témoignage personnel de la foi chrétienne de chaque enfant de Dieu. Missions : « Il se réfère à l'œuvre missionnaire mondiale ». Missiologie : « C'est la discipline académique qui étudie et décrit le champ complet de la mission et les missions ». (Commentaire Théologique Beacon. MNP, EUA : 1995, pp. 437-438). Missionnaire : Le chrétien appelé par Dieu et qui se consacre à des missions en dehors de son pays d'origine.

Chacun de nous se trouve dans l'obligation d'accomplir avec la mission de témoigner la foi chrétienne à tous les gens qui sont à notre portée. Et si Dieu le veut, il peut nous appeler et nous envoyer à des missions interculturelles ou nous impliquer dans le travail théologique de la mission, devenant des missionnaires qui servent dans une autre culture différente de la nôtre.

La mission n'est pas une suggestion mais un mandat de Dieu donné par son Fils Jésus-Christ (Matthieu 28:18-20). Le texte biblique nous enseigne : La source d'autorité de Jésus, le commandement précis de faire disciples a son image, la stratégie missionnaire qui comprend l'enseignement de la doctrine chrétienne et la bénédiction de sa présence dans la vie de ce disciple obéissant à son mandat.

2. Modèles d'obéissance missionnaire

A. Philippe, obéissant au mandat missionnaire

Philipe était un homme remplit du Saint-Esprit, de bon témoignage et de sagesse (Actes 6:3-5 ; 8:4-40). Il a voyagé à Samarie et ce qui s'est passé était surprenant (Actes 8:12). A cette occasion, Simon croyait aussi, personnage consacré à la magie de son temps, même s'il se trompait de l'interprétation spirituelle, il se trouvait dans l'obligation de répondre à une repentance sévère (vv. 13-24).

Puis Felipe a reçu l'ordre de descendre à Gaza et là il a rencontré un personnage de rang. C'était un fonctionnaire de la reine des Ethiopiens, il semble qu'il était « ministre de l'économie », eunuque, un fonctionnaire de confiance de la reine. Cependant, il avait des bonnes intentions d'adorer Dieu, et c'est pour cette raison qu'il voyageait à Jérusalem. Après la prédication évangélique personnelle de Philippe, l'Éthiopien a cru de tout son cœur en Jésus-Christ et a demandé à être baptisé.

La vie proche de Dieu, du témoignage et de l'obéissance de Philippe aboutit à des actions missionnaires et cela devrait nous inspirer à imiter.

B. Pedro, convaincu de la mission confiée

La mission de Pierre consiste à présenter le message rédempteur a Corneille et de cette manière éliminer la barrière religieuse entre les juif et les samaritains (Actes 10:1-48).

Corneille était un samaritain, il travaillait à Césarée, port principal de Palestine, officiel et chef de 100 soldats. Ensuite, il était aussi un homme pieux, craignant Dieu, généreux et un homme de prière (vv. 1-2). Corneille avait une vision (vv. 3-6), il devait chercher Pierre ; pour cela, il envoya ses domestiques sous l'indication des anges.

Étant Pierre à Jope, il avait une vision dans laquelle il vit que Dieu l'envoya chez Corneille a Césarée (vv. 9-33).

L'Esprit est descendu, Il a rempli le cœur des personnes qui étaient présentes, Il a manifesté des dons, ils étaient baptisés et la barrière entre les juifs et les samaritains fut éliminée par l'amour de Dieu qui ne fait pas acception de personnes (vv. 34-48).

C. Paul, missionnaire et pasteur

Il s'appelait Saul et se considérait comme un législateur (Actes 9:1-19). Il a persécuté les chrétiens et témoins de la mort d'Etienne (Actes 7:58). Dans ses efforts de persécution, il a voyagé à Damas et Christ lui a été révélé en chemin. A partir de ce moment, sa vie a changé, quand il a atteint sa destination, il était rempli du Saint-Esprit et choisit pour accomplir une mission (Actes 9:15). Paul réalisait trois voyages missionnaires ; il implanta plusieurs églises en Asie mineure et Europe ; il écrivit 13 lettres du Nouveau Testament. Il réalisa sa mission convaincu de son appel et de son engagement envers son Seigneur. Il a inspiré les chrétiens de tous les âges à imiter sa vie et son œuvre missionnaire.

3. Notre engagement missionnaire

Ce que Pierre a écrit à l'église en dispersion nous encourage à l'obéissance afin de partager le message du salut avec d'autre être humain (1 Pierre 4:9-10). Comment traduire en actions missionnaires l'exemple de Pierre face au conseil ? (Actes 4:19-20). En donnant témoignage de notre foi en Christ a tout ce qui se trouve de notre côté, dans la puissance de l'Esprit et dans n'importe quel cadre, parce que le Christ est avec nous (Matthieu 28:20).

Il ne nous reste d'autres choses à faire que de réaliser la décision aujourd'hui de vivre en Christ, l'obéir, accomplir ma responsabilité missionnaire en témoignant le salut que j'ai reçu par la grâce de Dieu et je serai attentif à l'appel de Dieu peut-être pour aller à travers d'autres nations. Le fait de prendre un engagement personnel en nous intégrant à la mission produira en nous et donc dans notre église locale, un sens du devoir et une obéissance missionnaire que Dieu approuvera et l'utilisera pour sa gloire.

Révisez/Application :

Demandez qu'ils écrivent dans les espaces vides, vrai (V) ou faux (F), selon ce qui correspond :

1. (V) Pierre et Jean ont défini leur mission devant le conseil juif avec courage.

2. (F) Obéir à la mission est une suggestion.

3. (V) Le terme mission comprend toutes les activités que l'église réalise.

4. (V) Philipe a accompli une partie de sa mission en Samarie.

5. (V) Pierre évangélisait Corneille à Césarée.

6. (F) Paul a écrit six lettres.

7. (V) Philipe, Pierre et Paul accomplirent leur mission remplis du Saint-Esprit.

8. (F) La mission est seulement pour les dirigeants de l'église.

9. (V) La mission comprend l'annonce des vertus de Jésus-Christ.

10. (V) Il vaut mieux obéir à Dieu plutôt que des hommes

Défi : Pendant la semaine, réfléchis et répond aux questions suivantes : Quel est ton travail missionnaire à l'école, au collège, à l'université ou sur ton lieu de travail ? As-tu aidé un ami à accepter le Christ comme son Sauveur ? Est-ce que tu considères que tu obéis au mandat de la mission ou as-tu besoin de faire quelques corrections dans ta vie ?

Partage le message

Objectif : Que l'étudiant sache qu'aujourd'hui Dieu peut l'appeler à une vie missionnaire.

Pour mémoriser : « *...Ce n'est plus à cause de ce que tu as dit que nous croyons ; car nous l'avons entendu nous-mêmes, et nous savons qu'il est vraiment le Sauveur du monde, le Christ* » Jean 4:42.

Avertissement

Rappelez-leur de la responsabilité qu'à chacun là où Dieu les a placé.

Accepter

Connecter | Télécharger

Dynamique d'introduction (12 à 17 ans).

- Matériaux : Trois cercles de papiers rouge, bleu et vert pour chaque élève.

- Instructions : Expliquez que chaque participant va répondre une série de questions, en utilisant le cercle rouge, jaune ou vert. Les réponses signifieront le suivant :

  * Rouge : Je ne suis pas comme ça / Je ne fais pas ça.
  * Jaune : Par fois, je suis comme ça / parfois, je fais ça.
  * Vert : Bien souvent je suis comme ça / Bien souvent je fais ça.

  Voici quelques questions qu'on peut utiliser, ou on peut en inventer d'autres :

  1. J'aime me lever tôt.
  2. Je dis de bonnes blagues.
  3. Grognement.
  4. J'aime écrire.
  5. Je me regarde beaucoup dans le miroir.
  6. Je chante dans la douche.

  Nous sommes tous différents et intérieurement personne ou peu se connaissent. Pour Dieu, notre intérieur n'est pas une surprise. Il nous connaît intimement.

Dynamique d'introduction (18 à 23 ans).

- Matériaux : Papier et crayon pour chaque participant.

- Instructions : Demandez qu'ils écrivent une lettre en donnant le maximum de détails sur lui-même. En cette lettre, ils ne peuvent pas figurer des traits physiques, ni de vestiaire ; mais ce type de données devrait être offert avec des traits personnel, comme caractère, gouts.

  Une fois les lettres soient écrites, collectez-les et lisez-les tout d'abord le groupe, qui devrait deviner à qui chacun appartient. Il est recommandé que l'enseignant participe également à l'activité comme un de plus. L'activité est plus riche et plus efficace en ce qui concerne son objectif si les détails personnels sont partagés (pas superficiels) entre les membres du groupe.

  Chaque personne est différente. Nous avons tous des aspects internes que personne ou peu savent. Seul Dieu, connait notre intérieur. Il nous connaît intimement.

Connecter | Télécharger

Jésus venait de Jérusalem et voyageait pour le nord, Il traversait le territoire de Samarie. La majorité des juifs évitait de passer par Samarie parce que les juifs continuèrent à maintenir leur pureté raciale, tandis que les samaritains (un peuple qui a été une partie d'Israël antérieurement), ils s'étaient mélangés avec les nations païennes. Les samaritains étaient l'exemple des juifs infidèles et c'est pour cela que les juifs purs ne s'associèrent pas avec eux. Il existait une haine raciale très intense entre les deux peuples (Jean 4:9). C'était tellement sévère, les juifs prirent l'habitude de passer par le chemin le plus long juste pour éviter de passer par Samarie. Ils préféraient de passer sur le territoire des autres nations que celui de Samarie.

Assurément, Jésus fut impulsé par la nécessité d'atteindre les perdus, même en dehors de son peuple. En lisant ce passage, nous pouvons noter une urgence de la part de Jésus. Ici, ni dans ses relations avec la Samaritaine, comme dans son dialogue avec les disciples, nous voyons clairement la mission de l'évangélisation qui occupait l'esprit de Jésus. Nous voyons son plaisir, passion et désirs profond de partager cette urgence avec ses disciples pour évangéliser, en profitant de chaque moment pour atteindre des vies avec le message de l'eau vive.

1. Dieu nous connaît

Commencez en lisant Jean 4:7-18. Nous ne connaissons pas le nom de la femme samaritaine et nous ne savons pas beaucoup de chose d'elle. Mais, il semblerait que, Jésus la connaissait très bien. Jésus savait qu'elle viendrait au puits durant les heures d'où la majorité des personnes dinaient (v. 6, 8), parce qu'elle était marginalisée, rejetée et mal vue. Quand il l'a vue, il a reconnu son besoin immédiatement et a demandé de l'eau (v. 7), mais il savait qu'elle avait besoin d'une source inépuisable que Lui seul pouvait lui donner. Elle a été étonnée qu'un Juif veuille lui parler (v. 9), en fait, une femme samaritaine était considérée comme la plus dégradante pour un juif. En plus que c'était une femme de mauvaise vie qui a visité le puits à midi.

Jésus touche le point de ses besoins directement. Il s'identifia comme celui qui le pouvait donner de l'eau vive éternelle (vv. 13-14). Jésus, sans lui condamner, il le confrontait avec son comportement inapproprié (v. 18). Il le connait depuis l'aspect le plus honteux de sa vie. Elle tentait d'esquiver la conversation (v. 17). Jésus ne refusait pas, seulement Il lui montra sa mode de vie jusqu'à en ce moment. Jésus parlait de l'importance de l'adoration de tout cœur et élimina les actes religieux et sans sens. Dans ce passage (vv. 23-24), Il montra que, ce ne sont pas les actes d'adoration qui nous rapprochent de Dieu, mais notre soumission à l'Esprit. La vie spirituelle de la Samaritaine ne dépendait pas du lieu où elle adorait, mais de la condition de son cœur devant Dieu.

Lorsque nous appliquons cette rencontre à notre propre vie, nous réalisons que Dieu connaît notre besoin. Il sait où nous loupons et dans quel point nous sommes. Même ainsi, Il nous encourage à mettre notre confiance en Lui comme source d'eau vive et nous exhorte à être des adorateurs en esprit et en vérité, à quitter nos concepts religieux et à le suivre.

La femme samaritaine a été tellement frappée par Jésus-Christ qu'elle a quitté son pichet d'eau pour courir et dire à tout le peuple, qu'elle avait connu le Messie. Le Christ la connaissait complètement et qu'au lieu de l'apporter la honte et l'humiliation, Il l'apporta la liberté !

2. Dieu nous appelle à voir le besoin des autres

Lisez ensemble avec la classe Jean 4:31-38. Quand les disciples arrivèrent, ils offrirent de l'aliment a Jésus, mais Il les enseigna quelques leçons plus importantes. Jésus les a dits que la plus grande satisfaction qu'un chrétien peut avoir dans la vie, c'est de faire la volonté de Dieu (v. 34). Il encouragea ses disciples a se fixer dans la volonté de Dieu pour satisfaire la nécessité la plus profonde de leur âme. Jésus démontra que la nécessité était tellement en grande quantité, que les gens déjà étaient prêts à accepter Jésus comme le Messie (v. 35).

Au moment où Jésus parlait avec ses disciples, les gens du peuple qui entendirent parler de Lui par la femme samaritaine, commença à s'approcher. Jésus compara cette récolte humaine à un élément que les disciples connaissaient bien, le champ fertile. Le peuple était déjà près pour écouter le message sur Jésus et les disciples n'avaient rien faire que de répondre au grand besoin (v. 38).

Finalement, Jésus a fait jaillir la joie après la moisson (v. 36).

Jésus nous a appelés aussi à la moisson. La nécessité se trouve partout. Nous avons tous des amis, camarades de classe, parents et membres de la famille qui ne connaissent pas le Christ. Nous vivons également dans un monde plein de nécessité : De la faim, travail, honnêteté, d'amour. N'ignorons pas ces nécessités. Soyons une partie de la solution.

3. Dieu utilise notre témoignage pour atteindre les autres

Dans cette dernière partie de l'histoire (Jean 4:28-30, 39-42), nous voyons comment beaucoup de personnes arrivèrent à croire en Jésus. Tout le peuple Sicard, avec un passé rempli d'idolâtrie, méchanceté et confusion spirituelle, fut révolutionné avec l'arrivée du Messie. Le témoignage d'une femme pécheresse a transformé tout un peuple (v. 39). Le fait que Jésus l'avait connu telle qu'elle était, cela n'empêchait qu'elle ne fût pas utile pour le Royaume. Et plus, le changement que Jésus produisit en elle, n'était le motif de tant d'étonnement chez les autres.

Quand les personnes savent un plus de Jésus, elles veulent passer plus de temps avec Lui (v. 40). Un voyage de promenade, termina comme un voyage missionnaire là où Jésus restait a Sicard pendant deux jours, discutant su le Royaume de Dieu. Les personnes commencèrent à expérimenter et connaitre Jésus personnellement (v. 42).

Notre témoignage peut amener aux autres à avoir une relation personnelle avec Jésus.

Révisez/Application : Dessine une carte de ton cartier.

Une fois que tu as dessiné les blocs de ton quartier, mets le nom de famille (ou une référence) des familles de ton bloc, tu te rappelleras de qui ne sont pas chrétiens. Tous les jours de cette semaine, prie pour eux, un pour un même si tu ne les connais que de vue.

Prier pour ......

Jour de Semaine	Lundi	Mardi	Mercredi	Jeudi	Vendredi	Samedi	Dimanche
Heure que J'ai prie :							
Noms/ Prenom :							

Défi : Peut-être que le Seigneur t'appelle à être missionnaire, ou peut-être qu'il t'appelle à être pasteur, ou peut-être qu'il t'appelle à être professionnel. Mais aujourd'hui, il t'appelle à lever les yeux et à regarder le champ qui est prêt pour la moisson. Jésus est la source d'eau vive. Commence à prier pour ceux qui t'entourent. Sûrement, alors que tu pries pour eux, le Seigneur te montrera leurs besoins et commencera à ouvrir des espaces pour que tu puisses partager avec eux.

Me voici, Seigneur !

Avertissement
Continuez à prier pour le salut des gens qui sont proches de vos étudiants.

Accepter

Objectif : Que les étudiants sachent que Dieu a fait appel aux missions depuis l'époque de l'Ancien Testament.

Pour mémoriser : « *Qui enverrai-je et qui ira pour nous?* » Ésaïe 6:8a

Connecter | Télécharger

Dynamique d'introduction (12 à 17 ans).

- Matériaux : Une feuille de papier de couleur blanche très large et marqueurs pour dessiner.
- Instructions : Demandez à la classe qu'elle pense avec la réalité du monde actuel ni dans les bonnes choses et mauvaises, la violence, les catastrophes, les progrès technologiques, etc. Ensuite, mettez le papier au centre du salon et demandez-leur de venir dessiner l'un des concepts qu'ils pensaient, en essayant de laisser les autres découvrir le concept.

   Vous remarquerez peut-être qu'ils feront plus de dessins de mauvais concept que de bon. La raison peut-être parce qu'en ce moment, la réalité du monde est comme ça.

   A la fin, dans le même papier, faites un dessin d'un temple. S'il est vrai que dans notre monde il y a la violence, les morts et beaucoup de choses terribles, aussi il y a l'église, le peuple de Dieu, nous, avec l'héritage de Jésus-Christ.

Dynamique d'introduction (18 à 23 ans).

- Matériaux : Un journal récent (du même jour de préférence), disque de musique contemporaine (si possible avec les chansons qui sont dans les listes de popularité), feuilles blanches et crayons.
- Instructions : Demandez que, au moment qu'ils écoutent un fragment que quelques chansons populaires et les nouvelles les plus importantes du jour, écrivez ce qu'ils pensent de la réalité qui les entoure. Puis leur demander qu'ils lisent des notes qu'ils ont écrites.

   À l'époque de l'Ancien Testament, c'était le même, mais il y avait toujours des gens qui ne formaient pas partie de cette réalité et ils vivaient en accord aux exigences de Dieu et poussé les autres à les faire.

Connecter | Télécharger

Pour nous qui sommes les chrétiens d'aujourd'hui, il est très pratique d'organiser des événements pour évangéliser et attendre les gens qui veulent suivre le Christ, assistent ces évènements. Ce qui est triste de cela c'est que dans plusieurs occasions les gens à peine acceptent d'assister dans un « temple évangélique ». Mais, nous ne pensons pas combien cela serait différent si au lieu d'attendre des non-croyants, nous irions les chercher ?

Celle-ci est missions! L'appel aux missions que Dieu a toujours fait et continue de faire jusqu'au jour d'aujourd'hui.

Regardons deux appels missionnaires que Dieu a faits dans l'Ancien Testament. Et, dans cette perspective, écoutons la voix de Dieu pour répondre.

1. Un appel qui nous confronte

Si nous lisons Esaïe, depuis le chapitre 1, le prophète prononçait déjà des mots jugement contre Jérusalem ; signalant les péchés que le peuple avait commis, en mentionnant un grand et terrible jour du Seigneur, dictant sentence contre les royaumes.

Mais quand nous arrivons dans le chapitre 6, Dieu se lui présentait dans une vision sublime et de gloire (Esaïe 6:5). Comment serait-il possible qu'Esaïe ferait appel à une vie d'obéissance à Dieu, quand lui-même n'avait pas réalisé qu'il était une personne impure ?

Esaïe était un homme qui aimait le Seigneur et voulait que le peuple fasse de même. Dieu a vu son cœur et c'est pour cela Il lui ôtait son péché et lui a nettoyé de son iniquité (v. 7), pour continuer à remplir la mission.

Si aujourd'hui nous quittons le temple, nous trouverons un monde chaotique, mais reconnaissons que nous aussi nous sommes impurs et nous avons besoin de la grâce de Dieu, nous pouvons comprendre ce que Dieu veut faire dans ce monde.

Ce qui est merveilleux en Dieu c'est qu'Il ôtait la culpabilité d'Esaïe (Esaïe 6:6-7) et quand Dieu demandait « Qui enverrai-je et qui ira pour nous ? » (v. 8), Esaïe répondit, de cette même manière que Dieu lui commissionna. Si nous reconnaissons notre impureté devant la gloire de Dieu, sans doute qu'Il nous purifiera ; et si nous répondons à la question de Dieu, sans doute qu'Il nous commandera.

Est-ce que nous pouvons lui dire aujourd'hui « Me voici, Seigneur ; envoie-moi » ? Dieu n'appelait pas Esaïe ; c'était une question posée par le Seigneur même. Quand Esaïe se rendait compte que le Seigneur avait besoin de quelqu'un pour accomplir son plan du salut, il répondait. Est-ce que nous avons besoin d'espérer que Dieu nous parle spécifiquement, ou nous pourrions lui répondre aujourd'hui même ?

2. Un appel inconfortable

Nous nous imaginons quoi, au lieu que Dieu envoie du feu dévorant, à l' instant Il appelle quelqu'un d'entre nous pour que nous partagions l'évangile aux personnes méchantes. Demandez : Quelqu'un de nous irais ? Est-ce que tu iras à visiter une personne méchante dans la prison ? Est-ce que tu irais avec la personne qui tua ou viola un membre de ta famille?

Ce fut justement cela qui le passait à Jonas. Dieu lui appelait pour aller prêcher a Ninive (Jonas 1:2), la capitale du grand et mauvais empire de la Syrie, celui qu'Israël effrayait était ses leur ennemis. Jonas ne voulait pas aller, depuis le plus profond de son cœur il voulait que Ninive périsse. Comment serait-il possible que Jonas prêcherait l'ennemi d'Israël ? Et la Bible nous raconte que Jonas courrait dans une direction contraire, voulant fuir de la présence de Dieu (Jonas 1:3). Mais Dieu arriva vers Jonas (Jonas 1:4-17), et celui-ci se repentait et acceptait sa mission. Ici, nous voyons la grâce de Dieu donnant une deuxième opportunité (Jonas 2:1-3:2).

Dans Jonas 3:3, nous voyons que Jonas recourrait les rues de la grande Ninive et donna le message du salut au peuple (Jonas 3:4-9).

Comprenons un peu le prophète. Il était logique qu'il attende de tout son cœur une punition venue directement de la colère de Dieu, déjà que Jonas était un patriote, il n'avait aucun amour pour les ennemis d'Israël, et non plus a compris comment Dieu pouvait aimer ces gens. Jonas attendait de tout cœur une punition de la colère de Dieu, mais parce que les Ninivites se sont repentis, il y avait la liberté et la vie (Jonas 3:10).

Dieu pardonna le peuple Ninive, et Jonas, en colère, il découvrait que son patriotisme était intolérant (Jonas 4:2).

Dans de nombreuses occasions, c'est la prière que nous les chrétiens faisons à Dieu, en colère contre sa grâce rédemptrice.

Mais Dieu a répondu Jonas (Jonas 4:11) : « Réellement tu crois que je ne devrais pas m'importer pour une ville de plus de 120 mille personnes qui ne distinguent pas leur droite ou leur gauche ? » (C'est une référence à l'enfance).

Dans l'appel missionnaire, Dieu veut que nous portions un message de repentance. Et ce n'est pas confortable. Il nous est difficile de penser que les meurtriers, les violeurs, les escrocs, les usuriers, les voyous peuvent être sauvés.

L'appel missionnaire de Dieu est scandaleux, car tout le monde peut être racheté par Jésus-Christ ! Tout le monde !

Il est important de reconnaître que Dieu aime tous les hommes et veut leur pardonner et les sauver (Jean 3:16 ; Romains 5:8).

3. Et Dieu continue d'appeler ...

A la lumière de la vision d'Esaïe, reconnaissons que toutes les personnes qui vivent hors de l'église, ne sont pas pires que nous qui sommes à l'intérieur (Romains 3:9-20). Seulement qu'un jour nous avions reçu le pardon et la miséricorde de Dieu. À la lumière de l'appel de Jonas, reconnaissons que Dieu est toujours à la recherche des méchants pour les racheter, indépendamment du degré de mal dans son cœur et ses actions (Romains 5:20).

Nous pouvons être des instruments de sa grâce radicale et miséricorde absolue dans ce monde et en ce moment. Reconnaissons que Dieu fournit le salut intégral à l'humanité et pense aux nouvelles générations, dans l'enfance de notre monde chaque jour plus pervers.

Revoyez les notes de la dynamique d'introduction : Combien y a-t-il de mal dans le monde aujourd'hui ? Tu t'imagines, combien aura-t-il demain ? Il ne te parait pas juste que, comme Esaïe et Jonas nous puissions faire le nôtre l'appel missionnaire de Dieu ?

Révisez/Application :

Prévoyez du temps pour une liste de cinq personnes qui connaissent et pensent que, définitivement, « ils ont jusqu'à présent le pardon de Dieu ». Ensuite, demandez-leur d'écrire leurs noms dans la première colonne ; et après quoi, qu'ils lisent les passages qui sont suggérés dans la deuxième colonne et pour terminer, qu'ils fassent une prière avec vous pour que ces gens soient atteints.

PERSONNE SANS SALUT	UNE PAROLE D'ESPÉRANCE	UNE PRIERE POUR ELLES (signaler chaque fois que tu pries)
1	Luc 15:7	
2	Hébreux 10:16-17	
3	Romains 12:19-21	
4	1 Jean 1:9	
5	1 Timothée 2:1-4	

Défi : Dieu peut atteindre tout le monde, et même les plus méchants de ce monde ; et il peut exercer sa miséricorde comme il veut et de toutes les manières qu'il veut, mais il aimerait utiliser des gens comme toi. Prie cette semaine pour que Dieu à travers ta vie puisse atteindre les autres.

Journée spéciale

Objectif : Que l'élève comprenne le désir de Jésus concernant la fonction du temple et la fonction de notre vie en tant que temple de Dieu.

Pour mémoriser : « *Ma maison sera appelée une maison de prière* » Matthieu 21:13 (NEG 1979).

Avertissement

Générez une conversation à propos du privilège que nous avons d'être utilisés par Dieu dans son désir d'atteindre l'humanité.

Accepter

Connecter | Télécharger

Dynamique d'introduction (12 à 17 ans).

- Matériaux : Papier large et crayon pour les groupes que vous formez.
- Instructions : Divisez la classe en deux ou plus de groupes et donnez à chaque groupe un rôle avec le mot « purification », et ensuite, demandez-leur que dans un période de temps qui dure deux minutes qu'ils soient prêts à expliquer le concept d'une manière didactique (par exemple une petite performance théâtrale, une expérimentation scientifique, une chanson, une peinture ou dessin, etc.).

Dynamique d'introduction (18 à 23 ans).

- Matériaux : Tableau, marqueur ou craie.
- Instructions : Écrivez le mot « PURIFICATION » en grande lettre dans le tableau. Divisez la classe en deux groupes et demandez aux élèves d'écrire une définition de ce mot, qui décrit bien le concept, et qui est écrit de la manière qui pourrait être trouvée dans un dictionnaire (par exemple : « C'est la qualité de ... »).

Connecter | **Télécharger**

Les experts dans l'étude de la Bible calculent que Jésus commença son ministère a l'âge de 30 ans et que ce ministère a été prolongé pour environ trois ans. L'événement que nous étudieront a eu lieu après l'entrée triomphale de Jésus a Jérusalem pour célébrer la Pâque et vivre sa dernière semaine de sa vie sur la terre, juste avant sa crucifixion (Matthieu 21:12-17, Marc 11:15-19, Luc 19:45-48 et Jean 2:13-22).

1. La situation du temple

Dans la première partie du passage de Matthieu 21:1-11, en commençant la semaine de célébration de la Pâque, nous lisons l'allégresse et la joie du peuple en voyant Jésus entrer à Jérusalem. Cependant, le verset 12 change la scène de l'histoire et l'évangéliste raconte que, comme d'habitude à l'époque de la célébration religieuse, Jésus s'approcha au temple et vit une chose qui changea l'ambiance de la fête d'une manière instantanée : Acheteurs, vendeurs et changeurs d'argent.

Pour mieux comprendre le rôle que jouaient ces personnes dans le temple, nous devons remonter aux temps de l'Ancien Testament quand Dieu institua, à travers Moise, le système de sacrifices des animaux pour que le peuple Israël demande pardon pour ses péchés et pourrait s'approcher de Dieu. Moise parla au peuple (de la part de Dieu) qu'ils reconnaissent leurs mauvaises actions et que chacun puisse être réconcilié avec Dieu, en apportant un animal pour être sacrifié dans le temple. Cet animal devait accomplir ces conditions suivantes : Etre un animal sain et sans défaut. Ces caractéristiques symbolisent le désir de présenter le meilleur à Dieu. Premièrement, dans le tabernacle, et des siècles plus tard dans le temple, l'animal représentait la personne qui l'offrait et « portait » avec son péché.

Après ces rituels de présentation sur l'autel, l'animal mourait finalement en recevant la peine du péché de son maitre (Romains 6:23). Ce système de sacrifice était une présentation imparfaite du sacrifice parfait que Jésus ferait pour toute l'humanité sur la croix du Calvaire, en mourant et recevoir la punition pour nos péchés. Le système de sacrifice décrit extérieurement continuait jusqu'au moment que Jésus arrivait. Le système rituel demandait la présentation de plusieurs animaux différents selon la condition de la personne et selon le péché (Lévitique 5:5-7, 14-19) pour cela que les vendeurs et les acheteurs avaient développé un marché dans les cours du temple. Ce marché a été conçu pour faciliter l'achat d'animaux de Juifs qui venaient de loin à Jérusalem et avaient de l'argent pour acheter l'animal nécessaire. De même, les changeurs d'argent avaient développé une entreprise pour fournir des changements d'argent (à ceux qui venaient d'autres endroits) pour les offrandes qui devaient être déposées à l'intérieur du temple. La situation a atteint un tel point que les changeurs, les acheteurs et les vendeurs du temple avaient changé le but d'aider les juifs à se réconcilier avec Dieu, pour avoir obtenu des profits malhonnêtes des affaires dans le temple (Matthieu 21:13). Et au milieu de tout cela, Jésus arriva au temple.

2. La réponse de Jésus

Matthieu 21:12-13, raconte l'histoire de Jésus au problème de la corruption qui se développait dans le temple. L'évangéliste décrit les actions de Jésus avec les verbes, « mettre dehors » et « lança », actions qui déterminent l'intensité d'émotion et d'action. Il est intéressant d'imaginer comment se restera-t-il le lieu après la réaction de Jésus. Sans aucun doute, c'était un événement qui a apporté le choc et l'excitation dans le temple.

A la première vue, ces actions de Jésus semblent provenir d'un sentiment de colère. Cependant, nous voyons que l'indignation de Jésus provenait de l'injustice et manque de respect qui existait envers la maison du Père (Jean 2:17). L'intensité d'agir Jésus nous enseigne qu'Il ne faisait aucune suggestion ou une simple recommandation aux vendeurs du temple. Jésus laissa voir très clair qu'il était important et c'est une urgence d'avoir respect pour le lieu où se trouvait la présence de Dieu.

De la même manière que Jésus ne laissait pas passer ni un instant pour changer la situation négative qui se développait dans le temple, également nous pouvons être certains que Jésus a la même urgence et désir intense de changer nos cœurs.

Appliquer l'histoire de la purification du temple dans nos vies, nous pouvons penser que la mort de Jésus fut planifiée de manière anticipée pour que nous puissions nous-mêmes accepter la souveraineté de Jésus dans nos vies et jouir de la vie purifiée. Ainsi que Jésus (le fils de Dieu) avait tout le droit de nettoyer et d'organiser la maison de son Père (cela veut dire le temple), nous devons savoir que quand nous acceptons à Jésus comme Seigneur et Sauveur de nos vies, nous donnons à Christ les mêmes droits sur nos cœurs. Quand nous faisons de Dieu notre Roi et Seigneur, nous donnons l'entrée à notre cœur pour organiser tout ce qui n'est pas correct. Quand nous vous donnons nos vies, nous lui donnons tous les droits de déplacer les choses qui sont dans notre cœur comme il croit que c'est mieux.

3. La réaction des gens

Dans ces versets du passage de l'étude, les gens qui étaient témoin de la purification du temple par Jésus, réagirent de deux manières.

Un groupe de personne s'approche de Jésus (Matthieu 21:14). Il est intéressant de reconnaitre que ces gens-là ne s'éloignèrent de Jésus par la peur que les actions de Jésus pourraient avoir causés, mais au contraire, des gens de condition humble l'ont approché, ce qui est merveilleux à propos de cette scène, en s'approchant de Jésus, les nécessiteux recevaient l'aide et la guérison.

Jésus ne les avait pas laissés délaisser ni désillusionnés, mais pourtant qu'il pourrait leur donner ce dont ils avaient le plus besoin. Le fruit de cette grande bénédiction et des miracles de guérison furent les remerciements dans la forme de louange qui est venue de la bouche de ceux qui ont été guéris : « Hosanna au Fils de David ! » (Matthieu 21:15). Les personnes qui s'approchèrent de Jésus et acceptèrent son œuvre dans leurs vies expérimentèrent la joie et l'allégresse.

Il y avait un autre groupe de personnes qui ont réagi d'une manière très différente (Matthieu 21:15-16). Le commentaire des chefs religieux de l'époque démontre une attitude de colère et le manque d'acceptation de la personne de Jésus comme le Fils de Dieu. Les leaders réclamaient a Jésus sur le pourquoi le peuple lui élevait a un endroit très haut avec leurs louanges : Ils ont crié « hosanna » ou « louange soit à Dieu » et l'ont également reconnu comme fils de l'ancien roi David. Le manque de sagesse et de discernement a conduit ces chefs religieux à devenir aveugles par les jalousies, en écoutant la louange et l'attention que Jésus recevait pour les miracles qu'Il opérait.

Nous, comme des chrétiens aux siècles XXI, devons déterminer si nous douterons sur les enseignements de Jésus par manque de connaissance ou si nous nous livrerons a Lui et ses plans de purification pour notre vie.

Révisez/Application :
Prévoyez du temps pour qu'ils complètent ces casiers suivants en écrivant leurs idées sur « ré-décorer ton cœur ». Premièrement, ils doivent répondre les casiers qui se trouvent à gauche, ses valeurs opinions personnelles. Après qu'ils ont fait leur auto-évaluation, donnez un moment pour qu'ils prient et pensent avec quel changement que Jésus aimerait faire dans leurs vies. Si c'est difficile pour eux de remplir du côté droit du casier, suggérez-les de lire Philipiens 2:12-15 ; 1 Thessaloniciens 4:12.

CE QUE JE CHANGERAIS ...	
Dans mon caractère ou personnalité	Dans ma vie spirituelle
Exemple : Inconstant	Exemple : Manque de prière

CE QUE JÉSUS CHANGERAIS ...	
Dans mon caractère ou personnalité	Dans ma vie spirituelle
Exemple : Mots choquants	Exemple : Manque de sagesse

Défi :
Quelle est ton opinion sur les actions de Jésus dans le temple ? Où en est ta vie dans le processus de purification ? Tu peux toujours compter sur le fait que Dieu t'aime plus que toute autre personne sur cette planète et a donc les meilleurs et les plus merveilleux plans pour ta vie. Pendant la semaine, médite là-dessus.

Il vit !

Hilda Navarro • Mexique

Objectif : Que l'élève comprenne que la résurrection de Jésus est l'évènement culminant du plan rédempteur de Dieu.

Pour mémoriser : « *Mais maintenant Christ est ressuscité des morts...* » 1 Corinthiens 15:20a.

Avertissement

Renseignez-vous sur les progrès qu'ils ont eu concernant la recherche de la purification dans leurs vies. Vous pouvez partager votre témoignage avec eux.

Accepter

Connecter | Télécharger

Dynamique d'introduction (12 à 17 ans).

• Instructions : Demandez à la classe qu'elle s'assoit en forme de cercle et commettent des légendes ou mythes familiers dans leur région ou dans le monde à propos de la résurrection des personnes. Non nécessairement ils doivent parler sur la résurrection de Jésus-Christ. S'ils n'ont pas entendu aucune légende, racontez-les celle qui suit :

« On parle d'un homme riche, qui était connu pour l'abondance de ses biens et la gentillesse avec laquelle il a traité ses employés. Il aimait beaucoup sa femme et ses trois enfants.

Un jour, les gens de la région où le jardin était contaminé d'une maladie dangereuse et beaucoup se mourraient. Le patron avait aidé les peu médecins et infirmières qui étaient là. Après plusieurs semaines, l'épidémie fut contrôlée mais, le patron fut contaminé, il fut malade et mourut. Au milieu de l'amertume de tous, un vieil homme de vêtements déchaussés et des barbes incolores est arrivé à la propriété. Il leur dit qu'il connaissait la popularité du propriétaire et le problème dans lequel ils étaient tous. Il les dit que si on lui donne de l'argent, il peut faire revivre le propriétaire. Entre la douleur et le désespoir, cette petite lumière a convaincu la famille et elle était tout d'accord à la demande du vieil homme.

L'homme se fermait avec le défunt dans une chambre et après un moment, ils sorti de la chambre et dire que son travail était accompli. Il prit son argent et s'enfuit sans laisser aucun trait.

La femme et les employés du propriétaire sont entrés dans la pièce et ils ont vu le propriétaire foncier dans son lit. Il avait tenu le regard de la faiblesse, mais il était vivant. Il n'avait jamais su ce qui est arrivé. Certains disent que le propriétaire n'est jamais mort, qu'il était inconscient et le vieil homme a profité de la situation. Des autres disent que ce fut un vrai miracle. La vérité c'est que le propriétaire a récupéré et redirigé sa ferme avec la même gentillesse et justice qu'avant ».

Dynamique d'introduction (18 à 23 ans).

• Instructions : Demandez aux élèves quels sont faits médicaux et scientifiques qui sont nécessaires pour qu'une personne ressuscite. Demandez-les s'ils croient qu'il serait possible pour quelqu'un de ressusciter et pourquoi. Si vous voulez motiver les jeunes à parler, racontez l'histoire de l'auteur Mary Shelley, « Le monstre de Frankenstein ». Ou si quelqu'un la connait, demandez s'il veut la partager.

En quelques mots, l'histoire parle d'un jeune homme étudiant en médecine nommé Victor Frankenstein qui a créé un corps avec des parties de plusieurs cadavres. Le corps a reçu la vie avec de l'électricité générée par la foudre qui a été transmis au cœur du corps, à travers des instruments inventés par le même jeune Frankenstein.

Si c'est possible, vous pouvez projeter les 10 premières minutes du film « Frankenstein ».

Puis demandez ce qui suit :

• Est-ce que tu crois que l'histoire peut-être véridique ? Pourquoi ?

• Quel fait qui t'impressionne dans l'histoire ?

• As-tu écouté l'histoire de la résurrection de Jésus ?

• Ensuite, lisez avec eux Jean 20:11-18 et demandez-les, quel est ce qui attire leur attention dans cette lecture.

L'objectif de cette activité c'est d'aider aux jeunes de réfléchir sur l'acte même de la résurrection, dans une ère actuelle qui interroge les postulats chrétiens et affirme qu'ils sont relatifs.

A la fin, demandez aux élèves qu'ils pensent un peu : Est-ce un mythe ou pensez-vous que c'est vraiment arrivé ? Une fois qu'ils ont commenté leurs opinions, demandez-les s'ils ont écouté l'histoire de la résurrection de Jésus. S'ils connaissent l'histoire, demandez-les ce qu'ils pensent d'elle : Qu'en pensent-ils : la vérité ou le mythe ? Le laisser exprimer librement et ne pas apporter de corrections.

Un mythe est une narration en dehors du temps historique et mettant en vedette des personnages de caractère divin ou héroïque. Une légende est une liste d'événements qui sont plus traditionnels ou merveilleux que ceux d'historique ou vrai. Un fait historique révèle un fait qui s'est vraiment passé. La résurrection de Jésus est un fait historique et très important pour les chrétiens. Lisez ensemble 1 Corinthiens 15:1-20.

La résurrection de Jésus est un fait réel et unique de l'histoire de l'humanité (Romains 6:9 ; 1 Corinthiens 15:22).

Bien sûr, ce fait à travers l'histoire a généré plusieurs versions, certains insistent pour le nier catégoriquement. Matthieu 28:11-15 dit que depuis que les autorités ont réalisé Jésus n'était pas dans le tombeau, ils payèrent les soldats pour dire que les disciples du maitre de Galilée, le corps avait été volé pendant la nuit.

Lisez ensemble Jean 20:11-18. Il est recommandé d'avoir de différentes versions du passage d'étude.

1. Pleurer et souffrir

La coutume du Moyen-Orient était (et est toujours en de nombreux endroits) exprimant la douleur de manière ouverte (Psaume 119:136a ; Jérémie 9:1). Des autres coutumes incluent s'enfler d'orgueil (Luc 23:48) et utiliser sacs de silicone et déchirent le vêtement (2 Samuel 3:31). « Quand une personne est morte, il y avait une plainte annonçant dans le quartier ce qui est arrivé. C'était un signal pour que les parents commencent à montrer leur tristesse » (Utilisations et coutumes des terres bibliques. Fred H. Wigth. Portavoz, EUA : 1981, p. 155).

Ainsi, nous trouvons Marie pleurant hors de la tombe. Elle était allée embaumer le corps du Seigneur (Luc 23:55 - 24:1). Sans se consoler, elle s'inclina pour voir dedans du sépulcre, mais en lieu et place de trouver le corps de Jésus, ce qu'elle a vu étaient deux anges, un se trouvait dans la tête et l'autre se trouvait aux pieds là où Jésus devait être (v. 11). Quand ils l'ont vue pleurer, ils lui ont demandé pourquoi elle pleurait. Marie était désolée parce que non seulement Jésus était mort, mais aussi maintenant elle ne savait ou on avait apporté le cadavre.

Dans notre culture occidentale (et surtout évangélique) quand on voit des gens pleurer pour la mort de ses proches bien-aimés, nous avons la tendance de les dire : « Ne pleure pas ». Cependant, pleurer est une réponse naturelle de l'être humain. Nous avons pleuré avec plaisir de bonnes nouvelles et de la douleur à une triste nouvelle. Dans son livre « Les douleurs de Décembre », Harold Ivan Smith commente que les chrétiens, nous avons la tendance d'éviter le processus de douleur. Non seulement, nous ne donnons pas du temps à nous-mêmes pour pleurer, mais parfois nous ne laissons même pas les gens passer un moment de deuil.

Marie était en train de traverser le choc émotionnel d'avoir perdu Jésus. Demandez : Qui diriez-vous à Marie si vous étiez la ?

2. « Marie ! »

Soudainement Marie regarda et vit Jésus, mais elle ne lui connaissait pas (Jean 20:14-16). Lui-même le demandait pourquoi elle pleurait et qui cherchait-elle. Ne sera pas que Jésus, ou les anges, étaient sans connaissance de la cause de la douleur de Marie. Il s'agissait bien d'une question réflexive, demander, pourquoi tu pleurs ? C'est demander quelle était la cause la plus profonde de sa douleur.

Elle continuait sans reconnaitre Jésus et lui demandait, (pensant que c'était celui qui gardait le champ), s'il avait volé le corps. C'est alors qu'Il l'appela par son nom et elle le regarda et reconnut le Maître.

« Le mot rab en hébreux signifie grand et au fil des années, il est devenu usuel pour décrire une personne qui occupe un poste respecté. Rabbi, de sa part, signifie 'mon grand' et s'utilisait a quelqu'un de forme révérencielle. Mais, rabonni (rhabbouni) est une forme même plus élevée de rabbi. Philologiquement Marie disait : Mon Seigneur. C'était une reconnaissance plaine de l'identité et autorité de Jésus » (Nouveau Dictionnaire Biblique Beacon Certeza, éditorial Certeza Unie, Colombie : 2003, p. 1131).

3. Partager les bonnes nouvelles

Une fois que Marie lui a reconnu, elle tombait à ses pieds et Jésus le disait qu'elle ne le toucherait pas (« tiens-toi » dans DPA et « lâche moi » dans NVI). Il lui a donné l'instruction d'aller voir ses frères et partager les bonnes nouvelles. Jésus irais au Père (Jean 20:17-18). Pour quelques docteurs religieux, la traduction devrait être : « Ne m'arrête plus ». La supposition est que quand Marie ait reconnu Jésus, elle se tombait à genoux et embrassait les pieds de Jésus, une chose usuelle dans les coutumes du Moyen-Orient. On ne pouvait pas arrêter ce Jésus glorifier en le saisissant par les pieds, déjà qu'Il avait une tâche importante à réaliser.

Partager les nouvelles de la résurrection de Jésus est le devoir de tous. Mais en occasions, l'église se trouve très confortable pour servir ceux qui y assistent régulièrement et qui oublient d'atteindre les étrangers. De certaine manière, l'église « détenait » Jésus. Elle oubli si elle doit aller partager le message.

Il n'est pas étrange que le monde se trouve confondu avec des théories et hypothèses qui nient la résurrection de Jésus si nous qui connaissons l'histoire, nous ne le partageons pas. Demandez : Est-ce que vous avez partagé l'histoire de la résurrection de Jésus avec quelqu'un ?

Révisez/Application :

Prévoyez du temps pour qu'ils répondent. Dans les réponses, laissez que les étudiants s'expriment avec la liberté. Enquêtez pour voir si quelqu'un se sent confondu par le commentaire de l'autre. Créez une ambiance de respect et la connaissance. Si vous pensez qu'il est nécessaire, invitez au pasteur pour clarifier les doutes théologiques qui pourraient survenir.

1. Pourquoi penses-tu qu'il y a des personnes qui se dédient à nier la résurrection de Jésus ?

2. Pensez-vous qu'il est impossible à Dieu de soulever quelqu'un de la mort ? Pourquoi ?

3. Pourquoi était-il important que Marie ne retienne pas Jésus pour aller et donner la nouvelle aux disciples ?

4. Si tu connais Jésus comme ton Sauveur, es-tu en train de le retenir ou partager son histoire avec les autres ?

Défi : Est-ce que tu t'oserais partager le message de la résurrection de Jésus avec un ami ? Fais une liste des personnes qui, selon toi, qui ont besoin de connaître la bonne nouvelle de la résurrection et fais un plan pour partager ce message d'espoir avec elles. Demande à ton pasteur ou animateur de jeunesse un moyen pratique et efficace de partager ce message et de ne plus « retenir » Jésus.

Tu crois que Christ reviendra ?

Myrna Riley • Mexique

Objectif : Que l'élève comprenne l'importance de l'ascension du Christ et la promesse Qu'Il reviendra pour ce qui son fidèles a Lui.

Pour mémoriser : « *Hommes Galiléens, pourquoi vous arrêtez-vous à regarder au ciel ? Ce Jésus, qui a été enlevé au ciel du milieu de vous, viendra de la même manière que vous l'avez vu allant au ciel* » Actes 1:11.

Avertissement

Ne pas oublier de demander des témoignages du défi de la semaine dernière. Avec combien de personnes ils ont partagé le message de la résurrection de Jésus ? Comment vous vous êtes senti ? Quelles réponses avaient-ils ?

Accepter

Connecter | **Télécharger**

Dynamique d'introduction (12 à 17 ans).

- Matériaux : Tableau, craie, Marqueurs, feuilles de papiers blancs et crayons.

- Instructions : Écrivez cette question dans le tableau : Qu'as-tu ressenti lorsque tu as perdu un être cher ? (peut être la mort, l'abandon ou la perte d'un ami) ? Chaque élève écrira sur la feuille blanche leurs sentiments et les partager avec le groupe.

  Reliez cela au sentiment que les disciples ont éprouvé lors qu'ils perdent leur Maitre.

Dynamique d'introduction (18 à 23 ans).

- Matériaux : Tableau, marqueurs et des chaises individuelles.

- Instructions : Demandez aux élèves qu'ils s'organisent par deux et commenter la question : Que se passerait-il si le Christ viendrait aujourd'hui ? Chaque couple exprimera en quelques mots au groupe leurs attentes.

  Expliquer l'importance d'être préparé pour son retour.

Connecter | **Télécharger**

Après la résurrection de Jésus, il passa 40 jours pour vivre avec ses disciples, parla, mangea et les rappela beaucoup de choses qu'il leur avait enseignées. De cette façon, il a essayé de s'assurer qu'ils ne l'ont pas seulement vu, mais qu'ils étaient sûrs qu'il s'était levé. Le passage biblique que nous allons étudier est celui de l'ascension de Jésus-Christ dans Actes 1:6-11.

Conseil d'enseignement : Organisez la classe en trois équipes et distribuez les trois parties du passage pour la lecture d'analyse à travers des questions. Donnez un temps pour lire le passage et résoudre les questions de réflexion et ensuite qu'ils partagent leurs réponses avec le groupe. Vous modérerez la discussion et guiderez les étudiants vers une conclusion.

1. Les disciples attendaient toujours un royaume terrestre

Questions de discussion (Actes 1:6-7) :

- Dans les questions des disciples a Jésus (v. 6), de quel royaume faisaient-ils référence ?

- Quel type de royaume attendaient-ils de Jésus déjà ressuscité ?

- Que comprenez-vous de la réponse que Jésus a donné a ses disciples sur le royaume ?

Même si ses disciples avaient vu tous les événements qui prouvaient que Jésus-Christ était le Fils de Dieu et le Messie attendu par le peuple Israël, et ils avaient joui de l'accompagnement et les enseignements de leur Maitre, jusqu'à présent ils avaient de grands doutes. Il ressemble que les disciples attendaient que Jésus resterait pour vivre avec eux et les livrer du joug d'oppresseur des romains.

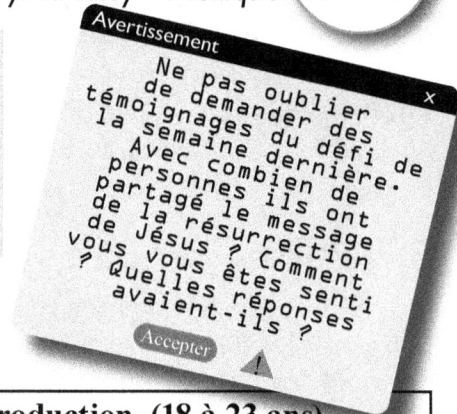

Ils n'avaient jamais pensés que Christ retournerait au ciel et leur laisserait seul. Ils ne comprenaient pas qu'il n'était pas un leader politique, mais spirituel ; que son royaume n'était pas terrestre, mais spirituel. « Ils attendaient un royaume matériel, parce que l'Esprit n'avait pas été répandu à leur sujet pour leur donner une conception plus éclairée de la question » (Commentaire Biblique Beacon. Tom 7. MNP, EUA : 1983, p. 268).

2. Jésus-Christ leur a rappelé la promesse du Saint-Esprit

Questions de débat (Actes 1:8) :

- Pourquoi était-il tellement important pour Jésus que ses premiers disciples auraient reçu le Saint-Esprit ?

- A quoi servirait cette puissance, dans les premiers membres de l'église chrétienne ?

- Croyez-vous qu'aujourd'hui les chrétiens ont besoin de recevoir cette même puissance ? Pourquoi ?

Dans la conversation avec les disciples, Jésus-Christ les poussait a réfléchir, sur une chose plus importante que le royaume terrestre. Cela les a amenés à se souvenir de la promesse de l'avènement du Saint-Esprit, promis depuis le temps du prophète Joël (Joël 2:28-32) et confirmée par Lui-même (Jean 14:16, 26), en introduisant une nouvelle perspective de l'importance de cet événement. « Vous recevrez une puissance » (v.8).

Le Saint-Esprit viendrait consoler leurs cœurs, afin que les disciples ne se sentent pas seuls, ni ne perdent l'espoir que Christ était vraiment le fils de Dieu et le Sauveur du monde et un jour il reviendrait pour eux.

Pour commencer son église sur la terre, c'était indispensable que ses disciples aient reçu une puissance spéciale du Saint-Esprit, cette puissance leur permettrait d'être des témoins et donc ils pourraient mener à bien l'œuvre de l'évangélisation.

Cette puissance a été donnée avec une intention salvatrice universelle. On élargissait la perspective du Royaume des cieux, ce n'était pas seulement pour les Juifs, mais pour tous les habitants de la terre.

3. Jésus-Christ est monté et un espoir a émergé

Questions de débat (Actes 1:9-11) :

- Quel sentiment tu crois que les disciples expérimentèrent en voyant Jésus montant au ciel ?

- Quelle est l'importance du message qu'ils avaient reçu de la part des anges ?

- Quelle est l'importance que le message des anges représente pour notre vie chrétienne aujourd'hui ?

Dans Luc 24:50-52, on complète la narration d'Actes : Ils sont allés a Béthanie, Jésus les a bénis et tandis qu'il montait lentement, ils restèrent longtemps à contempler son départ et ils l'adorèrent.

Je m'imagine dans quelle émotion ils s'étaient rencontrés, ils se rendirent compte que la parole de Jésus était véridique, il était le fils de Dieu et retourna vers le Père ; mais ils restaient seuls, déjà il n'aurait aucun leader pour les guider.

Les anges les ont ramenés à la réalité. Peut-être que les disciples avaient peur et que les anges étaient responsables pour leur donner des paroles d'espérance (Actes 1:11).

« Les deux personnages d'habit blanc ont apparu dans la scène de la résurrection (cf. Luc 24:4), ils ont annoncé aux apôtres que Jésus retournerait de la même manière qu'ils l'ont vu disparaitre maintenant, seulement cela à l'envers, parce que maintenant il disparaît en remontant et ensuite il réapparaîtra en descendant. Allusion au retour glorieux Jésus dans la parussia, qui depuis ce moment, constitue l'expectative suprême de la première génération chrétienne, et dont l'espoir les a encouragés et soutenus dans leur travail » (Bible Commentée, Bibliothèque des Auteurs Chrétiens. Tome VI. Lorenzo Turrado. Catholique S.A., 1975, p. 31).

4. L'église naissante a continué vers l'avant

Demandez aux élèves qu'ils lisent et analysent quelques autres passages qui traitent le même thème : Actes 3:19-21 ; 1 Thessaloniciens 4:16-18 et 2 Pierre 3:8-14.

Au commencement, l'église a souffert de la persécution, non seulement de la part des leaders religieux du Judaïsme, sinon, par l'empire romain. Ceci provoquait la dispersion de l'église partout dans le royaume. Les premiers leaders de l'église s'inquiétèrent pour accomplir l'œuvre de la Grande Commission : Prêcher le message du salut, confirmer aux chrétiens leur foi, les baptiser et maintenir l'espérance dans le retour du Christ. Cette espérance était réelle, attendue de tous et prêchée dès le début de l'église (Actes 3:19-20).

Dans 1 Thessaloniciens 4:16-18, Paul a donné l'espérance aux chrétiens qui étaient sous la persécution et même parfois le martyre à cause de leur foi. Sa description de la Seconde Venue est vraiment excitante. Paul nous présent un chrétien vainqueur qui montre son pouvoir et sa magnificence, qui viendra comme Roi pour établir un Royaume céleste.

Dans 1 Thessaloniciens 5:1-9, Paul a averti de donner des dates probables, il fit savoir que personne sait, ni l'heure ; le jour ou l'heure ; sa venue sera soudaine, inattendue, sans avertissement. Cette attente doit imprégner notre esprit et cœur, pour ne pas perdre de vue le ciel.

Dans 2 Pierre 3:8-14, on dit que la venue du Seigneur n'était pas encore lieu, parce que Dieu veut que plus de personnes connaissent son Évangile et soient sauvés. Comme le jour du Seigneur approche, nous devons être prêts (v. 11).

Encouragez les élèves à être prêts en restant fidèles, servant Dieu et partageant le message du salut.

Révisez/Application :

Demandez-leur de prendre une pause et répondent a chaque question.

- Quel enseignement cette classe représente pour ta vie ?

- Est-ce que cette leçon affectera quelque chose dans ta vie quotidiennement ?

- Est-ce que tu crois que tu dois changer quelque chose maintenant ou plus tard ?

- Écris les changements que tu feras comme un engagement devant Dieu.

Défi : A ton âge, il est parfois difficile de croire que le Christ reviendra, c'est une question de foi, puisque Dieu est Esprit et que nous ne pouvons pas le voir. Il est important que tu prennes une décision aujourd'hui concernant l'avenir de ta vie spirituelle. Rappel-toi que la venue du Christ est vraie et est l'espoir de chaque chrétien, de jouir de la vie éternelle. Note les actions pratiques que tu réaliseras cette semaine, en attendant sa Seconde Venue.

Une belle histoire

Tabita et David González • EUA

Objectif : Que l'élève comprenne que la naissance de Jésus a été un évènement qui transformait l'orientation de l'histoire de l'humanité et notre propre vie.

Pour mémoriser : *« Et voici, tu deviendras enceinte, et tu enfanteras un fils, et tu lui donneras le nom de Jésus »* Luc 1:31.

> **Avertissement**
> Vous pouvez créer quelque situation pour confronter vos élèves et faites-les penser à la seconde venue de Jésus.
> Accepter

Connecter | Télécharger

Dynamique d'introduction (12 à 17 ans).

- Matériaux : Un récipient, une boule (ballon) de tennis, papier et crayon pour chaque élève.

- Instructions : Donnez deux pièces de papiers à chaque élève, demandez-leur d'écrire en un seul endroit et dans l'autre une action et ensuite qu'ils les mettent dans un récipient.

  Demandez au groupe qu'il s'assoie en forme de cercle et après avoir mélangé les papiers, mentionnez un endroit et une action pour développer une histoire. Commencez en racontant l'histoire et dans un instant mentionnez le nom d'une personne et lui donner une balle, et celui qui le reçoit continuera avec l'histoire et ainsi, de la même manière, vous vous impliquerez au reste de la classe. Si la personne qui doit agir ne le fait pas dans une période de cinq secondes, elle sera éliminée.

  Grâce à cette dynamique, les adolescents reconnaîtront que les histoires sont attrayantes, surprenante, surnaturelle et bien sûr, si nous sommes impliqués d'une certaine manière en elle.

  En particulier, pendant la saison de Noël, nous nous souvenons de l'histoire la plus excitante qui pourrait exister : L'histoire de la naissance de Jésus.

Dynamique d'introduction (18 à 23 ans).

- Matériaux : Des cartes qui contiennent un mot, (par exemple, extraterrestre, lune, camion, flèche, etc.).

- Instructions : Formez deux groupes et demandez que chacun choisit un « conteur » qui est se lèveront, face à face. Donnez une carte à chacun, en le cachant de l'autre personne. Commencez à raconter une histoire, la plus amusante que possible ; après 30 secondes, demandez à un des « conteurs » qu'il continue avec l'histoire pendant 30 secondes. En finissant le temps, l'autre continuera avec l'histoire. Durant les 30 secondes, ils doivent utiliser trois fois le mot qui apparaît sur leur carte, en veillant à ce que le « Conteur » de l'autre équipe ne le devine pas. Après avoir terminé, demandez à tout le monde de dire le mot qu'ils pensent que l'autre personne avait sur ta carte. L'équipe qui répond correctement accumulera un point. Répétez la dynamique plusieurs fois avec des personnes différentes.

  Nous faisons tous partie d'une histoire qui est beaucoup plus grande de celle que nous pouvons nous imaginer. Demandez-les de travailler dans la section Téléchargements ! Dans la feuille d'activité de l'étudiant. Les cinq événements plus importants de l'histoire. Demandez qu'ils partagent leurs réponses.

Connecter | Télécharger

Nous sommes entourés d'histoires. La vie même est une série d'histoires. Nous pouvons dire que notre vie c'est comme un livre. Nous avons des choses à faire et des événements qui vont arriver et qui feront partie de notre histoire. Un autre détail important est que notre histoire est liée à l'histoire des autres personnes.

Ce que nous faisons chaque jours en écrivant des histoires que les autres ont écrits depuis avant que nous et qui sera continuée par les autres qui viendront plus tard.

1. L'histoire de Dieu

Ils existent des évènements significatifs qui marquent notre vie et que dans quelques cas, ils agitent sa direction d'une manière tellement profonde, nous nous rappellerons d'eux pour toute la vie. A n'importe quel âge nous pouvons identifier plusieurs de ces événements : Commencer l'école, déménager dans une autre ville, le premier rendez-vous, le mariage, le premier emploi, etc.

L'histoire de l'humanité a expérimenté ses propres évènements significatifs : L'invention de l'électricité ou l'imprimerie, la découverte de l'Amérique, la Révolution française, le premier homme sur la lune, etc. Mais, il y a un évènement qui domine tous ceux-ci. La période extraordinaire d'où l'histoire de Dieu entra dans l'histoire de l'humanité avec la naissance de Jésus, le Messie promis. Un évènement historique qui distinguait les temps de l'humanité. La naissance de Jésus marquait le début du nouveau Pacte, par le moyen duquel nous pouvons nous approcher de Dieu.

2. L'histoire d'une famille commune

En lisant Matthieu 1:1-17 nous voyons l'arbre généalogique de Jésus et c'est là où vient l'info le plus proche de ce qui fut sa famille ici sur la terre. Demandez : Avez-vous lus cette liste de nom parfois ?

Pour la culture juive, connaitre la famille de quelqu'un était très important. L'objectif de Matthieu avec cette liste était de montrer aux juifs que Jésus était le Messie, descendent de David et Abraham, deux personnages importants dans l'histoire d'Israël. Matthieu ne voulait pas seulement montrer que Jésus était de la famille de David et d'Abraham, mais aussi, il voulait montrer que Jésus venait d'une grande famille remplie d'allégresse, aventures, tragédies et douleurs. Aussi humain comme nous sommes !

Sauter quelques noms avec l'histoire intéressante, nous sommes arrivés à Joseph et Marie. Elle était une jeune femme qui a dû souffrir l'embarras d'être enceinte avant son mariage (Matthieu 1:18). Elle pourrait avoir mort entre les mains de sa famille ou comme un acte de justice parmi ses voisins, comme pour avoir « souiller » l'honneur de ses parents. Pour Joseph, ce qui était plus juste était de répudier la femme qui Sali son nom (v. 19). Avant cet évènement, Dieu même a intervenu pour qu'on ne le lapide pas comme quelqu'un qui a violé la loi (v. 20).

Joseph et Marie était des gens commun, mais la grâce divine et leur réponse à la voix de Dieu leur a fait spécial. L'histoire de Marie et Joseph a été radicalement transformée quand ils ont décidé d'obéir et d'entrer dans l'histoire de Dieu. Il ressemble qu'ils n'avaient pas beaucoup à offrir, mais oui ; ils ont offert leur futur, leur intégrité et leur confiance, ils se livrèrent eux-mêmes pour être instruments dans les plans de Dieu (Matthieu 1:24-25 ; Luc 1:38).

3. L'intervention de Dieu a transformé l'histoire

C'est l'intervention de Dieu qui a rendu possible un miracle à travers l'imperfection de toutes les personnes mentionnées dans la généalogie de Matthieu. La situation de gens commun qui accepte l'intervention divine rend possible la transformation de l'être total. La perfection de Dieu est insérée dans l'imperfection de l'homme (Emmanuel « Dieu avec nous », Matthieu 1:23b). Dieu, saint, éternel et puissant, est venu à nous, à travers de Jésus, pour vivre avec nous, pour nous libérer du péché et nous donner la vie abondante (Jean 10:10), qu'Il établissait depuis le début des temps.

Jésus, le Fils de Dieu, Dieu fait homme, habitait parmi nous, Il décida vivre avec nos faiblesses, souffrir nos tragédies et nos hontes. Dieu a décidé de naître dans une famille qui représentait la réalité humaine.

La Noel est la célébration de l'intervention personnelle de Dieu dans l'histoire de l'humanité et de manière particulière dans nos vies. Ainsi comme cela s'est passé depuis 2000 ans, cette Noel est un bon moment pour permettre que Jésus continue à intervenir dans nos vies, mais aussi dans celles des autres personnes qui vivent sans espoir, des maisons où leurs rêves ont été brisés, où les tragédies sont le pain quotidien, où leurs possibilités de surmonter n'existent pratiquement pas, où le salut et la vie abondante ne sont que des « rêves ».

Grace à l'intervention de Dieu dans notre vie, la célébration de la Noel doit être différente pour nous. Quand nous nous approchons de l'enfant de Bethléem, nous trouvons qu'il est le Roi des rois et le seigneur des seigneurs et qu'il n'est pas couché dans une crèche, mais est assis sur le trône de la grâce, où nous pouvons trouver miséricorde, aide opportune et vie éternelle.

Ce temps devrait nous rappeler que Dieu est toujours à la recherche de l'être humain, tel quel, de toute son histoire et toutes ses imperfections, pour intervenir dans sa vie, lui donner l'espoir et faire un miracle dans son cœur.

Révisez/Application :

Posez la question suivante (nous incluons une réponse possible).

- Que penses-tu quand tu écoutes la phrase l'histoire de Dieu ?
  Les évènements dans lesquels Dieu a pris part. Comme Dieu est éternel, son histoire l'est aussi.

- Quels sont les personnages qui se mentionnent dans Matthieu 1:1-17 le sais-tu ? Mentionne deux et écris quel enseignement ils ont laissé à ta vie. _____

- Selon vous, que serait-il arrivé à Joseph ou à Marie s'ils avaient rejeté l'invitation à faire partie de l'histoire de Dieu ?

Défi : Comment répondras-tu à l'amour de Dieu ? Lorsque Marie reçut la nouvelle de l'ange, elle décida d'obéir à Dieu ; les bergers firent de même, ainsi que les sages de l'Orient. Écris une liste de tout ce dont tu es reconnaissant envers Dieu et conserve-la dans ta Bible. Prend un moment spécial pour remercier Dieu pour ton Jésus et adore-le de tout ton être.

Comment sera la nouvelle année ?

Objectif : Que l'élève comprenne ce que Dieu demande à l'église dans sa Parole pour la nouvelle année.

Pour mémoriser : *« Ne t'ai-je pas donné cet ordre : Fortifie-toi et prends courage ? Ne t'effraie point et ne t'épouvante point, car l'Éternel, ton Dieu, est avec toi dans tout ce que tu entreprendras »* Josué 1:9.

> **Avertissement** ✕
>
> Demandez-leur s'ils apportent les listes de choses pour lesquels ils ont remercié Dieu. Que chacun prenne un temps pour prier ou en groupe pour l'amour de Dieu envers nous.
>
> Accepter ⚠

Connecter | Télécharger

Dynamique d'introduction (12 à 17 ans).

- Matériaux : Un mouchoir et des matériaux qui servent d'obstacles.

- Instructions : Préparez un sentier avec des obstacles. Après avoir bandé les yeux d'un étudiant, demandez-lui d'aller à l'autre extrémité de la classe avec ses yeux bandés, en passant par les obstacles sans trébucher sur aucun. Une autre personne lui guidera pour qu'il ne se heurte pas contre des obstacles. Le guide sera verbal et le compétiteur aura de la confiance en lui.

   Après la dynamique, demandez-les comment ils se sentaient et qu'est-ce qu'ils ont appris par rapport à l'année nouvelle.

   En cette nouvelle année, nous devrons tous voyager par un chemin inconnu qui peut avoir des difficultés, mais nous devrons nous confier en Dieu.

Dynamique d'introduction (18 à 23 ans).

- Matériaux : Crayons, feuilles de papier.

- Instructions : Distribuez des papiers à tous les étudiants et leur demander d'écrire ce qu'ils aimeraient faire dans cette nouvelle année (dans sa vie, sa famille, son ministère, etc.). Ce sera un bon moment pour demander à la classe qu'elle définit les objectifs dans lesquels Dieu est l'axe d'entre elles.

Connecter | Télécharger

Il y a beaucoup de fête au cours de l'année, seulement quelques d'entre elles ont une connotation internationale, l'une d'elles est le 31 décembre, dans lequel une année est rejetée et une autre est reçue. La majorité des gens dans le monde célèbre ce jour parce que ce fut un privilège de terminer une année et de commencer une autre, mais l'être humain aime toujours savoir l'avenir, il commence à se poser des questions et la plus commune ce jour est : Que nous apportera la nouvelle année ?

1. Je serai avec toi

Quand Josué était sur le point d'entrer dans la Terre Promesse, Dieu lui dit : « Nul ne tiendra devant toi, tant que tu vivras. Je serai avec toi, comme j'ai été avec Moïse ; je ne te délaisserai point, je ne t'abandonnerai point » (Josué 1:5). De même que Josué, nous, dans cette nouvelle année, nous sommes appelés par Dieu à assumer des challenges différents. Nous ne savons pas ce qui nous arrivera, mais nous sommes sûrs de quelque chose : Dieu est et sera avec nous ! La promesse de Dieu à Josué reste inchangée pour nous aujourd'hui.

Le simple fait d'avoir la conviction profonde que le grand Dieu qui a créé les cieux et la terre sera à nos côtés, cela nous donne le courage d'affronter ce que nous devons vivre l'année prochaine. La Bible est claire pour ceux qui ont décidé d'aimer Dieu : tout ce qui leur arrivera cette année les aidera pour de bon (Romains 8:28).

Dieu n'a pas trompé Josué : Il était avec lui et ne l'a pas abandonné. Dieu a permis à Moïse d'ouvrir la mer Rouge, et il a fait le même miracle avec Josué, lui permettant d'ouvrir le Jourdain, pour enseigner aux gens qu'il avait été avec Moïse et avec Josué.

La promesse de la compagnie permanente de Dieu à côté du leader et de son peuple a commencé avec Moïse avant de la sortie d'Égypte et réellement Dieu accompli ce qu'Il a promis. Evidemment, cela n'évite pas son peuple vit des situations difficiles.

Bien que Dieu soit avec nous, Il ne nous exemptera pas des problèmes, mais la promesse de sa présence avec nous sera toujours debout. Attrapons-la !

Dans cette partie de la classe, qu'ils parlent de la présence de Dieu et discutent de quelque expérience où ils ont senti Dieu à leurs côtés.

2. Fortifie-toi et prends courage

Dieu a aussi dit à Josué : « Fortifie-toi et prends courage » (v. 6). Dieu a donné une promesse à Josué, mais il a mis une grande tâche dans ses mains qui devait être accomplie. La terre que les Israélites devaient posséder n'était pas vide, il y avait des villages qui devaient être retirés. Josué en tant que leader devait mener le peuple à la conquête de cette terre et ensuite le distribuer. Cela nécessitait deux qualités : Effort, qui est lui : « Emploi énergétique de la force physique contre quelque force ou résistance. Emploi énergétique de la force ou activité du courage pour obtenir quelque chose en surmontant des difficultés. Courage, force, forteresse, valeur » (Dictionnaire de l'Académie Royal Espagnol en ligne [consulté le 11/5/11]). Cela a requiert du courage aussi qui signifie : « Courage, force, forteresse, valeur » (Dictionnaire de l'Académie Royal Espagnol en ligne [consulté le 11/5/11]).

De même que Josué, dans cette nouvelle année nous affronterons des devoirs difficiles, des rudes problèmes et circonstances compliquées ; mais Dieu nous demandes ces deux qualités : De la force et du courage. Nous ne devons pas décourager face aux problèmes, sinon, les affronter avec du courage et être fort au milieu d'eux.

Demandez : Quelles sont les craintes que vous avez en commençant cette nouvelle année ? Demandez-leur qu'ils se rappellent d'une situation difficile qu'ils ont affrontée l'année dernière, dans laquelle ils étaient forts et la confronter avec du courage. Cela leur permettra de renforcer leurs forces et d'encourager les autres.

Sans doute, nous savons bien que Dieu sera avec nous dans cette nouvelle année, mais il y a des normes que nous devons obéir. Dieu veut : a) que nous vivions conforme à sa Parole, b) que nous ayons de la force et du courage en tant que chrétiens pour vivre dans la sainteté au sein de la société dans laquelle nous nous trouvons, et c) que nous n'abandonnions pas face à la pression des groupes qui veulent déformer notre foi et détruire notre relation avec Dieu. Vivons pour le Christ dans cette nouvelle année ! Essayons d'être courageux !

3. Tu réussiras dans tout ce que tu entreprendras

Demandez : Pensez-vous que cette affirmation est vraie ou fausse ? « Tout va bien pour un chrétien ».

Cette phrase est agréable à nos oreilles, mais rare fois nous le croyons. Nous n'avons pas la conviction nécessaire pour confier que réellement nous réussirons dans cette nouvelle année, nous le voyons comme une chose impossible d'atteindre même quand nous savons que Dieu sera avec nous.

La promesse donnée à Josué était conditionnée. Pour que la promesse soit réalité, ce leader devait accomplir avec la condition que Dieu a demandée (Josué 1:8).

Dans la Nouvelle Version Internationale, Josué 1:8 dit : « Ainsi tu seras prospère et tu auras du succès ». Deux mots très mentionné aujourd'hui : Succès et prospérité, ce que beaucoup espèrent mais Dieu ne donnera qu'à ceux qui vivent en pleine communion avec Lui. Mais il faut comprendre que le succès et la prospérité seront selon Dieu et non selon nous-mêmes.

Ce n'était pas bien tout ce qui l'avait passé à Josué. Dieu lui avait dit qu'il réussirait en tout, si Josué avait une bonne relation avec Lui. Dans le cas d'Haï, peuple envoyé par Josué selon les espions, il était facile de détruire, c'était tout le contraire, Israël fut vécu parce que la présence de Dieu n'était pas avec eux. Ce n'était pas de même dans la seconde opportunité où Haï a été détruit et la terre occupée par les Israélites.

Aujourd'hui, nous pouvons demander : Où était l'accomplissement de la promesse de Dieu qu'il : « ...réussirait dans tout ce qu'il entreprendrait... » ? Mais nous observons dans le texte biblique que les raisons de cette première défaite était parce que le peuple a péché (Josué 7:11). C'est la raison pour laquelle, il devait se sanctifier et ôter le péché (Josué 7:13).

Lorsqu'on éprouve des défaites apparentes dans la vie, nous devons nous examiner pour voir si nous agissons selon la volonté de Dieu et s'il n'y a pas de péché qui entrave les desseins de Dieu et si c'est ainsi, nous devons nous repentir. Il n'existe pas de danger pour le chrétien qui vit pour Dieu, parce qu'Il nous apporte toujours vers le triomphe en Jésus-Christ (2 corinthiens 2:14) et même ainsi, les situations difficiles nous aident à grandir.

Après avoir analysé ce que Dieu nous dit dans sa Parole pour cette nouvelle année, il nous reste seulement à vivre pour Lui et confier dans les promesses qui nous sont données.

Révisez/Application : Reliez les mots suivants selon sa correspondance.

1. Josué	(3) Dieu
2. Je serai avec toi	(1) Leader
3. Ne l'abandonna pas	(4) Prosperite et Succes
4. Josué 1:8	(5) Bonne Nouvelle Annee
5. Si nous marchons avec Dieu	(2) promettre

Avec cet enseignement, écris la promesse de Dieu pour cette nouvelle année.
Par exemple : « *Si je reste fidèle à sa Parole, je m'efforce et je confie au Seigneur, je pourrai accomplir sa volonté* ».

Défi : Pendant la semaine, prie le Seigneur pour qu'il t'aide à être fort et courageux et qu'ensemble tu puisses affronter la nouvelle année qui s'annonce.

La main sèche

Avertissement

N'oubliez pas de prier pour commencer mais, mettez devant l'autel de Dieu les prières que vous connaissez de vos étudiants ou que vous le partagez en ce moment.

Accepter

Objectif : Que l'élève comprenne que pour Jésus, il est important de montrer miséricorde et satisfaire les besoins d'être humain peu importe ce que les autres pensent.

Pour mémoriser : *« Combien est précieuse ta bonté, ô Dieu ! A l'ombre de tes ailes les fils de l'homme cherchent un refuge »* Psaume 36:7.

Connecter | Télécharger

Dynamique d'introduction (12 à 17 ans).

- Matériaux : Petits carrés de papiers là ou sont écrits les miracles de Jésus-Christ (la belle-mère de Pierre, un homme avec un esprit impur, la péché miraculeuse, un lépreux, un paralytique, la main sèche, la tempête calmée, le gadarénien possédé par les démons, la fille de Jaïrus, l'alimentation de cinq mille, etc.) et un contenant.

- Instruction : Demandez au groupe qu'il se divise en plusieurs équipes s'il est vaste ou s'il est peu, construisez des couples. Mettez les papiers qu'ils ont écrits les miracles dans le récipient.

  Puis demandez qu'un représentant de chaque équipe passe par devant et prendre un papier (avec le nom de quelque miracle de Jésus) et seulement en contestant « oui » ou « non », permettez que votre équipe ou votre partenaire découvre le miracle que vous avez écrit dans le papier. Votre équipe peut demander : Est-ce un homme ? Est-ce une maladie ? Il sera interdit de faire des gestes ou des signes et vous aurez une minute pour faire que votre équipe ou partenaire découvre le miracle.

  Si vous ne suivez pas les instructions à la lettre, le participant va perdre sa chance et la prochaine équipe tiendra son tour. Si l'équipe ou le couple atteint découvrir le miracle, on lui sera donné 2 points et l'équipe adverse va suivre son tour.

  Celui qui parvient à deviner plus de miracles sera le gagnant.

  Mentionner de différents miracles permettra à l'enseignant de diriger le groupe pour générer des commentaires à propos de la miséricorde, la bonté et l'amour de Dieu pour l'être humain.

Dynamique d'introduction (18 à 23 ans).

- Matériaux : Petits carrés de papiers là où sont écrits les miracles de Jésus-Christ (la belle-mère de Pierre, un homme avec un esprit satanique, le péché miraculeux, un lépreux, un paralytique, la main sèche, la tempête calmée, le gadarénien possédé par les démons, la fille de Jaïrus, l'alimentation de cinq mille, etc.) et un récipient.

- Instruction : Demandez au groupe qu'il se divise en plusieurs équipes s'il est vaste ou s'il est peu, construisez des couples. L'activité consistera de demander qu'un représentant de chaque équipe passe par devant et prendre un papier (avec le nom de quelque miracle de Jésus) et par le moyen des visages et gestes sans faire sortir aucun son, faite que votre équipe découvre de quel miracle s'agit-t-il.

  Ils seront interdits les gestes ou signes et vous aurez une minute pour aider que votre équipe ou couple découvre le miracle.

  Si vous ne suivez pas les instructions à la lettre, le participant va perdre sa chance et la prochaine équipe tiendra son tour. Si l'équipe ou le couple atteint découvrir le miracle, on lui sera donné 2 points et l'équipe adverse va suivre son tour.

  Celui qui parvient à deviner plus de miracles sera le gagnant.

  Mentionner de différents miracles permettra à l'enseignant de diriger le groupe pour générer des commentaires à propos de la miséricorde, la bonté et l'amour de Dieu pour l'être humain.

Quelle est la première chose que nous disons ou ressentons quand nous regardons une personne mendiante, une personne malade ou dans des problèmes sérieux ? Quelle tristesse ! Ou, peau diable! Et nous pensons que cela est avoir miséricorde. Mais réellement la signification de ce mot dans le dictionnaire est : « Vertu qui incline le cœur à s'occuper des travaux et misères » (Dictionnaire Royal Académie Espagnole en ligne [Consulté le 12/5/11]). Ce mot n'est pas très utilisé dans notre vie quotidienne, et encore moins on a une bonne compréhension de ce qui implique dans l'action. La miséricorde mise en action par un miracle était quelque chose que Jésus-Christ a fait à plusieurs reprises.

1. Le besoin de « l'homme à la main sèche »

La narration biblique commençait quand Jésus entrait dans la synagogue, (Matthieu 12:9-10, 14) la ou les pharisiens étaient très attentifs à le mettre en évidence en ce qui concerne le respect de la loi, qui dans ce cas était à propos d'observer le sabbat. Le scandale de l'attitude des pharisiens était qu'ils ne se souciaient pas de la nécessité de leur « frère » et beaucoup moins la santé, mais que leur attention était dans le fait que la loi a été violée.

La seule chose que nous savons de cet homme qui parle dans le passage c'est qu'il était dans la synagogue, qui était une place publique ou se réunissent les pauvres, nécessiteux et les malades qui ne pouvaient entrer mais oui provoquer la pitié et ainsi demander l'aumône à ceux qui sont entrés ou ont passé. Avoir un défaut physique dans la culture juive était un énorme fardeau, puisque ces personnes ont été marquées et marginalisées. En plus de leur misère matérielle, les gens les considéraient impur. On croyait que s'ils étaient malades c'était parce qu'ils avaient commis un péché et Dieu les avait punis, c'est pourquoi personne ne les a approchés et ne leur a permis de les approcher.

Jésus ressentait une prédilection spéciale pour la personne qui est dans le besoin, et il l'a dit publiquement dans la synagogue (Luc 4:18-19)

A cause de sa condition, cet homme fut utilisé comme le blanc des pharisiens, a ceux qui n'importent pas sa nécessité. Ils cherchaient l'occasion de faire tomber le Seigneur.

La condition de cet homme représente nos besoins comme êtres humains et manifeste la miséricorde de Dieu faisant des choses extraordinaires.

2. L'attitude de Jésus

Dans la Bible, nous trouverons de nombreuses citations et histoires qui parlent du grand amour de Dieu exprimé en miracles. Jésus aussi dans sa condition humaine montrait toujours sa bonté.

La conduite de Jésus était d'amour sans aucune limite. Même en connaissant l'intention des pharisiens et les conséquences défavorables qu'ils pourraient avoir dans son ministère, il a décidé de prendre une attitude de miséricorde, parce qu'il connaissait les bénéfices et les opportunités qu'aurait cet homme étant guéri.

Les pharisiens lui demandaient : « Est-il licite de guérir au jour du repos ? » (v. 10), Jésus connaissait l'intention de cette question et qu'était un piège, mais a surmonté son amour et le désir de satisfaire le besoin pour que cela soit humain. Il commença en demandant le pourquoi il ferait ce miracle, non pour demander du permis sinon pour les signaler et être pieux, pour leur montrer à quel point il aime sa création (Matthieu 12:11-12).

La comparaison de la valeur de la vie de l'être humain avec celle d'un mouton n'est qu'une autre parabole pour comprendre ce qu'il ferait. Peut-être l'exemple brut du sauvetage des moutons et la confrontation avec la prochaine question « ne la saisi pas pour l'en retirer ? » (Matthieu 12:11-12). C'est-à-dire, tu essais d'aider celui que tu aimes ? Quand tu vois qu'il souffre, la seule chose qui vient dans ton esprit c'est de sauver ou mitiger sa douleur, restant dans le deuxième plan quel jour ou quelle loi tu n'observes pas. L'attitude de Jésus fut la somme d'amour, bonté, pouvoir et justice qui ont abouti à un miracle.

3. Le miracle réalisé

La conduite de Jésus fut d'amour sans limites. Même en connaissant l'intention des pharisiens et les conséquences défavorables qu'ils pourraient avoir dans son ministère, il a décidé de prendre une attitude de miséricorde, parce qu'il connaissait les bénéfices et les opportunités qu'aurait cet homme étant guéri.

Les pharisiens lui demandaient : « Est-il licite de guérir au jour du repos ? » (v. 10), Jésus connaissait l'intention de cette question et qu'était un piège, mais a surmonté son amour et le désir de satisfaire le besoin pour que cela soit humain. Il commença en demandant le pourquoi il ferait ce miracle, non pour demander du permis sinon pour les signaler et être pieux, pour leur montrer à quel point il aime sa création (Matthieu 12:11-12).

L'attitude de Jésus fut la somme d'amour, bonté, pouvoir et justice qui ont abouti à un miracle.

Révisez/Application : Durant la leçon, nous avons réfléchis au sujet de ce que les pharisiens pensaient, la situation des malades à cette époque et dans cette culture juive et de qui est Jésus. Demandez la classe de lire la citation là où se rencontre le miracle de la leçon Matthieu 12:1-21. Après avoir lu, ils doivent répondre aux questions suivantes :

1. Qu'allaient faire ces personnages avant leur rencontre ?

   Jésus : *Jésus enseignait à propos du sabbat.*

   L'homme de la main sèche : *Allait demander l'aumône.*

   Pharisiens : *Ils cherchaient une occasion d'accuser Jésus.*

2. Qu'est-ce que tu crois qui était la pensée de ces personnages après leur rencontre ?

   Jésus : *Satisfaction.*

   L'homme de la main sèche : *Joie et remerciement.*

   Pharisiens : *Frustration et plus de haine envers Jésus.*

3. Pensez-vous que cette situation peut se produire dans votre contexte ?
   Pensez avec un exemple et partagez-le avec la classe

Défi : Pendant la semaine, pense au nombre de fois où tu as refusé l'opportunité de faire un acte de miséricorde avec quelqu'un.

Demande à Dieu de t'aider à être sensible et à voir les besoins où tu peux être une bénédiction pour les autres, quelles que soient les circonstances. Partage dimanche prochain avec la classe comment tu as mis en pratique ce que tu as appris en réalité.

Foi en action

David Bonilla • Costa Rica

Objectif : Que l'élève identifie quelques caractéristiques qui génèrent la manifestation d'un miracle dans la vie du serviteur du centurion.

Pour mémoriser : « *J'avais mis en l'Éternel mon espérance ; Et il s'est incliné vers moi, il a écouté mes cris. Il m'a retiré de la fosse de destruction, Du fond de la boue ; Et il a dressé mes pieds sur le roc, Il a affermi mes pas* » Psaume 40:1-2.

> **Avertissement**
> Après avoir prié, rappelez-leur le défi de la semaine dernière et parle de ça. S'ils ne le faisaient pas, aidez-les.
> Accepter ⚠

Connecter / Télécharger

Dynamique d'introduction (12 à 17 ans).

• Instructions : Formez deux équipes et demandez-les qu'ils s'assoient en fil et la main dans la main de forme croisée, c'est-à-dire avec la main gauche prendre la main du jeune homme sur la droite et avec la main droite à celui de gauche. Demandez qu'ils s'assoient en unissant le dos avec l'équipe adverse.

Lorsque vous l'indiquez le premier joueur du fil de chaque équipe droit serrer la main son partenaire et ainsi de suite tous les joueurs passeront la vague en serrant leurs mains. Une fois que le dernier joueur reçoive la pression de la main, il devra courir au début de son fil et se positionne à la place du joueur qui a lancé le signale, et ceci passera comme deuxième du fil et le reste de ses compagnons courront en arrière. Cela continuera jusqu'à ce que celui qui était le premier dans le fil, reprenne sa position initiale encore une fois.

Aucun joueur ne doit serrer la main de son partenaire si on ne l'a pas serré la main en premier. Vous devez placer un observateur qui se trouve à un extrême pour s'assurer que personne ne dresse du piège. Un faux contacte signifie recommencer. L'équipe qui réussit à passer complète en premier sera le gagnant.

La dynamique vise à mettre en évidence la qualité de la confiance, et le sens de confier et dépendre des autres personnes pour atteindre les objectifs de la même forme que le centenier confiait dans les anciens juifs pour supplier Jésus pour le serviteur.

Dynamique d'introduction (18 à 23 ans).

• Matériaux : Cordons, corde ou ruban de toile pour relier.

• Instructions : Avec un cordon, amarrez deux personnes aux pieds. Quand on a les couples liés, dites-les que chaque couple aura à remplir une mission liée par un pied. La mission peut être de marcher d'un endroit à un autre ou une course contre un autre couple ou porter un ou plusieurs objets d'un endroit à un autre. Gagnera le couple qui accomplit sa mission en premier.

Ensuite, conversez avec les personnes qui ont rejoint ses jambes pour savoir comment ils se sentaient étant unis. Demandez-les de raconter les difficultés et avantages qu'ils ont trouvé quand ligoté, quelles stratégies ont-ils utilisé pour réussir, ou quelles situations ont causé qu'ils ne l'atteignent pas.

Une des qualités de l'être humain (de tous, dans toute culture, ethnicité, âge, sexe) est le besoin de vivre et de vivre en communauté. L'église en tant que telle est la communauté des croyants, qui ont besoin les uns des autres de la même façon que le centenier avait besoin des anciens juifs pour supplier Jésus pour le serviteur.

Qu'est-ce Dans la variété des groupes qui existent entre les êtres humains, il existe des différences (religieuses, culturelles, sociales, etc.) mais il existe aussi des similitudes spécifiques à l'être humain, indépendamment de ces différences.

L'une de ces caractéristiques est la capacité de croire et la nécessité de le faire. Toutes les personnes construisent par elles-mêmes (influencés par son contexte et culture) un système de croyances à travers desquelles elles établissent leur sens de vie. Même ceux qui disent qu'ils ne croient pas en Dieu ou en quelque divinité, répondent à ce besoin avec des autres choses dans lesquelles elles déposent leur croyance et projettent leur vie : Qu'il s'appelle science, philosophie, humanisme, etc. Dans le cas du christianisme, la foi est fondamentale, au point que la Bible déclare que sans elle c'est impossible de plaire à Dieu (Hébreux 11:6).

1. Quelques notes historiques

Ces faits historiques avaient eu lieu à Capernaum, la ville où habitait Jésus (Matthieu 4:13), dans lequel il comptait avec le soutien et la crédulité nécessaire des personnes pour mener à bien son ministère, contrairement à sa ville d'accueil, Nazareth (Luc 4:16, 29-30).

Du personnage principal de cette histoire (Luc 7:1-10) nous ne connaissons pas le nom, mais le texte dit qu'il était un centenier (v. 2). C'était une position militaire qui avait sous son commandement cent soldats, c'est-à-dire une unité militaire appelé centurie. Dans le contexte juif, un centenier représentait la force de l'Empire romain qui les avait soumis et taxés, raisons pour lesquelles les Romains n'étaient pas aimés.

Les Juifs méprisaient les non-Juifs (Gentils) et les Romains détestaient les Juifs, comme ils les considéraient une course superstitieuse et discriminatoire. Cependant, de nombreux païens ont accepté le judaïsme ainsi comme un unique Dieu et son étique austère. Nous sommes face à une histoire avec du caractère exceptionnel, d'amitié entre les Juifs et un gentil (romain).

D'autre part, les lois et les coutumes empêchèrent a un juif d'avoir une relation avec un gentil et même entrer dans sa maison ; s'il le faisait, il se contaminait y restait impur. C'est la raison pour laquelle le centenier n'osait pas aller pour parler avec Jésus personnellement et, postérieurement, il préférait lui dire qu'il n'irait pas chez-lui (Luc 7:3, 6). Cela démontre que, malgré il n'était pas juif, il était respectueux envers les lois et les coutumes du peuple et il préférait que Jésus n'arrive pas chez-lui pour éviter la « contamination ». Nous sommes alors confrontés à une histoire dans laquelle un Gentil était respectueux des lois et des coutumes du peuple juif et, à la fois, le peuple respectait le centenier et lui considérait comme « digne » (Luc 7:4).

2. Le travail en équipe

Le serviteur a reçu le miracle, mais la demande a été faite par le centenier. La demande a d'abord été prise par les dirigeants des juifs et ensuite par des amis du centenier à Jésus. Si on considère comme référence le vocabulaire utilisé « anciens » ou « dirigeants », signifie qu'ils étaient comme minimum deux. Si on fait les calculs, on notera qu'ils sont au moins cinq personnes qui se mouvaient et agissaient en bénéfice d'une personne qui socialement « n'a pas mérité » une telle faveur.

En considérant les thèmes d'équipe, un groupe de cinq personnes minimum qui partaient d'une idée, ils s'organisèrent, ils déclenchèrent un effort et se présentèrent devant Jésus sous un même sens, Lui qui pourrait concéder ce qu'ils voulaient : Guérir l'esclave.

Tous les miracles de Jésus se sont donnés dans des circonstances différentes. Ceci en particulier, montre un travail en équipe qui génère un contexte dans lequel que Jésus montra son pouvoir.

3. L'esprit localisé

Le centenier avait écouté parler des enseignements et les miracles de Jésus et immédiatement il pensait qu'Il pourrait apporter une solution (Luc 7:3). Bien que le centenier aurait pu utiliser la force militaire pour faire venir Jésus, il savait que cela ne le servirait à rien parce qu'il savait qui était cet homme.

Le même centenier reconnaissait qu'il était sous l'autorité, en fait il avait au moins 100 soldats, en plus des gens du village de Capernaum, lesquels, par sa position militaire, ont obéi à ses ordres et commandes (Luc 7:7-8). Cependant, le centenier savait qu'il ne s'agissait pas de lui, ni de sa propre autorité, il ne s'agissait pas de ce qu'il pouvait faire, mais de l'autorité de Jésus à celui qu'il demandait secours, lui qu'avec « un seul mot » qui dirait, je donnerais la guérison a son serviteur, une chose que personne d'autre ne pouvait le faire.

Ce chef romain avait la clarté mentale que, en raison des coutumes et de la culture juive, il ne pouvait pas approcher de façon « digne » du Maître et qu'il n'était pas « digne » de le recevoir chez lui. Le centenier connaissait bien qui il était, mais même plus important, il avait bien clair dans son esprit de qui était Jésus, c'est pour cela qu'il s'approchait de Lui, parce qu'il savait bien qu'un seul mot de sa bouche était suffi.

4. La décision de croire

Le centenier envoya les dirigeants juifs et ils argumentèrent devant Jésus, qu'il était digne de recevoir le support pour deux raisons : a) Pour ses sentiments : « …parce qu'il aime notre nation… » (7:5). b) Pour ses actions : « …il nous a construit une synagogue » (7:5). Même s'ils racontent des arguments valables, puisque le Maître était avec eux, ce n'est que lorsqu'il a entendu les paroles du centenier qu'il a dit « que si son pouvoir produisait des résultats, a plus fortes raison pour le pouvoir de Jésus ! » (v.9) (Commentaire du Nouveau Testament. Vol. 4, Luc. William Barclay. Clie, Barcelone : 1994, p. 112). Le centenier décidait de croire, mettre sa foi en Jésus et cela apporta le résultat attendu. Si nous observons avec soin, ce qui impressionnait Jésus ce n'était pas ce que le Romain ressentait ou ce que l'homme militaire avait fait (v. 5), c'était la foi du centenier qui attirait son attention, Il s'est émerveillé et a motivé l'action du Guérisseur (v. 9).

Révisez/Application :

Demandez qu'ils répondent les questions suivantes et ensuite participent à la conversation autour de chaque une d'elles.

1. Que signifie croire ou mettre la confiance en quelque chose ou quelqu'un ?

2. En qui nos amis du quartier ou camarades d'étude ont déposé leur confiance ?

3. Que signifie mettre notre confiance en Dieu ?

Défi : Pense à une personne que tu aimes beaucoup et qui a un besoin suffisamment important (un membre de la famille, un ami ou un collègue malade, drogué, alcoolique ou dans le besoin). Définis clairement ta demande. Ensuite, trouve quelques personnes de confiance qui peuvent partager ton fardeau et demande-leur de t'aider à prier Jésus pour cette personne spéciale. Écris le nom de la personne, sa demande et qui l'aidera à prier.

As-tu besoin d'un médecin ?

Eva Velásquez • Guatemala

Objectif : Que l'élève découvre pour que Jésus guérisse, ni le temps, lieu, ni ce que les autres pensent ne le limite pas.

Pour mémoriser : *« Ce ne sont pas ceux qui se portent bien qui ont besoin de médecin, mais les malades »* Luc 5:31.

> **Avertissement**
>
> Au moment de la prière vous pouvez inclure des personnes pour lesquelles que vos élèves avaient prié la semaine dernière.
>
> Accepter

Connecter | Télécharger

Dynamique d'introduction (12 à 17 ans).

- Matériaux : Feuilles de papier, crayons et marqueurs, ruban adhésif et dessin séparé du corps humain ou indiqué dans ses trois parties de base : tronc et les extrémités.

- Instructions : Formez trois groupes. Demandez à chaque groupe de choisir une partie fondamentale du corps humain. La figure du corps humain, dessinée ou collé sur le mur ou le tableau, il devrait être visible pour tout le monde. Donnez-leur cinq minutes pour faire une liste écrite de toutes les maladies qu'ils connaissent et qui affectent la partie du corps qu'ils ont choisi. Quand termine la période du temps, demandez-les de passer et coller leur feuille au sujet de la figure du corps choisit. Lisez-les à haute voix et demandez-leur s'ils connaissent quelqu'un qui a souffert de ces maladies.

  Finalement, invitez-les à considérer les situations douloureuses, inconfortables ou limitent qu'elles ont expérimentés dans les moments de maladie et comment elles nous affectent à nous et les gens autour de nous.

Dynamique d'introduction (18 à 23 ans).

- Matériaux : Des pièces de journal avec des nouvelles sur les maladies et / ou personnes malades ou des recommandations pour prévenir certaines maladies.

- Instructions : Ayant avec vous les pièces de papiers du journal disponibles et donnez une nouvelle à chacun au fur et à mesure qu'ils sont arrivés. Indiquez-les que vous les donnerez un peu de temps pour les lire et ils commenteront alors. Quand vous calculez que tout le monde ait lu les nouvelles livrées dans la pièce du journal, leur permettre de partager et de commenter ce qu'ils ont lu.

  Vous pouvez ajouter quelques questions exploratoires en ce qui concerne votre santé ou celle de certains de vos proches et amis. Après cela, les motiver à penser avec combien de maladies et de personnes victimes sont autour de nous et combien il est important d'avoir une bonne santé en tout temps.

Connecter | Télécharger

Dans des nombreuses occasions, les malades ne peuvent pas aller chez le médecin et doivent aller étudier ou travailler en se ressentant mal, parce que le symptôme qu'ils ont n'est pas un motif suffit pour demander de la permission et être absent. Profitant quelque jour libre pour aller consulter un médecin et soigner cette maladie qu'ils n'ont pas le temps pour s'occuper d'elle pour tant d'occupations. Il y a aussi des gens qui ne consultent pas le médecin parce qu'ils n'ont pas de l'argent pour payer une consultation et beaucoup moins de médicaments. Il y a aussi des patients pour lesquels la médecine ne peut pas fournir la santé dont ils ont besoin jusqu'à présent.

Dans le temps de Jésus, il existait le même problème qu'aujourd'hui, et on pouvait sentir les mêmes limitations pour aller consulter un médecin et être guéris. Mais un jour du repos, il y avait quelqu'un très malade et Jésus était là et une chose différente s'est passée. Aujourd'hui aussi Jésus peut permettre qu'il produise quelque chose différente comme avant.

1. Le temps ne limite pas la puissance de Jésus

Demandez aux différents élèves de lire : Marc 1:29-31, 3:1-6 ; Luc 13:10-17 et 14:1-6. Aidez-les à découvrir dans quel moment la guérison s'était produite par Jésus. Dans quel jour et dans quel moment. Lisez ensemble le passage de Luc 13:10-12. Laissez-les voir la situation de cette femme avec 18 ans de souffrance cette même maladie et demandez : Comment pensez-vous qu'elle se ressentirait ? Peut-être qu'elle se sentait mal à l'aise, embarrassée, endolorie et fatiguée. Même ainsi, elle était présente dans la synagogue. Ce n'était pas un hasard. Peut-être tous les jours du repos durant ces années, cette femme était allée à la synagogue.

À ce moment-là, ils avaient fait du sabbat un jour où les gens étaient des esclaves de ce jour. Jésus restaurait la vraie signification (Matthieu 12:8). Il démontrait aux juifs qu'ils exagéraient l'observation de la loi même plus de ce que Dieu a demandé. Il n'était pas interdit de faire le bien.

Que fais-tu au jour du repos ? Nos horaires et jours de la semaine sont très occupés. Que passerait si nous serions malades ce jour-là ? Si nous aurions de la fièvre, possiblement nous n'irions pas à l'église ou nous ne participerions pas en aucune activité de la croissance spirituelle, nous cesserions de prier et nous ne lirions pas la Bible parce que nous nous sentirions découragés ou fatigués. Nous utilisons la maladie comme un obstacle pour donner à Dieu son temps, Dieu fera-t-il de même ? Peut-être que nous en sommes venus à penser que ce n'est pas le moment de demander à Dieu ou que notre maladie prend si longtemps que Dieu ne peut pas le guérir.

Jésus a fait un miracle de guérison au jour du repos pour démontrer que le temps ne limite pas sa puissance. Jésus guérissait et guérit dans n'importe quel moment parce qu'il a la puissance dans ses mains (Luc 4:18-19 et 21). « Aujourd'hui » est le temps.

2. Il n'y a pas de place qui limite le pouvoir de Jésus

Continuez à lire le passage de Luc 13:12-14. Pour les pharisiens, non seulement il n'était pas inapproprié dans le jour que Jésus a fait la guérison, mais aussi c'était dans le lieu. Pour eux c'était un challenge que Jésus ait guéri cette femme exactement dans la synagogue. La synagogue « servait de substitut du temple. Dans la synagogue, il n'y avait pas d'autel, la prière et la lecture de la Torah occupèrent le lieu du sacrifice. En plus de cela, la maison de prière réalisait une fonction sociale importante ... C'était un point de rencontre et un lieu de rassemblement où peuple pouvait se réunir autant de fois qu'il était nécessaire pour considérer les questions importantes de la communauté. Synagogue a été le berceau d'un tout nouveau type de vie sociale et religieuse et a servi de base à la formation d'une communauté religieuse d'atteinte universel. Pour la première fois que se manifestait le monothéisme juif, dans la pratique religieuse, des liens avec un lieu spécifiquement choisi. Maintenant, Dieu s'approchait au peuple n'importe où il habite » (« The History of Jews in Ancient Times », The Jewish People, 1, pp.78-152). « Actuellement, la synagogue reste l'une des institutions dominantes du judaïsme et le centre de la vie religieuse de la communauté juive » (Nouveau Dictionnaire Biblique. Douglas, J. Sociétés Bibliques Unies : Miami, 2000).

Les ennemis de Jésus considéraient que la synagogue était un bon lieu pour la publicité gratuite, pour soulever un bon nombre de disciples. Mais Jésus n'était pas là pour ces objectifs. En différence des autres miracles de guérison survenus le jour du sabbat, cette femme n'a pas demandé de l'aide avec une grande voix, ni elle a été amenée par des amis. Jésus a vu une femme dans le besoin et Il l'appela. Quel beau geste d'amour miséricordieux ! Jésus voulait établir que dans ce lieu (la synagogue), Dieu pouvait également faire preuve de miséricorde. Le lieu se transformait en une chose spéciale, parce que Jésus était là.

Il se peut que nous sommes en train de passer par la souffrance ou un malaise que nous ne raconte personne ou très peu le savent. Nous pouvons être tranquilles et confiants que Jésus le sait, nous ne pouvons pas nous mettre dans son clinique comme un médecin ou dans un hôpital. Il est ici maintenant et peut déployer sa puissance si c'est sa volonté et voilà ce que nous pouvons voir dans ce miracle. Sans lui importa le lieu, ce qui lui importa fut que Jésus était à cet endroit, après 18 ans, la femme était guérie, ce qui était étonnamment miraculeux.

3. Ce que les autres pensent ne limite pas la puissance de Jésus

Dans Luc 13:14-16 on observe diverses réactions. Le principal de la synagogue se fâchait (v. 14). Quand Jésus l'écouta, Il réagissait (v. 15-16). Face à la réponse de Jésus, ses adversaires se sentirent embarrassés mais le peuple se réjouit (v. 17).

Pour Jésus, le plus important était diagnostiquer la nécessité et la résoudre, tout en faisant la volonté de Dieu avec elle. Il ne se centrait pas en ce que le principal de la synagogue ou les pharisiens penseraient. Il savait déjà ce qu'ils pensaient, il est évident qu'Il était prêt à engager son image publique pour aider les gens.

Prenez un moment pour mettre au point cette leçon en priant pour les demandes de guérison dans le groupe. Encouragez-les à s'engager avec Dieu pour commencer ou affirmer l'habitude de prière pour les pétitions et nécessités des autres.

Révisez/Application :

En couples, qu'ils consultent Luc 4:18-21 et pensent aux besoins pratiques et actuels qui répondent aux questions qui sont à la suite.

- Comment peux-tu apporter les bonnes nouvelles à quelqu'un qui a dépensé tout son argent en médicaments et se trouve toujours malade ?

- Comment peux-tu démontre a quelqu'un que Jésus l'aime quand il se sent déprimé parce que quelqu'un lui a rejeté sentimentalement ?

- Que peux-tu faire pour un ami qui est en train de commencer dans le service étrange ?

- Que peux-tu donner à quelqu'un qui doit travailler ou étudier dans un lieu qu'il n'aime pas ?

- Comment peux-tu partager la parole à quelqu'un qui est malade au lit ?

Finalement, ils peuvent commenter les réponses brèves.

Défi : Maintenant que tu as terminé cette leçon, connecte-toi avec d'autres jeunes de ton âge et demande-leur s'ils ont des besoins pour lesquels tu peux prier. Ce serait merveilleux si chaque jour d'étude biblique, ils prenaient l'habitude de former des groupes d'intercession pour ces besoins. Laisse libre ton imagination et présente à ton professeur un projet de prière et d'intercession dans lequel il pourrait t'engager.

Le meilleur remède !

Yaneth González • Mexique

Objectif : Que l'élève comprenne l'importance de guider un ami vers Jésus.

Pour mémoriser : « *Afin que vous sachiez que le Fils de l'homme a sur la terre le pouvoir de pardonner les péchés, je te l'ordonne – dit-il au paralysé –, lève-toi, prends ta civière et rentre chez toi* » Luc 5:24.

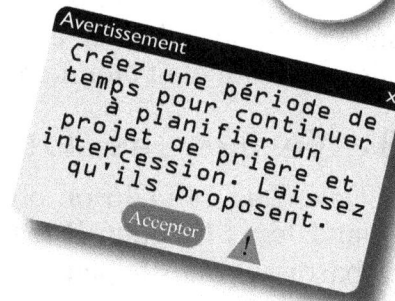

Avertissement

Créez une période de temps pour continuer à planifier un projet de prière et intercession. Laissez qu'ils proposent.

Accepter

Connecter | Télécharger

Dynamique d'introduction (12 à 17 ans).

- Matériaux : Papiers bristol blancs et feutres ou marqueurs.

- Instructions : Dessinez un sentier dans le papier bristol et à la fin un drapeau comme « point d'arrivée » mais dans la place de ce mot, écrivez « Jésus », formez deux équipes selon ce qui soit possible dans votre groupe (peut-être 5) et demandez-leur de nommer un leader de chaque équipe.

  Puis demandez-leur de dessiner sur le chemin les obstacles qui les empêchent d'approcher leurs amis à Jésus, le leader d'équipe sera celui qui aura le marqueur et il sera l'unique qui pourra dessiner, les autres membres sans parler diront au leader au moyen de signes ce qu'il doit dessiner.

  A la fin, réfléchissez sur l'importance de reconnaître les obstacles qui nous empêchent d'approcher nos amis à Jésus, pour pourvoir les vaincre.

Dynamique d'introduction (18 à 23 ans).

- Matériaux : Une bande pour les yeux, quelques boites ou objets qui servent d'obstacles sur le sol.

- Instructions : Demandez à un volontaire de se présenter et bandez-le les yeux, puis placez les objets (obstacles) sur le sol à une distance considérable, établissez un parcours et un point d'arrivée. Demandez au groupe de manière secrète qu'il se divise en deux équipes en évitant que le volontaire le sache, avec l'intention que l'un des groupes c'est pour aider et l'autre pour distraire le volontaire. Placez le volontaire au début de la tournée et demandez au groupe de l'aide qui est placé sur le côté droit et donner des instructions sur la façon de nettoyer les obstacles et l'autre groupe leur demande de se tenir à côté gauche et le confondent. A la fin, le volontaire doit identifier lequel des deux groupes qui lui ont dit la vérité et l'a aidé.

  Guidez-les pour arriver à la conclusion qu'ils devraient être attentifs à reconnaître les gens qui veulent les aider vraiment et qu'à leur tour, ils devraient être utiles à leurs amis pour les guider sur le bon chemin.

Connecter | Télécharger

1. Il faut de la foi pour amener un paralytique à Jésus

Dans quelques occasions, tous nous avons écouté ou lus au sujet des miracles de Jésus, les évangiles sont remplis d'eux, déjà que quand Jésus vivait sur la terre, les miracles étaient une forme de démontrer son amour envers l'humanité. Demandez : Qu'est-ce qu'il faut pour qu'un miracle se produise ? Avez-vous été témoins de quelque miracle ?

Jésus a dit que pour qu'un miracle se produise, seulement il faut de la foi. La Bible nous dit que la foi peut déplacer les montagnes, même si celle-ci soit comme une graine de sénevé (Matthieu 7:20). La Bible a défini la foi comme : « …une ferme assurance, la démonstration de celle qu'on ne voit pas » (Hébreux 11:1). La foi est la pleine confiance en Dieu en dépendant de Lui sans douter pour un moment. Demandez : Est-il facile d'avoir la foi ? Racontez cette histoire et ensuite demandez-leur à nouveau s'il est facile d'avoir la foi.

Racontez que : « Un alpiniste s'est préparé pendant plusieurs années à conquérir l'Aconcagua. Son désir de l'accomplissement de l'exploit était tel que, connaissant tous les risques, il a commencé son voyage seul. Il a commencé à augmenter et la journée était avançant, quand presque la nuit est venue il n'a pas préparé pour camper, mais a décidé de continuer à grimper pour aller au sommet le même jour. La nuit est tombée avec une grande lourdeur dans la hauteur de la montagne et il ne pouvait voir absolument rien. Tout était sombre, la lune et les étoiles étaient couvertes de nuages. Grimper une falaise, à environ 100 mètres du sommet, il a glissé et est tombé dans le vide. Il est tombé à une vitesse vertigineuse. Il a continué à tomber et dans ces moments pénibles, tous les moments agréables et pas si agréables ont traversé son esprit, il pensait qu'il allait mourir, mais soudain, il sentit une attraction si forte qu'il pensa qu'il allait le briser en deux. Comme tous les alpinistes expérimentés, il avait cloué des enjeux de sécurité avec des cadenas et une corde très longue qui l'a attaché à la taille.

Dans ces moments d'immobilité, suspendu dans les airs sans rien voir au milieu de la terrible obscurité, il n'avait pas d'autre option que crier-Aide-moi mon Dieu !

- Soudainement une voix grave et profonde du ciel lui a répondu : - Que veux-tu que je fasse ?
- Il a répondu - sauve-moi, mon Dieu.
- Dieu lui a demandé - est-ce que tu penses vraiment que je peux te sauver ?
- Absolument, mon Dieu- répondait-il.
- Alors, coupe la corde qui te retient - dit Dieu.

Il s'ensuivit un moment de silence et d'immobilité. L'homme s'est accroché plus à la corde et a commencé à penser à la proposition de Dieu ...

Le jour suivant, l'équipe des secouristes qui arrivaient à sa recherche, l'a trouvé mort, congelé, fortement accroché à la corde, à seulement deux mètres du sol. Le grimpeur n'a pas été capable de couper la corde et confier en Dieu. »

Le passage de Luc 5:17-26 nous raconte l'histoire de certains hommes qui ont amené un ami malade pour être guérir par Jésus. Nous devons reconnaitre quel type d'amis furent-ils, même si la Bible ne nous a pas dit combien de distance ils ont parcouru et la quantité d'obstacles qu'ils ont fait face pour atteindre l'objectif de déposer leur ami dans la présence de Jésus, le fait de luis apporter seulement nous dit beaucoup de chose (vv. 17-18). Peut-être quelques de ces amis, en voyant Jésus opérer les miracles ou l'écouter, pense qu'une des personnes qui pourrait être guéris par Jésus c'est leur ami qui ne peut pas marcher. Sans doute que seulement Jésus avec son regard surnaturel pouvait voir : Leur foi (v. 20), une foi invisible et silencieuse mais active.

2. Il faut du courage pour surmonter les obstacles

Une course avec des obstacles est plus difficile qu'une course sans eux ; il faut plus de concentration, d'effort, agilité et une préparation différente pour sauter les obstacles. Le passage que nous étudions nous parle d'une série de difficulté que les amis du paralytique ont d'affronter (Matthieu 5:19). La Bible dit que les hommes ont amené leur ami dans son lit. Il est inconfortable de marcher portant une personne dans un lit, en plus de ceci, il devrait lui hisser au toit de la maison et lui glisser jusqu'à ou se trouvait Jésus. Un bel exploit !

Les jeunes se reconnaissent parce qu'ils osent, ils ont la force et le courage d'atteindre leurs objectifs et aider ou encourager leurs amis à atteindre leur objectif. Beaucoup de ces objectifs sont pour les biens matériels : une carrière, le travail, le sport, etc., sont des choses qui, pour les chrétiens, sont temporaires mais quand même, s'ils rencontrent des obstacles sur le chemin, ils font tout ce qu'ils peuvent pour les supprimer et atteindre le but qu'ils veulent. Alors, combien plus ils doivent rechercher des choses valables, tout comme le salut de ceux qui les entourent.

Nous devons nous efforcer et faire l'impossible pour éliminer tous les obstacles et faire que nos amis arrivent à Jésus. Demandez : Est-ce que nous nous efforçons pour l'atteindre ? Quels sont les obstacles qui nous empêchent d'emmener nos amis à Jésus ? Réalisez un petit débat avec vos élèves sur les choses qui peuvent être un obstacle pour apporter nos amis à Jésus.

3. La récompense va au-delà de la santé physique

Le problème qu'ils présentèrent à Jésus était très visible : C'était une personne qui ne pouvait pas marcher et avait de désir d'être guéri. Peut-être la première chose que les gens qui étaient dans cette maison pensaient, était que Jésus allait étendre sa main et le guérir, ou faire quelque chose d'incroyable, ils attendaient tous avec leur regard fixé sur cet homme, quand on écoutait la voix de Jésus disant : Mon ami, tes péchés te sont pardonnés (Luc 5:20). Les critiques ont provoqué des tumultes qui entravèrent l'œuvre de Jésus (Luc 5:21) ; mais Jésus a montré que le vrai problème de cet homme n'était pas dans ses pieds ou dans sa colonne vertébrale, c'est-à-dire, ce n'était pas physique. Jésus entra directement au cœur du paralytique, Il l'abordait avec amour et lui donna le pardon (v. 20). Peut-être la vraie guérison du paralytique était dans ce moment quand Jésus a pardonné ses péchés et tout le joug que cet homme portait dans son cœur a été enlevé. Dans ces moments, on effectue le plus grand et merveilleux miracle qu'une personne peut expérimenter, même s'il est évident qu'aucun des yeux humains ont pu voir. Si l'histoire s'était terminée là, peut-être cet homme aurait-il été rassuré que ses péchés avaient été pardonnés ; mais Jésus compléta son œuvre en donnant une fois de plus, une chose que tous ont pu voir, la guérison physique !

Combien de fois nous avons demandé des choses matérielles à Jésus incluant la guérison, mais dans cette histoire, le Seigneur nous laisse savoir que sa puissance va au-delà, Il peut nous pardonner et rendre notre vie complètement différente (Ephésiens 3:20).

Ne doutons pas de nous approcher à Jésus et emmener aux autres dans sa présence. Soyons certains que Jésus non seulement peut guérir le corps mais aussi l'âme, la portée de sa guérison va au-delà de la guérison d'un cancer, du SIDA ou d'une autre maladie, sa puissance atteint l'âme et est capable de transformer nos vies à travers le comportement de la foi.

Révisez/Application :

Prévoyez du temps pour répondre aux questions suivantes :

1. Penses-tu que tu as des amis comme ceux de l'histoire ?

2. Est-ce que tu considères ton ami comme ceux de l'histoire ?

3. Combien serais-tu prêt à faire pour qu'un ami connaisse à Jésus ?

4. A combien d'amis tu présentes Jésus? Comprends-tu que s'ils meurent sans le connaitre, ils iront en enfer ?

5. Pense avec quelques amis qui ne connaissent pas Jésus, écris leurs noms, prie pour eux et quand il est possible, parle-leur de Jésus.

Défi : Lorsqu'une personne que tu connaisses tombe malade, nous te recommandons d'aller chez le médecin et de prendre les médicaments qu'il ta prescrits, car il est ennuyeux de se promener avec des douleurs dans le corps. Mais lorsque nous souffrons d'une maladie en nous-mêmes, nous ressentons dans nos cœurs la tristesse, le manque de pardon et l'amertume comme certains des symptômes. Cette semaine si tu connais quelqu'un qui souffre d'une maladie du corps ou de l'âme, (comme les amis du paralytique) n'hésite pas à l'amener à Jésus le médecin divin qui peut guérir même les douleurs de l'âme les plus difficiles.

L'étranger reconnaissant

Natalia Pesado • EUA

Objectif : Que l'élève comprenne que Dieu fait des miracles et attend une attitude de reconnaissance.

Pour mémoriser : *« L'un deux, se voyant guéri, revint sur ses pas, glorifiant Dieu à haute voix »* Luc 17:15.

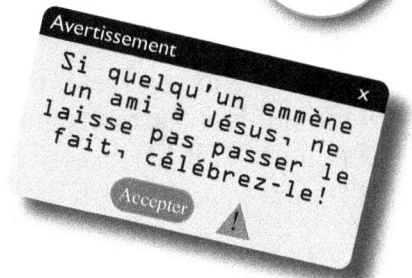

Avertissement

Si quelqu'un emmène un ami à Jésus, ne laisse pas passer le fait, célébrez-le!

Accepter

Connecter | Télécharger

Dynamique d'introduction (12 à 17 ans).

- Matériaux : Tableau et craie ou marqueur.

- Instructions : Dans le tableau, écrivez une liste de situations négatives que vos élèves pourraient faire face à un certain moment de leur vies : Perdre une partie sportive, obtenir une note très basse sur un examen, entendre les parents discuter, avoir des problèmes dans les relations d'amitié ou la cour, souffrir la perte d'un être cher, un handicap ou une maladie, etc. Alors demandez la « tendance naturelle » (en termes d'attitudes et sentiments) d'une personne qui traverse par de telles situations et notez ce qu'elle exprime.

  Ensuite, demandez si ces réactions seraient de même si la personne était chrétienne. Faites une autre liste des attitudes qu'une personne chrétienne doit avoir.

Dynamique d'introduction (18 à 23 ans).

- Matériaux : Tableau et craie ou marqueur.

- Instructions : Dans le tableau, écrivez en grandes lettres la phrase suivante : « La vie est de 10% de ce qui t'arrive et 90% de comment tu réponds a ce qui t'arrive ». Demandez à vos étudiants qu'ils expriment leurs pensées et opinions sur la véracité de cette phrase. Demandez-leur de partager quelque anecdote de la vie réelle dans laquelle l'attitude d'une personne l'a aidé à surmonter des situations qui semblaient impossibles à gérer (vous pouvez mentionne Dietrich Bonhoeffer, le pasteur luthérien Allemand qui a terminé sa vie dans un camp de la concentration nazie et a écrit des livres qui ont changé la façon de penser des milliers de personnes). Les exemples peuvent provenir de personnes qui ne sont pas célèbres que vos étudiants ont vu dans leur propre famille ou dans leurs communautés.

Connecter | Télécharger

Luc raconte l'histoire de dix personnes qui souffraient d'une maladie très grave, douloureuse et triste et l'attitude que ces hommes ont prises pendant leur maladie et après leur guérison.

1. La maladie des hommes

Le passage de Luc 17:11, commence en situant Jésus dans quelque quartier de Samarie et Galilée, quand a sa rencontre ils sortaient « dix hommes lépreux » (Luc 17:12). Aujourd'hui, nous lisons cette phrase rapidement, sans comprendre la gravité d'une maladie déjà éradiquée dans de nombreux pays. Cependant, il est important de considérer les symptômes physiques de la maladie de la lèpre : « Une infection bactérienne des cellules de la peau qui peut produire des démangeaisons intenses, des brûlures et des douleurs, des engourdissements dans les mains et les pieds, des nodules dans le corps et les nez congestionnés » (Encyclopédie en ligne : www.salud.bioetica.org/lepra.htm).

De plus, à cette époque, le judaïsme condamnait gravement les personnes souffrant de la lèpre, les considérant « Impur » (Lévitique 13:8, 15, 25, 27, 30). La Loi de Dieu avait pour but d'empêcher la contagion massive de la lèpre pour éviter une épidémie, mais le peuple Israël a apporté la classification d'immondice à un extrême. Les personnes souffrant de cette maladie ne pourraient pas vivre dans la ville mais, elles devraient être en dehors. Cela signifie qu'elle devait être hors du contact avec leur famille et s'abstenir de tout travail et participation dans la communauté.

De la même manière, les personnes en bonne santé ont évité d'avoir un contact avec une personne atteinte de la lèpre et qui a conduit à isoler les personnes souffrant de la lèpre et à ne pas leur parler, ou leur toucher. Enfin, les personnes atteintes de la lèpre ont été interdits d'entrer dans le temple en raison de leur état, étant même considéré comme des gens punis par Dieu.

Nous voyons que ces dix hommes qui sortirent à la rencontre de Jésus avaient été limités à une vie de solitude, la pauvreté, ténèbres spirituelles, tristesse et douleur physique. Et c'est pour cette raison même qu'ils « s'arrêtèrent de loin, et ils élevèrent leurs voix en disant : Jésus, Maitre, aie pitié de nous ! » (Luc 17:12b-13). Probablement ils écoutèrent parler des merveilleux miracles de Jésus et ils savaient qu'Il pouvait changer leurs vies complètement.

2. La réponse de Jésus

Il est intéressant de noter la demande des dix hommes qui ont souffert de la lèpre. Clairement, ils voulaient être libérés de leurs afflictions et peut-être ils avaient cherchés du secours au prêt des médecins ou guérisseurs de l'époque et même ont supplié Dieu lui-même dans la prière en dehors du temple. En imaginant les dix hommes debout, peut-être en levant et agitant leurs bras pour se faire voir par Jésus, nous nous rendons compte qu'il y avait d'une foi renouvelée qui espérait comme résultat de recevoir quelque chose de bon et merveilleux de la part de Jésus.

Considérons la réponse de Jésus à ces hommes désespérés par leurs nécessité : « Dès qu'il les eut vus, il leur dit : Allez-vous montrer aux sacrificateurs. Et, pendant qu'ils y allaient, il arriva qu'ils furent guéris » (Luc 17:14). Premièrement, nous pouvons souligner l'attitude de Jésus envers ces dix hommes ; Luc nous fait savoir qu' « Il les a vu », c'est-à-dire, Jésus a pris du temps pour noter les besoins qui étaient auprès de Lui et ressentir la compassion pour les personnes qui le cherchaient. Il est important de reconnaitre ce juste geste de Jésus, parce qu'il nous enseigne le sens du cœur de Dieu sur les besoins de l'être humain.

Jésus donna un commandement à ces dix hommes. Il ne les disait rien au sujet de leurs maladie, tout simplement il les a donné un mandat. Dans la Bible de la Traduction Langage Actuelle, nous lisons : « Jésus les a vu et les dit : Allez au temple pour que les sacrificateurs les examinent et voient si vous êtes totalement guéris » (Luc 17:14a). Nous voyons que malgré que les dix hommes souffraient leur maladie, tels et comme ils étaient, Jésus les a envoyés à être examiné par les prêtres dans l'espoir qu'ils seraient déclarés propres et sains. Comme nous l'avons vu, dans Lévitique 13:8 et d'autres versets du même chapitre, le prêtre était celui qui examinait les plaies et les symptômes de la peau pour diagnostiquer les gens.

A première vue, le mandat de Jésus ressemble hors de sa place, déjà que les 10 hommes se sont déclarés malades par ces mêmes prêtres. Il aurait été possible que ces 10 hommes aient douté du mandat de Jésus ou auraient ressenti de ne pas obéir, déjà que quand ils eurent reçu le commandement de Jésus, ils n'avaient pas encore reçu aucun changement dans leur corps. Cependant, il est important de reconnaitre l'obéissance de ces hommes, qui a été guidé par leur foi. L'évangile de Luc nous dit qu'ils ont obéi et sont allés (Luc 17:14) et au milieu de leur obéissance, ils reçurent la bénédiction de Dieu (Luc 17:14).

Quand Dieu donne un commandement à nos vies, il est important d'obéir. Même quand la volonté de Dieu peut sembler confus ou difficile. Si nous lui obéissons, nous nous mettons dans une position qui nous permet de recevoir sa bénédiction dans nos vies. Dieu est très intéressé à afficher son merveilleux pouvoir et sa miséricorde en nous ; notre tâche est seulement de Lui obéir.

3. L'attitude de l'étranger

Luc 17:15-18, nous donne des informations sur les moments qui ont suivi le miracle de la guérison de ces 10 hommes. Luc 17:15-16a nous dit que « l'un d'eux, voyant qu'il avait été guéri, revint, glorifiant Dieu à haute voix, et il se prosterna à ses pieds face contre terre pour le remercier ». Nous pouvons déduire que, même avant l'arrivée du temps d'être examiné par les sacrificateurs, cet homme a ressenti et a vu dans sa peau le miracle de la guérison.

Nous lisons que l'émotion de cet homme a changé sa carrière et l'a fait revenir à la présence de Jésus, celui qui l'avait guéri. Cette phrase : « …revint, glorifiant Dieu à haute voix… » (15b), nous montre l'attitude de gratitude qui a rempli le cœur de cet homme étranger. Il a reconnu qu'il avait été guéri par la puissance de Dieu. Nous devons reconnaître que l'attitude de ce Samaritain non seulement lui plut à Jésus sinon que probablement c'est la raison pour laquelle il est inscrit dans l'évangile, pour que même 2000 années plus tard, nous pourrions apprendre de son attitude de reconnaissance.

Ce qui est merveilleux de la reconnaissance de cet homme est qu'il démontrait sa reconnaissance envers Jésus immédiatement et il n'a pas attendu pour être examiné par les prêtres, ni avait-il honte de ce que les autres pourraient murmurer à propos de lui, mais a montré sa joie et sa gratitude au moment où il l'a jugé pertinent.

L'évangile de Luc souligne que l'homme était « un Samaritain » (Luc 17:16). Dans ces époques la, les Samaritains étaient considérés comme des « citoyens de seconde classe » parmi les Juifs, car ils étaient fils ou les petits-enfants de Juifs qui avaient épousé des gens d'autres villes. Cependant, fréquemment dans la Parole de Dieu, nous voyons que Dieu même a décidé de prendre soin de ces personnes-là. Luc commente que de la personne moins qu'on aurait été attendu quelque chose de bon ou de poli, une attitude merveilleuse de plaisir complet à Dieu a surgi. Dieu travaille dans le cœur de tous les hommes.

Finalement, nous lisons le commentaire de Jésus en forme de question dans Luc 17:17. Jésus posait ces questions dans l'étonnement et avec l'objectif d'enseigner à ses disciples combien il est important d'avoir une attitude de reconnaissance. Jésus commenta sur la différence entre l' « étranger » reconnaissant et les neuf autres aussi guéris, mais qui n'avaient pas manifesté leur gratitude envers Dieu.

En tant qu'enfants de Dieu, il est très important que nous reconnaissions les miséricordes que le Seigneur déverse sur nous. La gratitude est avant tout un principe biblique (Psaume 9:1-20). De la même manière, la gratitude c'est un mandat de Dieu parce qu'Il sait qu'en ayant une attitude de gratitude, tous nos être est rempli de joie et d'espoir ; notre vie devient une expérience merveilleuse, dans laquelle nous pouvons expérimenter sa présence et reconnaitre son bon travail. Dieu demande de la gratitude parce qu'il sait combien de bien Il a fait envers notre cœur.

Révisez/Application :

Réflexions : Prévoyez un moment pour qu'ils écrivent une liste des aspects de leur vie pour ceux qui devraient avoir une attitude envers Dieu. Demandez-les qu'ils tentent d'écrire au moins 10 choses.

Défi : Cette semaine, réfléchis et évalue : Quelle est l'attitude la plus courante dans ton cœur ?

1. _____	2. _____
3. _____	4. _____
5. _____	6. _____
7. _____	8. _____
9. _____	10. _____

Indifférence, désaccord, gratitude ? Est-ce que tu trouves une telle attitude utile et encourageante ou te décourage-t-elle et te rend-elle de mauvaise humeur ? Tu peux demander à Dieu de t'aider à apprendre de « l'étranger reconnaissant » et qu'avec l'aide du Saint-Esprit, l'attitude de ton cœur sera toujours agréable à Dieu. Dieu t'aime beaucoup et Il veut te voir heureux !

Foi simple et puissante

Juan Carlos Fernández • Cuba

Avertissement

Vous pouvez demander comment vont-ils avec les changements d'attitude. Rappelez l'attitude de reconnaissance que nous devons avoir.

Accepter

Objectif : Que l'élève comprenne que pour développer une foi puissante, il faut avoir de la connaissance, conviction et dévotion.

Pour mémoriser : « *Ayez foi en Dieu* » Marc 11:22.

Connecter | Télécharger

Dynamique d'introduction (12 à 17 ans).

• Instructions : Demandez aux élèves de former une file et se placent en accroupissant, une personne face à l'autre, et serrant fermement les mains. Ils doivent être placés de telle sorte que la personne qui tombe sur les bras des participants qui forment la file ne tombe pas au sol.

Un autre étudiant tombera dans les bras des membres du groupe ci-dessous. Le participant qui se laisse tomber doit avoir une pleine confiance en leurs compagnons, sachant qu'ils vont éviter qu'ils touchent le sol, et ceux-ci doivent à leur tour extrême précautions pour que rien ne se passe.

Demandez : Qu'est qui assure à la personne qui se laisse tomber le fait sans avoir de la crainte de tomber au sol ? De la même manière, nous pouvons nous lancer dans le bras de notre Seigneur par la foi, sachant qu'il ne nous abandonnera pas.

Dynamique d'introduction (18 à 23 ans).

• Matériaux : Grand papier ou tableau, crayon ou marqueurs.

• Instructions : Demandez à la classe qu'elle s'imagine qu'elle est à bord d'un avion qui va à Londres. Dans la nuit, on ne peut rien voir à travers les fenêtres. Demandez qu'ils notent dans le tableau les raisons pour lesquelles ils croient qu'ils arriveront en toute sécurité à leur destin.

A la fin, comparez les raisons mentionnées avec lequel nous devons croire que Dieu mènera toujours nos vies à une destination sûre, bien que nous ne puissions pas voir un signal à travers les fenêtres du navire de la vie.

Connecter | Télécharger

Le mémorable épisode de la transfiguration avait déjà passé. La montagne ou la gloire de Dieu a été manifestée restait en arrière, donnant le pas à la vallée de l'aventure. Jésus retournait avec trois de ses disciples, qui l'avaient vu dans toute sa splendeur et maintenant Il se rencontrait les neuf autres au pied de la colline. Ceux-ci étaient un peu frustré, donc un père priait pour la guérison de son fils et ils ne pouvaient atteindre l'objectif que le jeune homme fusse guérir (Matthieu 17:14-21).

La foule des spectateurs se pressait, tandis que l'homme déprimé expliquait comment le jeune homme tombait fréquemment dans un état d'inconscience et de rigidité, tandis que la bouche écumait, il était rigide et convulsé. Le danger a augmenté lorsque cette image est apparue près de l'eau ou du feu.

1. Connaître le Sauveur par la foi

Nous ne savons pas comment le père souffrant savait au sujet de Jésus. Il est possible que quelqu'un l'ait parlé de Lui. Le verset 14 raconte le moment du rencontre, l'instant c'est que la foi de ce père se manifeste. La foule était énorme, c'est trop évident car cela n'empêchait pas que le jeune homme et son compagnon atteindre la même présence du Maître.

Une partie de la mission de Jésus sur la terre était de guérir les malades (Matthieu 8:17).

La conviction en Jésus précède à l'action de la foi. Même si la guérison physique était une priorité dans ce cas, nous ne devons pas oublier que le besoin spirituel est le plus important dans l'être humain. L'action de croire en Jésus, nous repentir de nos péchés et l'accepter comme l'envoyé de Dieu pour réconcilier le monde avec le Père, nous transforme en enfants de Dieu (Jean 1:12). Et si nous devons savoir quelque chose bien claire, c'est que ceci est le plus grand miracle de Jésus. Avec combien de fréquence sommes-nous prêts à partager avec les autres la bonne nouvelle de l'évangile ? Il y a beaucoup de gens qui, sans le savoir, attendent, dans le besoin du Sauveur. Sommes-nous prêts à être les agents que Dieu utilise pour l'extension de son royaume sur cette terre ?

2. Un miracle de Dieu à travers la foi

Sans tenir compte de ce que les autres disent, cet homme se mit à genoux devant Jésus (v. 14) et expose sa nécessité, celle qui était accompagnée d'une plainte contre les disciples, qui n'avaient pas pu résoudre face à sa situation. En fait rien et personne n'avait été capable de guérir le garçon. Un miracle était nécessaire. L'incapacité humaine de résoudre un certain problème est la première condition pour qu'un miracle se produise.

Après une réprimande bien méritée, (v. 17) (qui n'était probablement non seulement adressée à ses disciples, mais aussi à tous ceux qui ne croyaient pas en Lui comme celui qui a été envoyé par Dieu), il a réprimandé l'esprit qui tourmentait le jeune homme et il a été libéré à ce moment-là (v. 18).

Beaucoup de gens sont étonnés de penser que Satan peut contrôler une personne, oubliant que depuis Adam jusqu'à date, Il a le control spirituel de toute la race humaine qui n'a pas reçu à Jésus.

3. La foi est suffisante

Il ne faudrait pas une foi spectaculaire, monumentale ou extraordinaire, seulement on exigeait de la foi. Le Maitre a comparé la foi avec un grain de sénevé, qui est l'un des plus petits, et il a dit que ceci serait suffisant même pour déplacer des montagnes (Matthieu 17:20). Aujourd'hui, certains enseignants et prédicateurs ont considérablement déformé le concept de la foi. On prêche une foi abstraite, une foi qui ne peut pas se définir bien et au nom de cette foi on promet à l'être humain l'accomplissement de tous les désirs de son cœur. Il a créé une sorte de « Empire de la foi », et de manière indirecte on essaie d'induire la foi aux gens a « avoir de la foi ». Dans la mesure que dans nos oreilles les paroles du Seigneur « Ayez foi en Dieu » retentissent à nos oreilles (Marc 11:22).

C'est merveilleux ressentir la présence de Dieu. Depuis au début de l'église du Nazaréen a su expérimenter la joie et la présence du Seigneur. E. A. Girving a noté cet incident : « Un jour, quand certains du groupe de touristes se préparant à quitter Los Angeles et pour rentrer chez eux à l'est, ils parlaient au sujet de leurs expériences. L'un d'eux demandait : – As-tu visité l'église du Nazaréen ? L'autre lui répondit : – Non, nous avons écouté parler d'elle et nous aimerions y aller, mais nous ne pouvons pas faire cela. – Le premier a dit : – Tu devais aller. On ne voit jamais une chose pareille. Les gens chantent et applaudissent et se mettre debout, et ils disent qu'ils ont été sanctifiés. C'est la chose la plus impressionnante que tu n'aies vu jamais ». (Surgit l'église du Nazaréen. Redford, M.E. MNP, EUA : 1988, p. 54).

C'est vraiment merveilleux. Nous souhaitons que cet esprit ne meure jamais, et que nous n'oublions jamais nos racines. Cependant, il y aura des moments où nous ne ressentirons pas la présence de Dieu. C'est alors que nous ne devons pas oublier qu'Il est avec nous, il est temps de confier en ses promesses et fortifier notre conviction en Lui. (Matthieu 28:20). Nous savons quelle serait l'attitude du père si Jésus n'aurait pas guéri son fils, mais nous devrions savoir comment sera la nôtre si les choses ne vont pas comme nous aimerions.

L'attitude de Job démontre une forte conviction en Dieu.

« Alors il a dit : 'Je suis sorti nu du ventre de ma mère, et nu je dois partir. Le Seigneur a donné ; le Seigneur a ôté, que le nom du Seigneur soit bénit !' » (Job 1:21).

Comme les plantes, notre foi a besoin d'être cultivée. Nous avons reçu le don du salut, mais sous aucun concept nous devons négliger (Hébreux 2:3). Les disciplines spirituelles constituent un excellent engrais pour notre foi. La prière, la lecture, l'étude de la Parole de Dieu et les réunions de l'adoration avec d'autres personnes qui l'aiment, ils sont des éléments essentiels dans notre marche quotidienne. Comment est-il possible de passer un jour tout entier sans prier ? Comment puis-je dire que je connais le Seigneur si je ne lis pas et analyser sa Parole ? Comment pourrai-je trouver la personne avec laquelle je partage mes pétitions, mes joies et tristesses si je ne me réunis pas avec les autres que j'aiment et le connaissent aussi ? Comment pourrai-je grandir spirituellement sans aller à l'église ? Définitivement le chrétien n'est pas solitaire.

Nous avons voyagé presque deux milles années en arrière. Aujourd'hui, jusqu'à présent Jésus est prêt à satisfaire les besoins de ceux qui viennent à Lui. Une seule chose est nécessaire, avoir de la foi en Jésus, ce qui implique croire qu'Il a dit qu'il était le Fils de Dieu. Quand nous le connaissons, nous pouvons expérimenter son amour. Ses promesses jamais ont cessé d'être remplies. La marche quotidienne avec le Seigneur nourrit et fortifie notre foi.

Révisez/Application : Prévoyez du temps pour répondre aux questions suivantes.

- Pourquoi les disciples ne pouvaient pas faire le miracle ?
  Pour leur manque de foi.

- Quelle est la première condition pour qu'un miracle se produise ? Quel était l'ingrédient fondamental pour recevoir un miracle ?
  La foi

- Mentionnez trois formes de dévotion à travers laquelle nous nous pouvons cultiver notre foi.
  Prière, méditation sur la parole, jeûne, louange, adoration, etc.

Défi : La foi qui ne sert qu'à me tirer d'affaire n'est pas « la foi en Dieu ». La vraie foi est celle qui, qu'elle me sorte ou non du problème que je vis, continuera d'être là en croyant que Dieu est amour. Examine ta foi et si nécessaire demande au Seigneur de la fortifier. Souligne tous les événements de ta vie qui t'obligent à agir avec foi. Reste à l'écoute et chaque nuit note tes observations. Partage ton expérience avec la classe lors de ta prochaine rencontre.

Je crois en Dieu...

Objectif : Que l'élève comprenne la révélation de Dieu, Père, Fils et Esprit.

Pour mémoriser : *« Je serai pour vous un père, Et vous serez pour moi des fils et des filles, Dit le Seigneur tout puissant »* Corinthiens 6:18.

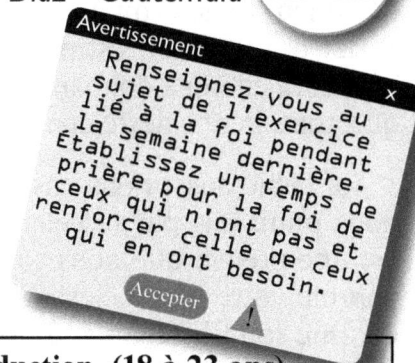

Avertissement

Renseignez-vous au sujet de l'exercice lié à la foi pendant la semaine dernière. Établissez un temps de prière pour la foi de ceux qui n'ont pas et renforcer celle de ceux qui en ont besoin.

Accepter

Connecter | Télécharger

Dynamique d'introduction (12 à 17 ans).

- Matériaux : Des images des acteurs (Superman, Batman, etc.). Si vous n'obtenez pas d'images, écrivez les noms sur le tableau.

- Instructions : Montrez les images ou les noms par écrit et demandez-leur de mentionner les pouvoirs qu'à chacun des super-héros. Puis leur demander qu'ils mentionnent les pouvoirs qu'à Dieu.

  Enfin, expliquez à la classe que les pouvoirs des super-héros ne se comparent pas à la puissance de Dieu. Puisque la puissance des super-héros est imaginaire et la puissance de Dieu est réelle et nous pouvons le voir dans nos vies à travers du Dieu le Père, Jésus-Christ et Le Saint-Esprit.

Dynamique d'introduction (18 à 23 ans).

- Matériaux : Feuilles et crayons.

- Instructions : Demandez aux jeunes qu'ils dressent une liste des qualités que d'après leur critère devrait avoir un père. Demandez aussi qu'ils écrivent ce qu'ils admiraient le plus chez leur père quand ils étaient enfants.

  Dire que Dieu est un père est devenu tellement commun dans notre vie quotidienne que parfois nous oublions la signification de ce que Dieu soit notre Père et nous sommes ses enfants. Mentionnez que la paternité de Dieu transcende être un simple père à être un Père Tout Puissant.

Connecter | Télécharger

Le credo est un bref résumé des croyances fondamentales des premiers chrétiens. Il s'agit d'un effort réalisé par l'église du siècle II pour unifier les critères des croyances chrétiennes. Dans son contenu essentiel, elle avait appartenu à l'âge apostolique, bien que ce ne soit pas l'œuvre des apôtres, il contient les enseignements transmis par eux. La première partie du credo indique comme base les mots « Je crois en Dieu ».

1. Nous croyons en Dieu révélé comme Père

Le credo commence ainsi en disant : « Je crois en Dieu le Père Tout Puissant, Créateur du ciel et de la terre ». David fut le premier qui appela Père a Dieu (Psaume 68:5). Mais dans le Nouveau Testament ou les écrits donnent plus d'attention au fait de que Dieu est notre Père.

Jésus donna un sens spécial à la plénitude de Dieu. Dans le Nouveau Testament on affirma la paternité 170 fois. Cette révélation, celle que Jésus a fait référence (Matthieu 11:27), montrait une révélation unique avec son Père. Abba (Papi) est un mot que Jésus utilisa pour se référer à Dieu (Marc 14:36). Dans les textes juifs, nous ne trouvons pas cette formule comme une invocation à Dieu. Et la raison en est que le terme Abba, appartient au langage de la vie familiale. Il était exclusif des enfants dans le sens d'intimité et respect. Pour les juifs de l'époque de Jésus était un manque de respect se diriger à Dieu avec un terme familial. Mais Christ Lui-même nous laissa voir qu'il voulait que nous arrivions à Dieu avec confiance comme un fils peut parler avec son père. Plus tard, nous le trouvons utilisant par Paul dans Romains 8:15 et Galates 4:6.

En observant le modèle de paternité de Dieu, nous comprenons mieux comment devrait être notre relation avec Lui. La Bible nous demande de nous diriger a Lui comme « Père », non seulement comme Dieu, Roi souverain, Saint ou Juge (Matthieu 6:9). Dieu désire ardemment communiquer avec ses enfants. Matthieu 6:6 nous dit qu'il nous entend et répond à la prière. Il est le type du Père avec lequel nous pouvons parler et même s'il est possible qu'Il ne nous donne pas tout ce que nous lui demandions, le Seigneur répondra en nous donnant ce qu'il sait être le meilleur pour nous (Matthieu 7:7-11). La Bible nous assure que notre Père céleste connait tous nos besoins, (Matthieu 6:8) et Il le va à satisfaire (Philipiens 4:19).

La Bible aussi nous enseigne que Dieu comme Père discipline ses enfants (Hébreux 12:5-10). Il ne nous punit pas par la colère, mais avec une correction affectueuse pour notre bien. Cette correction est une preuve que nous sommes ses enfants réellement (v. 7-8). Demandez : Connaissez-vous Dieu comme votre Père céleste ? Si quelqu'un ne le connait pas ainsi, il doit savoir qu'il est prêt à l'adopter comme son fils (Jean 1:12, Romains 8:15, Galates 3:26).

2. Nous croyons en Dieu révélé comme Fils-Sauveur

Nous ne pouvons pas dire que nous somme chrétiens si nous ne sommes pas convaincus de la divinité de Christ (Matthieu 1:23). Cela veut dire que dans la personne du Christ, Dieu était présent dans la vie de l'être humain habitant parmi nous. « Je crois…en Jésus-Christ, son Fils unique, notre Seigneur ; qui a été conçu par du Saint-Esprit, Il naquit de la Vierge Marie, Il a souffert sous la domination de Ponce Pilate : Il fut crucifié, mort et enterré : le troisième jour, Il ressuscita d'entre les morts : Il monta au ciel, et est assoie a la droite de Dieu le Père Tout Puissant : Et depuis la, viendra la fin du monde pour juger les vivants et les morts… » (Manuel de l'église du Nazaréen 2009-2013 citant 'Le Credo des Apôtres'. Paragraphe 800.1 »).

Jésus-Christ fut la révélation que Dieu a fait de soi-même (Jean 1:1, 14, 18). Jean présentait Jésus comme le « Je suis » sept fois. Cela l'associe à Dieu, car ainsi Dieu a été révélé à Moïse dans l'ancienne alliance, comme le « Je suis » (Exode 3:14). Chaque « Je suis » était absolu (Jean 6:35, 8:12, 10:7, 11, 11:25, 14:6) et chacune de ses affirmations révéla Dieu. Dans chaque déclaration de ce qu'Il était, on rencontre un aspect de Dieu, en même temps que chaque « Je suis » était une expression de ce que l'église devrait être. Les titres du Christ, «Fils de Dieu», qui exprime la nature divine qu'il possédait, et « Fils de l'Homme », qui exprime la nature humaine d'avoir été pris naissance comme tout être humain, établissent fermement sa divinité. Dans le Nouveau Testament, Jésus-Christ fut appelé Seigneur 367 fois. Christ, conscient de sa divinité, il se réfère à soi-même dans beaucoup d'occasions comme Fils de Dieu et Seigneur (Jean 5:25, 9:35-37).

Le Père céleste a donné du témoignage audible de ce que Christ était son Fils ; en association de son baptême dans la rivière du Jourdain (Matthieu 3:17), et dans le Mont de la transfiguration, étant présents trois de ses apôtres (Matthieu 17:5). Dans le Nouveau Testament Jésus-Christ fut appelé Fils de Dieu 110 fois.

Les hommes tuèrent Jésus qu'Il se faisait égal à Dieu (Jean 5:18). Mais, Dieu lui a ressuscité, en l'établissant comme Fils de Dieu (Romains 1:4 ; Éphésiens 1:20-22). En accord avec le Père et le Saint-Esprit, Ils forment la Trinité. Nous trouvons l'évidence biblique de la divinité de Christ dans l'égalité avec le Père, détails miraculeux sur sa naissance, sa vie et l'accomplissement des prophéties.

L'expérience personnelle, le triomphe de l'église, la transformation de millions de personnes à travers l'histoire en vivant victorieusement sur le péché, ceux sont des exemples de la divinité de Christ et l'efficace de son sacrifice.

3. Nous croyons en Dieu révélé comme Esprit Saint

Le Saint-Esprit est la troisième personne de la Trinité, qui vient du Père (Jean 15:26) et le Fils exalté (Jean 16:7 ; Actes 2:33 ; Galates 4:6), étant égal à eux en essence. Son nom se trouve uni avec le Père et le Fils dans la formule baptismale (Matthieu 28:19) et dans la bénédiction de 2 Corinthiens 13:14.

Beaucoup de la doctrine du Saint-Esprit peut se déduire des noms donnés dans les Écritures : Le Saint-Esprit (Luc 11:13) ; le Paraclets : Avocat et Consolateur (Jean 14:16, 26) ; l'Esprit du Christ (Romains 8:9) ; et Esprit de Dieu (Romains 8:14) ; L'Esprit du Dieu vivant (2 Corinthiens 3:3) ; l'Esprit du Fils (Galates 4:6) ; l'Esprit du Seigneur (2 Corinthiens 3:17) ; l'Esprit Saint de la promesse (Éphésiens 1:13) ; l'Esprit glorieux (1 Pierre 4:14) ; l'Esprit de grâce (Hébreux 10:29) et l'Esprit de vérité (Jean 15:26).

Sa première manifestation dans le monde est décrite dans Genèse 1:2 et Job 26:13. Il est l'auteur des Saintes Écritures, poussant, guidant et donnât l'air divin aux écrits (Jean 14:26, 16:12-15 ; Actes 1:16 ; 2 Pierre 1:20-21). Le Saint-Esprit est l'accomplissement de la promesse du Père et du Fils (Luc 24:49 ; Jean 14:16, 26 ; Actes 1:4, 8, 2:33 ; Éphésiens 1:13). Le Saint-Esprit est venu sur les disciples, établissant l'église du jour de la Pencôte (Actes 2) et habitera au milieu d'elle jusqu'à l'apporter a la rencontre de son époux (Apocalypse 22:7-20).

Le Saint-Esprit est aussi l'origine et l'exercice des dons spirituels dans l'église (1 Corinthiens 12:11). L'œuvre du Saint-Esprit commence avec nous avant que nous devenions, cherchant à nous approcher de Dieu. Dans la régénération nous sommes « nés du Saint-Esprit ». Ensuite nous sommes sanctifiés, remplis de l'Esprit (Éphésiens 5:18), et nous sommes guidés par Lui dans notre vie (Romains 8:9, 14-17).

« Je crois en Dieu », ne veut pas dire avoir un concept mental de l'existence d'un Dieu. Croire en Dieu est connaitre personnellement comme Père, comme Fils Jésus-Christ pour le salut et le Saint-Esprit pour la sanctification.

Révisez/Application :

Demandez à vos élèves qu'ils dressent une liste des caractéristiques de Dieu comme Père, Fils et Saint-Esprit (nous incluons un exemple).

PERE	FILS	SAINT-ESPRIT
M'adopte comme fils.	Est Dieu.	Consolateur.
Je peux m'approcher pour demander du secours.	Est 100% homme et 100% Dieu.	Guide.
Me punit en amour.	Mourut volontairement pour mes péchés.	Sanctificateur.
Est toujours avec moi.	Son sacrifice me donne la victoire sur le péché.	Intercède pour moi.

Défi :

Fais un sondage pendant la semaine auprès de cinq personnes. Demande-leur ce que cela signifie :

- Croire en Dieu.
- Croire que Dieu est ton Père.
- Croire que Jésus est Dieu.
- Croire que le Saint-Esprit travaille dans ta vie.

Cela te donnera l'occasion de clarifier ton concept de Croire en Dieu dans la vie du répondant et, mieux encore, cela te donnera l'occasion de témoigner de ce que Croire en Dieu signifie dans ta vie.

En quoi croyons-nous?

Objectif : Que l'élève identifie et comprenne les bases bibliques en ce qui concerne nos croyances.

Pour mémoriser : « *Simon Pierre répondit : Tu es le Christ, le Fils du Dieu vivant* » Matthieu 16:16.

Avertissement

Demandez aux volontaires de dire comment a été le travail d'enquête. Prévoyez un temps pour le dialogue et demandez qu'il affirme les concepts traités.

Accepter

Connecter Télécharger

Dynamique d'introduction (12 à 17 ans).

- Matériaux : Monnaies et billets, bijoux, cellulaires (on peut les collecter entre les participants). Boutures des magazines de choses que les gens aspirent aujourd'hui avoir comme voitures, maisons, etc. Papier et crayon.

- Instructions : Ordonnez que tous s'arrangent en forme de cercle et dans le centre qu'ils placent les choses trouvées et les fractionnes des journaux. Donnez à chaque personne du papier et un crayon et demandez-leur d'écrire ce qu'ils aimeraient avoir. Observez la façon dont chacun réagit et comment ils se comportent à l'exposition des critères sur ce qu'ils ont vu. A la fin, qu'ils dialoguent sur ce qu'ils aiment ou non et pourquoi. Établissez le dialogue et prenez des notes sur les réactions. Réfléchissez au sujet de la façon dont nous évaluons les choses en nous aidant à comprendre le monde et comment cette valeur nous aide à définir notre manière d'être, penser, croire et défendre ce que nous croyons.

Dynamique d'introduction (18 à 23 ans).

- Matériaux : Un billet de haute dénomination et deux autres, l'un de moitié et l'autre de faible dénomination. Un diplôme ou un modèle encadré de diplôme, une coupe d'une voiture moderne de marque reconnue, une photo de magazine avec une famille, une photo d'un groupe musical célèbre ou d'un acteur ou d'une actrice, tableau et marqueur.

- Instructions : Encouragez le groupe à participer en pensant aux choses qui attirent le plus l'attention et pourquoi ces choses devraient recevoir l'importance ou non. Permettez que quelques-uns expliquent ce qu'ils choisissent et pourquoi.

  Terminez en parlant de la façon dont chaque personne donne de la valeur ou du sens aux choses et comment ces valeurs affectent la façon d'être des gens aujourd'hui.

Connecter Télécharger

Les bonnes choses qui nous aident à vivre une vie meilleure et qui sont importantes, nous les avons apprises comme une partie d'un héritage ou d'un don, en d'autres termes, comme un cadeau gratuit de membres plus âgés de notre famille, amis, pasteurs, frères et sœurs de l'église. Ce patrimoine fait de nous ce que nous sommes et tout ce que nous sommes et pensons guidera nos actions, nos décisions, notre comportement et notre personnalité.

En tant que chrétiens, nos actions sont déterminées par la façon dont nous comprenons, croyons et nous acceptons les vérités écrites dans la Bible. Ces vérités guident notre façon d'être, notre comportement et la façon dont nous devons répondre en ce moment aux questions que la société fait et qu'ils ne sont pas d'accord aux valeurs et commandements de Dieu. Pour cela, une partie importante est de connaitre les credo que nous avons, nous les chrétiens. Qu'est-ce qu'un credo ? « C'est un ensemble de doctrines communes à une communauté ou la phrase dans laquelle sont contenus les principaux articles de la foi enseignés par les apôtres » (Dictionnaire de l'Académie Royale Espagnole en ligne [Consulté le 13/5/11]).

Quand nous partageons notre foi, l'église et nos valeurs chrétiennes, nous partageons une partie de notre credo.

1. L'église du Christ et la communion des saints

C'est intéressant que le terme grec ekklesía : « ...se traduit 'église' dans 112 de ses 115 utilisations dans le Nouveau Testament. Les exceptions son Actes 19:32, 38, 41 – l'histoire de l'assemblée des arts appelées par Démétrius à Ephèse... A ces exceptions (Actes 7:38 et Hébreux 2:12), l'ekklesía est réservée exclusivement dans le Nouveau Testament pour les disciples du Seigneur Jésus-Christ, vu collectivement, que ce soit comme un corps local de croyants ou comme l'assemblée des croyants de tous parts » (Dictionnaire Théologique Beacon. MNP, EUA : 1995, p. 345).

Pierre, l'un des disciples de Jésus affirmait que Jésus était « ...le Christ, le Fils du Dieu vivant » (Matthieu 16:16) et une affirmation de telle nature seulement pouvait être exprimée par quelqu'un qui avait cru réellement. Pierre a dit quelque chose en relation à l'église qui étonnait aux autres et permettait que de bouche de Jésus cette parole ait été déclarée : « Tu es heureux, Simon, fils de Jonas ; car ce ne sont pas la chair et le sang qui t'ont révélé cela, mais c'est mon Père qui est dans les cieux. Et moi, je te dis que tu es Pierre, et que sur cette pierre je bâtirai mon Église, et que les portes du séjour des morts ne prévaudront point contre elle » (Matthieu 16:17-18). Avec cela, Jésus établissait les bases de l'église. Sur cette affirmation merveilleuse de Pierre « ...le Christ, le Fils du Dieu vivant » serait fondée l'église.

Il est important que nous-mêmes, également que Pierre nous puissions affirmer notre croyance avec certitude qui dévoile qui es Dieu pour nous, qui est Jésus, qu'est-ce que l'église et notre base doctrinale.

Le credo des Apôtres affirmait les vérités qui ont été prises de la Bible et peuvent se comprendre comme vérités absolues. « Je crois en l'église », une église avec des croyances bibliques qui nous identifient et nous retiennent attachés (Jean 17:21). Etant tous « ... un corps et un Esprit, comme on t'appelait aussi dans une même espérance de votre vocation ; un seul Seigneur, une seule foi, un seul baptême, un seul Dieu et Père de tous, lequel est sur tous, et pour tous » (Éphésiens 4:4-6).

La base de nos valeurs en tant qu'église est déterminée par notre foi et nos convictions acquises à travers une relation avec Dieu et sa Parole. Et ces convictions doivent être claires pour pourvoir les partager avec les autres personnes. L'église est, « nation sainte, peuple acquis par Dieu » (1 Pierre 2:9) et ses membres sont appelés « saints » (Actes 9:13 ; 1 Corinthiens 6:1, 16:1) et Jésus-Christ est le Seigneur de l'église qui donne le pardon des péchés et la réconciliation a tout le monde.

D'autre part, nous croyons aussi dans la communion des saints. Qui signifie la communion des saints ? Communion c'est participer dans quelque chose en commun. C'est partager de ce qui répondent à l'invitation de Dieu dans la foi et ceux qui ont les même croyances (Éphésiens 4:4-6 ; 1 Jean 1:3, 6-7). Ayant été pardonnés et réconciliés avec Christ, nous pardonnons et nous sommes réconciliés les uns les autres. En ayant la communion entre nous et Partager du temps ensemble, des croyances et des ministères, nous devenons l'église et le corps du Christ et nous révélons l'unité de ce corps.

2. La résurrection du corps et la vie éternelle

Beaucoup de religions qui ont maintenant acquis la renommée mentionnent l'éternité comme principe ou valeur entre leurs croyances, mais, ni l'un des leaders de leurs groupes, sectes ou religions, a ressuscité ni vit comme Jésus (1 Corinthiens 15:3-4).

Le Credo des Apôtres, comme les autres crédos de l'église chrétienne, déclare et répète l'enseignement de ce que les morts ressusciteront. L'apôtre Paul encouragea l'église de Thessalonique en les rappelant que finalement les morts en Christ ressusciteront et nous qui sommes vivants nous serons enlevés avec le Seigneur (1 Thessaloniciens 4:16-17). Seulement Christ fut ressuscité d'entre les morts, il est vivant. La base de notre foi chrétienne est dans le fait historique de la résurrection du Christ, si nous supprimions cette fondation, il n'y aurait pas de foi chrétienne (Romains 5:21). La résurrection est la vie au-delà de la tombe et la mort en direction de l'éternel (Romains 2:5-11). La Bible déclarait la victoire finale sur la mort (1 Corinthiens 15:16-22) et la promesse sincère d'une vie éternelle (Tite 1:2, 3:7 ; 1 Jean 2:25, 5:11).

Quand nous parlons d'éternel, nous parlons d'une vie qui n'a pas de fin, qui ne terminera jamais. Cette éternité sera quelque chose de merveilleux pour ceux qui meurent en Christ parce qu'ils seront toujours en sa présence avec une joie éternelle (Romains 6:22-23). Dans le contraire, ceux qui meurent sans Christ auront une éternité de douleur et de la souffrance (Matthieu 25:46).

Le Credo apostolique et sa base biblique

Je crois en Dieu (Deutéronome 6:4 ; Marc 12:29) Père Tout Puissant (Genèse 17:1 ; Ruth 1:20 ; 2 Corinthiens 6:18), Créateur du ciel et de la terre (Genèse 1:1 ; 14:19 ; Esaïe 43:15). Et en Jésus-Christ (Matthieu 1:21 ; Jean 1:1-3 ; Actes 2:38), son Fils unique (Marc 1:1 ; Jean 3:16 ; 17:3), notre Seigneur (Actes 2:36 ; Romains 16:20, 24) ; qui fut conçu par le Saint-Esprit (Matthieu 1:20 ; Luc 1:35), naquit de la vierge Marie (Matthieu 1:22-23 ; Luc 1:27), souffrait sous la gouvernance de Ponce Pilate (Matthieu 27:22-24 ; Jean 19:1-2) ; Il fut crucifié (Matthieu 7:26, 35 ; Jean 19:16-20), mort et fut enterré (Luc 23:53) ; le troisième jours il ressuscita d'entre les morts (Romains 10:9 ; 1 Corinthiens 15:3-4), Il monta au ciel, et Il est à droite de Dieu le Père Tout Puissant (Marc 16:19). Et depuis la, Il viendra dans la fin du monde pour juger les vivants et les morts (Matthieu 25:31-32 ; Actes 10:42).

Je crois dans le Saint-Esprit (Romains 5:5 ; Ephésiens 1:13, 4:30), la sainteté (Ephésiens 1:1, 5:25-27) Église (Jean 17:21 ; Ephésiens 4:4-5) Universel (Matthieu 8:11), la communion des saints (Apocalypse 7:9), le pardon des péchés (1 Jean 1:9), la résurrection du corps (Romains 8:11) et la vie éternelle (Apocalypse 22:5).

Révisez/Application :

Demandez-les de répondre la question suivante :

Pourquoi est-il important de connaitre et mémoriser la croyance ?
Parce qu'elle est la base de notre foi, et nous aidera à défendre nos croyances.

Puis demandez-leur de mémoriser le credo et écrivez-le.

Je crois en Dieu, Père Tout Puissant, Créateur du ciel et de la terre.

Et en Jésus-Christ, son Fils unique, notre Seigneur ; qui fut conçu par le Saint-Esprit, naquit de la vierge Marie, souffrait sous la gouvernance de Ponce Pilate ; Il fut crucifié, mort et fut enterré ; le troisième jour il ressuscita d'entre les morts, Il monta au ciel, et Il est à droite de Dieu le Père Tout Puissant. Et depuis la, Il viendra dans la fin du monde pour juger les vivants et les morts.

Je crois dans le Saint-Esprit, la sainteté, Église Universelle, la communion des saints, le pardon des péchés, la résurrection du corps et la vie éternelle.

Version prise du Manuel de l'Église du Nazaréen (800.1)

Défi : Augustin a dit : « La compréhension est la récompense de la foi. Ne cherche donc pas à comprendre pour croire, mais il faut croire pour comprendre ». Cette semaine, répète le credo tous les jours. Tu peux le faire avant de prier. Cela t'aidera à affirmer ta foi et à te rappeler pourquoi tu es chrétien. Si tu le peux, partage-le avec quelqu'un.

Le Baptême

Objectif : Que l'élève connaisse en quoi consiste le sacrement du baptême et ce qu'il signifie pour le croyant.

Pour mémoriser : « *Et maintenant, que tardes-tu ? Lève-toi, sois baptisé, et lavé de tes péchés, en invoquant le nom du Seigneur* » Actes 22:16.

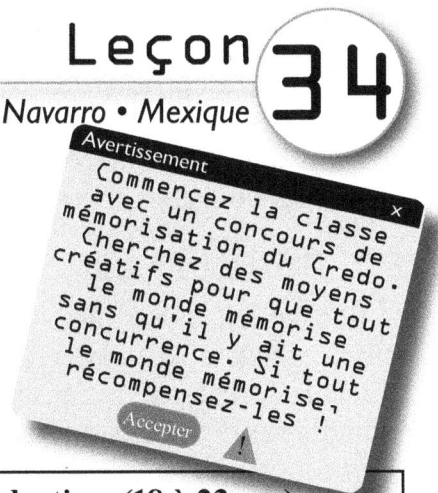

Avertissement

Commencez la classe avec un concours de mémorisation du Credo. Cherchez des moyens créatifs pour que tout le monde mémorise sans qu'il y ait une concurrence. Si tout le monde mémorise, récompensez-les !

Accepter

Connecter / Télécharger

Dynamique d'introduction (12 à 17 ans).

- Matériaux : Une poupée, eau dans un récipient moyen, (où vous pouvez immerger la poupée), serviettes ou torchons.

- Instructions : Demandez à quelques volontaires qu'ils donnent des exemples avec la poupée démontrant les trois modalités de baptême connues, immersion, aspersion et effusion, en utilisant la poupée et le récipient avec de l'eau. Si la classe ne connaît pas les formes, vous donnerez l'exemple avec la poupée en expliquant chacune d'elles.

Dynamique d'introduction (18 à 23 ans).

- Matériaux : Copies du Manuel de l'Église du Nazaréen 2009-2013, pp. 206-209 du paragraphe 800.1 pour chaque élève ou écrit dans un lieu visible. Vous pouvez télécharger une copie gratis du Manuel dans : http://cnpeditorial.com/recoursos.htm

- Instructions : Prévoyez du temps qu'ils répondent les questions suivantes sur le baptême de paragraphe du Manuel, puis en discuter avec la classe. Nous incluons des exemples de réponses. Ce qu'on cherche est un moment de réflexion autour du thème.

1. Lorsqu'on se demande au paragraphe 800.1 (p. 206) « Veux-tu être baptisé dans cette foi ? », A quelle foi réfère-t-il ? R. A la foi chrétienne il inclue : Croire en Dieu, Père Tout Puissant, Créateur du ciel et de la terre. Et en Jésus-Christ, son Fils unique, notre Seigneur ; qui fut conçu par le Saint-Esprit, la sainteté, Église Universelle, la communion des saints, le pardon des péchés, la résurrection du corps et la vie éternelle.

2. Si on demandait déjà à celui qui allait être baptisé s'il veut le faire dans cette foi, pourquoi on se le demande-t-il s'il a accepté Jésus-Christ comme son Sauveur et en témoignage de cela, il sera baptisé.

3. Le paragraphe 800.2 parle du baptême des nourrissons ou des nouveau-nés, qu'en penses-tu? (réponse libre).

Connecter / Télécharger

1. Origine du baptême

Demandez-leur de lire : Matthieu 3:1-2, 5-6, 11-17 ; Actes 2:37-41. S'ils peuvent le faire dans des meilleures versions différentes.

« Nous parlons de plusieurs rituels comme les origines du baptême. Parmi eux sont les lavements cérémoniels juifs, les rites de la purification du Qumram, le baptême des prosélytes et le baptême de Jean, étant ce dernier l'origine le plus probable » (Nouveau Dictionnaire Biblique Certeza, Douglas,

J. Sociétés Bibliques Unies, 2000, Miami, Compubiblia). Malgré cela était en essence, et selon le même Jean Baptiste, un baptême de repentance (Matthieu 3:11 ; Marc 1:4) servait à la fois de préparation pour recevoir Jésus, lui qui baptisera avec le Saint-Esprit et avec le feu (Matthieu 3:11).

Dans le premier discours, Pierre lui disait a la foule qu'il se repentît et se baptisait (Actes 2:38). Les nouveaux convertis furent baptisés (Actes 2:38, 41, 8:12, 16:15, 33).

2. Modalités du baptême

Immersion. C'est la forme de baptême la plus connue entre les chrétiens évangéliques. Cela est submerger le corps entier de la personne à baptiser dans un baptismal ou un baptistère, dans les eaux d'une rivière ou d'une piscine. Pour l'église du Nazaréen, cela est l'une des trois formes à travers laquelle on peut se baptiser. Mais il y a des églises chrétiennes qui considèrent seulement le baptême par immersion.

Aspersion. Cette forme de baptême est faite en arrosant le visage ou la tête de ceux qui vont à être baptisés. On croit que dans l'église primitive, on a pratiqué ce type de baptême (Actes 2:41), au moment de la prédication de Jean, ils se baptisèrent 3 mil personnes, et selon Olshausen, « difficilement on aurait le temps pour le baptême d'immersion et non plus il y aurait de l'eau pour le réaliser », (Commentaire Exégétique et Explicatif de la Bible, Tome II, CBP, Colombie : 1998 p. 240).

Affusion. Le baptême par affusion est fait en renversant de l'eau sur la tête ou le corps de la personne. L'église Catholique Romaine pratique ce type de baptême naturellement en renversant de l'eau trois fois sur la tête du candidat. Demandez : Est-ce-que tu préfères quelque modalité de baptême ? Pourquoi ?

3. Le baptême comme sacrement et moyen de grâce

Dans Matthieu 28:19, Jésus-Christ a ordonné à ses disciples de faire des disciples et de les baptiser au nom du Père, du Fils et du Saint-Esprit. Nous les chrétiens, nous nous baptisons parce que nous obéissons à Jésus.

Tertullien a utilisé le mot sacrement pour le baptême compte tenu du contexte juridique romain du terme, car pour lui, c'est une alliance entre Dieu et celui qui est baptisé. « Théologiquement, le terme signifie un signal externe et visible d'une grâce interne et spirituelle qu'on nous donne, ordonnée par Christ… » (Dictionnaire Théologique Beacon. MNP, EUA : 1995, p. 611).

Dans son sermon 16, sur les moyens de grâces, Jean Wesley a dit : « Par les moyens de grâce j'entends les signales externes, paroles ou actions, ordonnées par Dieu pour cet objectif, pour être les Canales ordinaires par lesquels Il peut communiquer a l'homme la grâce résistible, justificatrice et sanctificatrice » (http://new.gbgm-umc.org/umhistory/wesley/sermons/16/). C'est-à-dire, sont des actions d'adoration, institués par Christ, qui sont célébrés par l'église chrétienne.

4. Ce que croient les Nazaréens

L'article de Foi XII de l'église du Nazaréen dit : « Nous croyons que le baptême chrétien ordonné par notre Seigneur, est un sacrement qui signifie l'acceptation des bénéfices d'expiation de Jésus-Christ, cela doit être administré aux croyants, et cela déclare sa foi en Jésus-Christ comme son Sauveur et son plein but de l'obéissance à la sainteté et à la justice. Le baptême étant un symbole de la nouvelle alliance, il peut être baptisé aux enfants, à la demande de leurs parents ou tuteurs, qui promettront l'éducation chrétienne nécessaire. Le baptême peut être administré par aspersion, effusion ou immersion, selon la préférence du candidat. (Matthieu 3:1-7, 28:16-20 ; Actes 2:37-41, 8:35-39, 10:44-48, 16:29-34, 19:1-6 ; Romains 6:3-4 ; Galates 3:26-28 ; Colossiens 2:12 ; 1 Pierre 3:18-22) » (Manuel de l'église du Nazaréen, 2009-2013, p. 32).

Révisez/Application :

Demandez qu'ils répondent les questions suivantes individuellement et discutez-en avec le groupe. (Les réponses peuvent varier mais, ils devraient exprimer les concepts étudiés dans la leçon).

1. Est-il nécessaire d'accepter Jésus comme Sauveur personnel avant d'être baptisé ? Pourquoi ?
   Oui, parce que le baptême est une acceptation publique de la foi en christ, (un signe de la nouvelle alliance).

2. Qu'arrive-t-il aux bébés baptisés à l'église et qui ne sont pas conscients de ce qu'ils sont en train de faire ?
   Pour les bébés, le baptême signifie l'acceptation de la grâce résistible en Christ et donne comme résultat les bénéfices de l'expiation de Christ. Les parents donnent du témoignage de leur foi en baptisant leurs enfants et compromettent de guider à marcher ver cette foi chrétienne.

3. En tant que Nazaréens, croyons-nous que le baptême enlève le péché originel de la personne ?
   Non, c'est une croyance de l'Église catholique Romaine.

4. Crois-tu que le baptême doit se réaliser d'une forme spécifique (immersion, aspersion, effusion) ? Pourquoi ?
   L'église ne préfère pas une modalité à autre, mais, le candidat peut choisir. Laissez qu'ils expriment leurs raisons pour cela.

Défi :

As-tu déjà été baptisé ? Si tu l'as déjà fait, fais une liste des raisons pour lesquelles tu encouragerais tes amis à se faire baptiser s'ils ne l'ont pas encore fait. Si tu n'as pas été baptisé, voudrais-tu le faire ? Discutes-en avec ton enseignant de l'école du dimanche ou ton pasteur pendant la semaine.

Venez et célébrez !

Helen Andújar • Porto Rico

Objectif : Que le jeune comprenne la signification biblique du sacrement de la Sainte Cène et sa responsabilité lors de la participation celui-ci.

Pour mémoriser : « *Car, je vous le dis, je ne boirai plus désormais du fruit de la vigne, jusqu'à ce que le royaume de Dieu soit venu* » Luc 22:18.

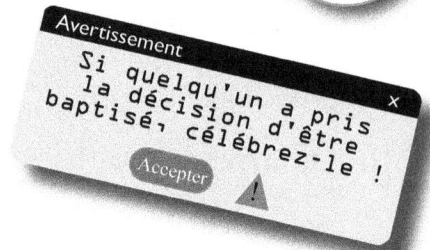

Avertissement

Si quelqu'un a pris la décision d'être baptisé, célébrez-le !

Accepter

Connecter | Télécharger

Dynamique d'introduction (12 à 17 ans).

- Matériaux : Crayon et feuilles qui contiennent les trois colonnes avec les questions correspondantes.
- Instructions : Donnez une feuille à chaque étudiant qui contient les trois colonnes et dans chaque colonne, une question : La première, qu'est-ce que je comprends par Sainte Cène ? Et la deuxième, qu'est-ce que je ne sais pas à propos de la Sainte Cène ? A la fin de la classe, demandez qu'ils contestent la troisième question, qu'ai-je apprise de la Sainte Cène ?

Ce que je sais	Ce que je veux apprendre	Ce que j'ai appris
Qu'est-ce que je ne sais pas de la Sainte Cène ?	*Qu'est-ce que je ne sais pas de la Sainte Cène ?*	*Qu'est-ce que j'ai appris de la Sainte Cène ?*

Dynamique d'introduction (18 à 23 ans).

- Matériaux : Une grande feuille de papier et un marqueur.
- Instructions : Dans le centre du papier, écrivez les mots, Sainte Cène. Permettez aux élèves d'écrire ce qu'ils savent de la Sainte Cène.

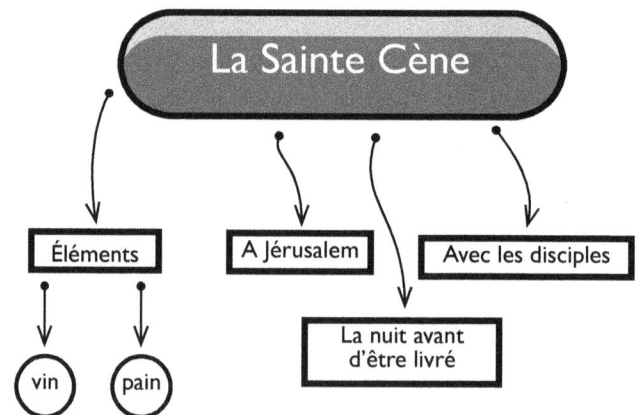

```
                 La Sainte Cène

   Éléments      A Jérusalem     Avec les disciples

                      La nuit avant
   vin   pain        d'être livré
```

Connecter | Télécharger

La Sainte-Cène représente le rappel et la proclamation de la libération des croyants du joug de péché à travers l'œuvre rédemptrice du Christ sur la croix. Le problème se pose lorsque nous participons à elle sans être préparés ou nous n'apprécions pas sa signification avec révérence.

Le pain et le vin ont été mentionnés pour la première fois dans l'Ancien Testament quand Abram a rencontré avec Melchisédech à Salem. Le roi Melchisédech apporta du pain et du vin et déclara une bénédiction spéciale pour Abram. « Melchisédech, roi de Salem, fit apporter du pain et du vin : il était sacrificateur du Dieu Très Haut. Il bénit Abram, et dit : Béni soit Abram par le Dieu Très Haut, maître du ciel et de la terre » (Genèse 14:18-19).

En tant que prêtre du Dieu Très-Haut, il a béni Abram. De la même manière, les croyants sont bénis par le Christ ressuscité, Lui qui a toute autorité du Père, pour nous bénis.

1. Le concept de la Sainte Cène

La première pâque, l'une des célébrations instituée par Dieu, elle fut célébrée en Egypte lors de la dernière plaie dans laquelle le peuple hébreu a été libéré de leur servitude. Dieu les a protégés de la peste de la mort en leur ordonnant qu'ils aient tué un agneau sans défauts et qu'ils ont mis le sang dans les cadres des portes de chaque maison. De cette façon, l'ange de Jéhovah passerait sans tuer le premier-né des Hébreux. Alors Dieu leur a ordonné de se souvenir chaque année de cet événement qui représentait la libération de l'esclavage. Chaque année, le peuple de Dieu célèbre cette fête la (Exode 12:1-30).

La mort du Christ fut la fin de l'ancienne pâque qu'il se souvenait de l'évènement en Egypte. Jésus est venu pour être le dernier Agneau pascal. Son sang versé à la croix libère le pécheur de l'esclavage du péché. De cette façon, une nouvelle alliance a été faite qui a été scellée avec l'effusion du sang du Christ sur la croix. Cette nouvelle alliance donne au croyant le salut et la vie éternelle.

Jésus mangeait la cène traditionnelle de la pâque avec ses disciples dans la nuit avant d'être livré (Matthieu 26:26-29).

2. La signification du pain et du vin

Le pain signifie le corps du Christ qui fut écrasé et brisé pour nos péchés, pour que nous puissions obtenir le pardon, la réconciliation avec le Père et la vie éternelle.

Le sang signifie une nouvelle alliance. Sans l'effusion du sang il ne pouvait pas avoir réconciliation entre Dieu et les êtres humains. Christ a payé le prix en s'offrant par amour comme notre Sauveur, il a versé son sang, il s'est offert en sacrifice vivant comme un agneau, pour nous rançonner devant le Père céleste. Il l'a fait par amour et pour tous les hommes.

Après avoir lu 1 Corinthiens 11:23-29, permettez que les élèves définissent alliance est ses caractéristiques. « Alliance dans le langage biblique est un accord ... Cet accord ou contrat est initié par Dieu, les termes aussi spécifiés par Lui. L'homme arrive à participer en accord par la propre volonté. Dans l'alliance, Dieu promet accomplir certains aspects et promet certaines bénédictions sous les conditions morales spécifiques » (Dictionnaire Théologique Beacon. MNP, EUA : 1995, p. 467). Le sang de Christ a scellé une nouvelle alliance. Cette alliance n'était pas entre deux personnes humaines, mais entre Dieu et l'être humain. William Barclay dit que cette alliance était : « Une nouvelle relation entre Dieu et l'humanité ». (Commentaire du Nouveau Testament, Barclay William. Clie, Espagne : 1999, p. 182).

Dans les temps anciens, l'homme ne pouvait s'approcher de Dieu que par les prêtres. Ils ont fait le sacrifice pour les pécheurs. Aujourd'hui nous pouvons tous, sans exception, nous approcher au trône de la grâce pour parler avec Dieu par le moyen de Jésus qui intercède pour nous devant le Père. Ceci est possible, parce-que la mort du Christ à la croix nous permet de faire partie de cette nouvelle alliance.

3. Le rappel de la Sainte Cène

En participant au Repas du Seigneur, nous annonçons sa mort jusqu'à ce qu'Il revienne. Jésus même l'a dit dans sa Parole, que nous le faisions en mémoire de Lui. C'est à dire que chaque fois que nous participons, nous remercions son sacrifice, nous nous rappelons ce qu'il a fait pour nous a la croix par amour et nous annoncions sa seconde venue (1 Corinthiens 11:26).

Cependant, dans 1 Corinthiens 11:27-34 l'apôtre Paul nous a avertis sur le fait de prendre la Cène indignement. L'apôtre a dit que prendre la Cène indignement, c'est le prendre en sachant que j'ai des péchés dans mon cœur pour lesquels je ne me repens pas encore. Pour éviter cela, que chacun s'examine soi-même (v. 28) et s'auto-analyse (v. 31). Recommandations lors de la participation à la Sainte Cène :

1. Nous devons aller avec la révérence et l'attitude de respect. C'était le sang de Christ qui a été versé pour nous.

2. Nous devons nous examiner, pour savoir si nous avions commis quelques péchés. Rappelons-nous bien qu'Il est mort pour nos péchés et si nous nous repentons, il nous pardonne et il n'y a rien qui nous empêche de participer.

3. Nous devons participer, nous qui croyons en Jésus comme et lui avions reçu comme Sauveur personnel. Toujours, avant la communion, l'opportunité de la repentance devrait être donnée en se souvenant que le Christ est mort pour nos péchés.

4. Nous devons attendre les uns les autres. Puisque nous sommes un seul corps unis, par la foi, la Cène du Seigneur doit être un acte d'unité.

Nous sommes tous invités à ce grand banquet. Rappelez-vous, nous devrions tous être présent à l'église quand on annonce la célébration de la Sainte Cène. Nous sommes les invités spéciaux du Seigneur.

Révisez/Application :

Accordez du temps pour répondre aux questions suivantes et ensuite leur demander de partager leurs réponses avec la classe.

- Qui sont ceux qui peuvent participer dans la Sainte Cène ?
  Tous ceux qui ont été sauvés à travers Jésus-Christ.

- Que signifient les éléments de la Sainte Cène ?
  Le pain symbolise le corps de Christ et le vin représente le sang versé sur la croix.

- Que nous rappel la Cène du Seigneur ?
  Que Jésus est mort dans notre place pour nos péchés et Il reviendra une deuxième fois.

- Quelle attitude doit avoir ceux qui participent à la Sainte-Cène ?
  Attitude de repentance. Il ne doit pas y avoir de péché dans la personne qui participe à la Sainte Cène et s'il y avait cela, il devrait prendre du temps pour le confesser, se repentir et demander du pardon.

Défi : Cette semaine, réfléchis à tous les aspects de ta vie et examine-toi pour voir si tu es prêt pour la prochaine célébration de la Cène du Seigneur dans ton église.

Réforme protestante I

Objectif : Que l'élève comprenne comment le Saint-Esprit guide à travers la connaissance de la Parole de Dieu pour trouver le vrai chemin à Dieu.

Pour mémoriser : *« Car il y a un seul Dieu, et aussi un seul médiateur entre Dieu et les hommes, Jésus Christ - homme »* 1 Timothée 2:5.

Avertissement

Quand la classe commence, vous pouvez leur demander s'ils sont prêts à prendre la Sainte Cène et les faire penser au privilège que Jésus nous donne en nous invitant à sa table.

Accepter

Connecter | Télécharger

Dynamique d'introduction (12 à 17 ans).

- Matériaux : Objets et des vêtements détériorés (téléphones, jouets, articles de bureau, appareils, vêtements, montres, chaussures, etc.).

- Instructions : Placez les objets et les vêtements sur une table. Quand les étudiants arrivent dans la salle de classe, demandez-les qu'ils observent les objets et vêtements qui sont sur la table. Demande-les quelle serait important de faire pour réparer et/ou transformer ce qui est détérioré.

Dynamique d'introduction (18 à 23 ans).

- Matériaux : Un tableau, un marqueur ou craie.

- Instructions : Divisez le tableau en deux parties, en faisant une ligne droite au milieu. D'un côté, écrivez le titre « Les réformes nécessaires à l'église locale » et d'autre part « Pourquoi elles sont nécessaires ». Demandez à la classe de méditer pour un moment dans certaines réformes qu'elle considère nécessaires à l'église et les écrire au tableau. Puis demandez-les d'expliquer pourquoi les réformes référées sont importantes. Postérieurement, faite référence à l'importance de l'auto-évaluation de l'église pour réaliser les réformes pertinentes.

Connecter | Télécharger

D'accord avec académie Royale Espagnole, reformer, c'est modifier une chose avec l'intention de l'améliorer. Précisément c'est ce que Matin Luther a cherché en essayant de transformer la doctrine et la forme de vie de l'Église Catholique Romaine en 1517.

1. Antécédents et contexte historique de la Réforme

L'Allemagne vivait l'une des périodes les plus critiques dans son histoire durant le XVI siècle, spécialement par les impositions de l'église Catholique Romaine en doctrine, administration de la propriété et dans les affaires légales. L'un des points critiques était l'exclusivité qui exigeait l'Église Catholique Romaine sur la succession apostolique, c'est-à-dire, ils se considèrent comme unique autorité religieuse sur n'importe quelle église existante, déjà qu'ils ont tenu le support de l'unique ascendance du pape en ligne directe avec l'apôtre Pierre. D'accord avec leurs propres critères, ils sont devenus la véritable autorité pour interpréter et établir la doctrine par le moyen de la révélation exclusive du Pape. Personne ne pouvait questionner son critère et interprétation des Écritures Sacrées depuis qu'il était infaillible dans l'interprétation d'entre elles.

L'église affirmait que les prêtres étaient l'unique intermédiaire entre Dieu et les hommes. Mais, le point critique était la vente d'indulgences comme un moyen de collecter des fonds pour la construction de la Basilique de Saint Pierre à Rome. Les indulgences étaient un document par le moyen duquel l'Église Catholique a offert pour débarrasser l'âme de l'acheteur, de passer par le purgatoire (dans la doctrine catholique, c'est l'état de ceux, ayant été mort dans la grâce de Dieu, ils ont besoin de se purifier jusqu'à présent pour atteindre la gloire) et les réduire la peine pour le pardon des péchés.

L'Apôtre Pierre reconnaissait l'existence des faux prophètes et les faux docteurs et il a avertis l'église sur le danger de les écouter (2 Pierre 2:1-2). Jésus même a reconnu son existence (Matthieu 7:15).

2. L'expérience personnelle de Luther

Dieu a toujours utilisé des gens pieux et sensibles à sa voix à travers les Écritures, intéressées à connaître sa volonté et à y obéir par-dessus de la volonté et l'interprétation humaine. La Parole de Dieu affirme que le Saint-Esprit guide aux êtres humains à toute vérité (Jean 16:13).

Martin Luther était un prêtre catholique de l'ordre religieux des Augustins qui, dès son plus jeune âge, il ressentait la passion pour l'étude de la Parole de Dieu.

Luther était un étudiant fidèle en ce qui concerne la Parole et dans un instant il se transformait en un savant biblique. Il a reçu un doctorat universitaire et il était professeur à l'Université de Wittenberg. Il a consacré une grande partie de son temps à l'étude des doctrines médiévales de l'Église Catholique Romaine. Son fondement d'étude était toujours la Parole de Dieu. Dans un coup d'œil, sous la domination du Saint-Esprit, il avait découvert que les doctrines qu'il avait apprises ne basaient sur l'appui de la Parole de Dieu. C'était alors qu'il commençait à prêcher, questionner et rejeter les doctrines de l'Église Catholique, spécialement, la vente des indulgences.

Le 31 octobre 1517, il a envoyé une lettre à l'archevêque de Mayence et Magdeburg pour protester contre la vente des indulgences déjà qu'il avait découvert par le moyen de la Parole de Dieu que le salut s'obtient seulement par le moyen du Christ et non par l'achat des indulgences. On affirme que la même date-là ou Luther envoyait cette lettre, Il clouait également une copie de ses 95 thèses sur les portes de l'église du château de Wittenberg.

3. Une proposition de dialogue de la Bible

Dès son plus jeune âge, Luther ressentit le grand besoin dans son cœur de trouver le pardon, la paix et le salut de son âme. Ce désir le conduisit à devenir un moine augustin en 1505. Pendant tout son séjour dans le monastère et dans l'université, il chercha le pardon de Dieu avec ferveur mais il ne l'a pas trouvé en dépit d'être un moine exemplaire dans l'accomplissement de ses tâches et pratiques religieuses imposées par l'église. Certains de ces pratiques étaient de punir son propre corps, dormir dans la neige sans se protéger, abandonner le confort mondain, s'abstenir du plaisir de manger comme un moyen de souffrance, etc. Postérieurement, il s'intéressa à l'étude théologique et doctorat en 1512 à l'Université de Wittenberg. Au cours de sa préparation académique, il a étudié Parole de Dieu dans ses langues originales avec l'espérance de trouver en elles, le pardon, la paix et le salut qu'il n'avait pas trouvé jusque-là. C'est ainsi qu'il a découvert que le salut était seulement basé sur la foi en Christ et non dans l'Église Catholique Romaine comme on l'avait enseigné. En plus, il a découvert que la Bible est l'unique autorité pour les affaires de la foi et la vie chrétienne et que le salut était seulement par la grâce de Dieu. C'est à ce moment que Luther a connu le pardon, la paix et le salut. Il a compris que le salut était un don de Dieu et non un produit d'accomplissement des efforts humains ou l'acquisition de celui-ci par le moyen d'achat des indulgences a l'Église Catholique Romaine.

Étant professeur à l'Université de Wittenberg, il se sentait très inconfortable de partager avec les étudiants les vérités divines qui lui avaient été révélées, qui lui avaient apporté la paix dans le cœur et une relation véritable personnelle avec Dieu.

C'est alors qu'il a décidé de publier, en 1517, ses 95 thèses et en a cloué une copie à la porte de l'Église de Wittenberg condamnant notamment la vente d'indulgences pour obtenir le pardon des péchés à travers l'église. Son intention lors de la publication de ses thèses était d'essayer de réformer l'église à partir de ses bases doctrinales par le moyen de la Parole de Dieu a travers du dialogue et la discussion ouverte avec toutes les personnes intéressées, en particulier avec les autorités catholiques romaines.

Du fond de son cœur, Martin Luther, a aspiré et partagé sa nouvelle fois avec sécurité et certitude de la même manière qu'apôtre Paul l'avait fait (Romains 1:16-17). Luther n'a jamais confronté les doctrines et les autorités de l'église avec l'intention de le diviser sinon le reformer et le transformer conforme au cœur de Dieu. Quand les autorités de l'église et de l'état lui ont demandé dans la diète de Worms (1521) de se rétracter pour tout ce qu'il avait dit et écrit, il a répondu qu'il ne pouvait pas le faire parce que tout ce qu'il avait écrit était fondé dans les Écritures et non dans les critères humains de l'église. Selon Luther, la Bible était son norme de foi et de conduite, et c'est ce qu'il a essayé de mettre en œuvre dans l'Église catholique romaine jusqu'à son excommunication. De là et en avant, toutes les églises qui suivaient les enseignements de Martin Luther contraires aux enseignements de l'Église Catholique Romaine s'appellent églises protestantes.

Révisez/Application :

Demandez qu'ils répondent les questions suivantes lors de votre exposition à la classe (nous suggérons quelques réponses).

- Que dit 2 Pierre 2:1-2 au sujet des faux prophètes et des faux enseignants ?
  L'apôtre Pierre dans sa deuxième lettre a reconnu l'existence des faux prophètes et les faux enseignants et a averti l'église sur le danger de les écouter.

- Existent-ils des faux prophètes aujourd'hui ?

- Connais-tu quelques ?

- Selon Jean 16:13, qui est celui qui guide a tous les hommes à toute la vérité ?
  La Parole de Dieu affirme que seul le Saint-Esprit peut guider aux hommes vers toute la vérité.

- Qui a donné du témoignage à l'esprit de Luther de qu'il avait été pardonné et sauvé selon Romains 8:16 ?
  Le Saint-Esprit

- Le grand désir du cœur de Luther n'était pas diviser l'église mais :
  la reformer

- Ou Martin Luther a trouvé la lumière qui guiderait sa vie et son ministère ?
  Dans la Bible.

- Que dit 1 Pierre 3:15 sur notre foi et espérance en Dieu ?
  Il a exhorté à se préparer dans la sainteté pour présenter défense avec la manière de vivre face à tout celui qui le demande.

Défi : Avec ton enseignant et tes camarades de classe, planifie le projet suivant : Examine attentivement ton ministère d'église ou ton groupe de jeunes et vois si certains domaines du ministère ont besoin d'une réforme urgente. Parles-en au pasteur et, avec son approbation, commence à travailler pour mener à bien la réforme.

Objectif : Que l'étudiant comprenne l'importance de la Réforme Protestante dans les trois aspects traités.

Pour mémoriser : *« Le ciel et la terre passeront, mais mes paroles ne passeront pas »* Marc 13:31.

> **Avertissement**
> Commentez comment était ou quand a eu lieu la réforme.
> Accepter

Connecter — Télécharger

Dynamique d'introduction (12 à 17 ans).

- Matériaux : Une carte d'Europe et une chose pour marquer.
- Instructions : Divisez le groupe en plusieurs équipes et chacune choisira un représentant. Après avoir consulté le groupe, le représentant va essayer de marquer les nations dans lesquelles la réforme religieuse du siècle XVI a été développée.

    La Réforme a commencé en Allemagne, mais étendue par le Royaume-Uni, la Suisse, la France et les Pays Basses (Belgique et Hollande).

Dynamique d'introduction (18 à 23 ans).

- Matériaux : Cartel déjà écrit et marqueur.
- Instructions : Confectionnez un cartel avec le suivant :

__X__	Déviation de la Parole de Dieu.
_____	Problème du gouvernement impétrant.
__X__	Exiger de l'argent pour le pardon des péchés.
_____	Un grand manque de culture.
__X__	Traditions contraires à la Bible.
_____	Grande ignorance et superstition parmi les croyants.

    Demandez qu'ils marquent avec un X les causes qu'ils croient qui ont donné lieu à la Réforme protestante.

Connecter — Télécharger

La Réforme a été un mouvement dans le siècle XVI qui produisait un changement en relation des croyants avec Dieu. Cela a pris fin, avec un moine allemand de l'ordre des Augustins nommé Martin Luther qui a senti une grande agitation dans son âme pour le salut. En enseignant à Wittenberg, en scrutant les Écritures (qui étaient en latin), il a découvert trois enseignements fondamentaux pour le développement ultérieur du christianisme Ces enseignements sont resté à ce jour comme un héritage de la véritable église du Christ.

1. La vérité de Dieu se trouve seulement dans l'Écriture

    Au Moyen Âge, l'église a enseigné aux chrétiens que la tradition et les ordres du pape avaient la même valeur que les Écritures, et même que l'église avait plus d'autorité que celles-ci. Donc, il a été répété ce que Dieu a Israël (Esaïe 29:13).

    Au sein de l'église, ils ont introduit une série d'enseignements sans base biblique et parfois même en franche opposition à ce que la Bible enseignait. Demandez qu'ils lisent Deutéronome 4:2 pour voir que c'est contraire à la volonté de Dieu enseigner des choses qui ne sont pas dans sa Parole.

    Déjà qu'avant l'arrivée de Luther, des principales comme Jean Wycliff et Jean Huss (les principales ont été uniques qui avaient l'accès de lire la Bible), ils avaient dévoilé leur malaise avec les enseignements de l'Église Catholique Romaine.

Ils prêchaient que la vérité de Dieu se trouve seulement au sein de la Bible, la Parole de Dieu (2 Timothée 3:16) et qu'elle devait être notre unique norme de foi, moral et conduite. Mais malheureusement ils se tranquillisaient, déclarés hérétiques, persécutés, exilés, et beaucoup d'entre eux, morts sur le bûcher.

Pour Luther, des années plus tard, la Parole de Dieu a été le point de départ et l'autorité finale de sa théologie. Le principe clé que Luther défendait était les Écritures, l'Ancien et le Nouveau Testament sont l'unique source de révélation et norme de vie.

A Dieu merci, son Esprit a toujours mis dans le cœur des hommes et des femmes l'acte d'examiner les Écritures a la recherche de la vérité (Actes 17:11). Nous aussi nous devons étudier la Bible pour que personne nous ne trompe, pour découvrir les faux docteurs qui sont sortis dans le monde ; et nous devons apprendre à bien utiliser la parole de la vérité (2 Timothée 2:15).

2. Le salut n'est obtenu que par la foi

Dans les temps de Luther (siècle XVI) le sein enseignement de la foi a été déviée, déjà qu'on a dit aux croyants que la foi devrait être placée dans les saints et les vierges, aussi bien que dans les reliques des saints et beaucoup d'autres superstitions. Mais Luther a découvert que l'essence du salut par la foi selon l'évangile était la confiance absolue en Dieu à travers Jésus-Christ lui qui nous a révélé au Père et par son sacrifice nous a rachetés et sauvés du péché et de la mort.

Luther à découvert dans la Bible que les personnes peuvent être sauvées et justifiées (faits justes) par la foi et non par les œuvres comme l'Église Catholique Romaine (Éphésiens 2:8-9). C'est la foi dans l'expiation parfaite du Christ seulement que l'être humain a besoin pour sauver son âme et être justifié devant Dieu (Romains 5:1-2). Paul l'affirmait dans Romains 1:17 « …Le juste vivra par la foi ».

Beaucoup de personnes confondent la foi avec la certitude de l'existence de Dieu, mais selon ce que Jacques nous enseigne dans Jacques 2:19, croire que Dieu existe n'est pas suffisant. La foi qui sauve est celle qui exprime que ce que Dieu a dit et promis à travers son Fils est la vérité. La foi a l'assurance d'être rendue juste et adoptée par le Père comme ses enfants.

Une autre chose importante en entrant dans la valeur de la foi est la volonté et la détermination d'agir dans la vie selon cette foi professée, qui, prouvée par les circonstances qui se présentent tout au long de la vie, va à déterminer la force et crédibilité d'elle-même.

Par exemple, nous avons Abraham qui avait de la foi en Dieu, et par cette foi qu'il avait, selon ce que nous enseigne le livre de Jacques 2:23 « … Abraham crut à Dieu, et cela lui fut imputé à justice, et il fut appelé ami de Dieu ». Dans les versets précédents, nous trouvons l'explication de la raison pour laquelle il a été appelé ami de Dieu. Quand le Seigneur lui a demandé d'offrir son fils Isaac en sacrifice, il avait de la foi que le Seigneur savait ce qu'Il faisait. Il était décidé d'obéir le commandement, en confiant que, de quelque manière, s'il était fidèle et obéissant au Seigneur, celui-ci accomplirait la promesse qu'Il l'avait fait concernant ce fils, même quand Il aurait que lui ressusciter parmi les morts (Hébreux 11:17-19).

Ainsi, nous pouvons résumer cette foi, pour être authentique et vrai, elle doit avoir une base solide dans la personne et œuvre de notre Seigneur Jésus-Christ (Hébreux 11:6). Il ne suffit de croire dans l'existence de Dieu, mais il est fondamental de croire dans sa Parole et l'obéir, en confiant qu'Il est le souverain de l'univers, le Tout-Puissant et qui récompensera ceux qui ont confiance en Lui.

3. Tout ce que nous recevons est par la grâce

Cette doctrine de la grâce était inconnue du grand réformateur qui agonisait pratiquement devant l'impuissance qu'il ressentait quand il ne pouvait pas répondre à toutes les attentes qu'il avait été dit qu'il doit se conformer. Quand Luther a découvert dans la Bible que le salut était par la grâce, le confort, le repos et la gratitude sont venues à sa vie. C'était génial quand il pouvait comprendre que nous ne pouvions rien faire pour mériter le don du salut de Dieu puisque c'est par la grâce. C'est une faveur et une miséricorde que le Seigneur a avec nous, montrant sa bonté (Ephésiens 2:7).

Dieu a décidé de faire librement une alliance avec les hommes, à travers le sacrifice parfait de son Fils, pour être unis a Lui et être ses enfants, pour les protéger, les aider, les consoler et les justifier. Cette alliance est un don, c'est la grâce de Dieu agissant dans nos vies même avant que nous le connaissions.

Lisez 2 Timothée 1:9 et, pour l'expliquer, donnez l'exemple d'un « père qui aime son fils et avant qu'il soit né, le but est de fournir tout ce qui est nécessaire pour que ce fils étudie et soit un homme de bien, bien qu'il n'ait encore rien fait pour mériter cette préoccupation et cette attention de la part du père ». Expliquer que de cette manière, Dieu s'est préparé pour nous depuis même avant de naitre.

Mais dans l'Age Media (l'époque dans laquelle vivait Luther et les réformateurs) la religion dominante, à travers d'une série de normes, a fait comprendre aux gens que pour recevoir quelque chose de Dieu ou pour Lui plaire, il fallait le faire et accomplir des promesses, faire de la pénitence, des œuvres, etc. Par le moyen des efforts personnels, pour le dire ainsi, ils payaient Dieu pour sa miséricorde, pour quelque miracle et surtout pour le salut des leurs âmes, duquel personne ne pouvait être certaine. Pour obtenir le salut, il le fallait voir le sacrificateur et payer de l'argent pour recevoir des indulgences. Ensuite cela, quand on est mort, la famille ou lui-même auparavant, devait payer pour qu'on le chante de la messe en son nom pour pourvoir passé du purgatoire (selon l'Église Catholique, c'est le lieu les croyants qui sont morts vont pour purger ou payer leurs péchés) dans la présence du Seigneur. Tous ces faux enseignements jusqu'à présent continuent de manière subtile dans les croyances des gens.

Permettez que les élèves de partager les nouvelles choses qu'ils ont appris et comment croient-ils que la Réforme protestante, et en particulier ces trois héritages qui nous ont légué, affectent notre vie chrétienne aujourd'hui.

Révisez/Application :

Demandez qu'ils se divisent en équipes et répondent aux questions suivantes. Puis partager les réponses avec tout le groupe et commenter l'écrit (nous incluons des réponses possibles).

- Croyez-vous que les Écritures doivent être étudiées avec soin ? *Wi*
- Pourquoi ? *Pour que personne ne nous trompe.*
- Selon Deutéronome 4:2, Était-il licite ce qu'ils enseignaient sur la Bible dans le médiéval (Age Media) ? *Non*
- Pourquoi ? *Parce qu'il était contradictoire a la Bible.*
- Qu'entendez-vous par avoir de la foi en Dieu ? *Confier en Dieu, dans sa Parole et l'obéir.*
- Crois-tu qu'il est suffi pour se sauver seulement en croyant dans l'existence de Dieu ? *Non*
- Pourquoi ? *Parce qu'il est nécessaire d'avoir la foi dans les choses que Dieu a dit et a promis.*
- Que devons-nous faire pour trouver la grâce aux yeux de Dieu ? *Aucun*
- Qu'est-ce que Dieu nous a montré à travers de sa grâce ?
  Son amour et sa gentillesse envers nous en nous sauvant et nous rend justes.
- Quels furent trois des points importants que Luther a défendu ?
  Nous obtenons le salut seulement par sa Parole, seulement par la foi et seulement par la grâce.

Défi : Prévois avec tes camarades la possibilité d'obtenir le film de Luther afin qu'ensemble, ils puissent voir et commenter les choses qu'ils ont découvertes ou mieux comprises en voyant le film.

Faisant face à la crise

Lecon Nilda Calvo • Argentine

Leçon 38

Nilda Calvo • Argentine

Objectif : Que l'élève comprenne que s'il se dispose de faire la volonté de Dieu, il pourra être utilisé pour changer le contexte là où il vit.

Pour mémoriser : *« Il agit de tout son cœur, et il réussit dans tout ce qu'il entreprit, en recherchant son Dieu, pour le service de la maison de Dieu, pour la loi et pour les commandements »* 2 Chroniques 31:21.

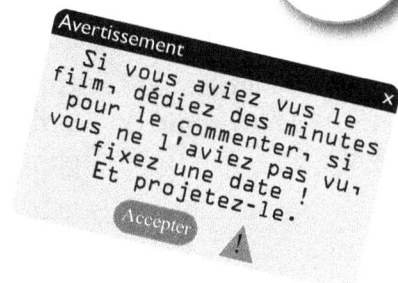

Avertissement

Si vous aviez vus le film, dédiez des minutes pour le commenter, si vous ne l'aviez pas vu, fixez une date ! Et projetez-le.

Accepter

Connecter | Télécharger

Dynamique d'introduction (12 à 17 ans).

- Matériaux : Des encadrements, figures, ou ornements.

- Instructions : Apportez des encadrements, figures ou des ornements à votre classe et placez-les de forme incorrecte (en se tournant au sol, etc.). Demandez qu'ils laissent leur place et marchent dans le salon et observer attentivement pour voir s'il y a une chose hors de sa place, signalant laquelle et qu'est-ce qu'ils puissent faire pour qu'elle reste correct.

Dynamique d'introduction (18 à 23 ans).

- Matériaux : Des journaux actuels, bristol ou papier avec lequel ils peuvent confectionner des cartels, ciseaux, crazy gloux et marqueur.

- Instructions : Distribuez plusieurs feuilles de journaux que vous avez déjà choisi antérieurement, dans lesquels apparaissent des situations sociales, religieuses, politiques, etc., en plus d'information sur les moyens massifs de communication (littérature, musique, théâtre, films). Demandez qu'ils confectionnent un cartel qui représente la situation actuelle du pays.

Connecter | Télécharger

1. L'homme que Dieu utilise

Tout comme le peuple et les rois de Juda avaient un passé riche sous la direction et les commandements de Dieu, ils ont aussi eu des tragédies quand ils l'ont mis de côté. Comme c'est arrivé avec ces trois personnes, Dieu peut nous utiliser à l'endroit où nous sommes, quand nous disposons notre cœur.

A. Le roi Asa

Demandez aux élèves de lire l'histoire du roi Asa (1 Rois 15:9-10 et 2 Chroniques 14:1-7, 15:10-19). Qu'ils vous donnent eux-mêmes les informations qui y figurent et ils l'écrivent au tableau. De qui parle-t-on ? Qui a fait ? Commentez-les que son nom signifie « guérisseur ». Asa a régné durant les années 911-870 a.C. Il obéissait Dieu au cours de ses 10 premiers années de son règne et il pouvait réaliser quelques réformes qui influèrent dans son peuple.

B. Le roi Ézéquias

Demandez aux élèves de lire l'histoire du roi Ezéquias (2 Rois 18:1-8 ; 2 Chroniques 29:3-11) et écrire les données dans le tableau.

Ezéquias signifie « Jéhovah est la forteresse » et régna environs entre les années 715-687 a.C. il fut l'un des plus grands rois de Juda et des leaders spirituels les plus consacrés.

C. Jean Wesley

Jean Wesley naquit en Angleterre en 1703. Il étudia à Oxford. Il a été ordonné comme ministre. Il avait une expérience spéciale avec Dieu en 1738. À partir de 1739, il a vécu plus de 50 ans en tant qu'écrivain, prédicateur, organisateur et chef du mouvement méthodiste qui était un mouvement de travail social et éducatif actif. Les premières personnes qui répondirent a ses prédications de l'évangile sont les travailleurs, paysans et miniers. Il prêcha plus de 40 milles sermons et écrivait plus de 200 livres.

Ses infatigables efforts ont été visibles en Angleterre, en Amérique et en Europe continentale. Il mourut en 1791 et prêchait jusqu'à peu des jours avant de sa mort. Entre les dernières lettres qu'il écrivit, celle-ci est celle qu'il a envoyée à Wilberforce l'encourageant à poursuivre son combat contre l'esclavage.

2. Le contexte de cette époque

Les royaumes établis sous les dominations des rois comme Saul, David et Salomon, se divisait en deux : le Royaume du Nord ou Israël et le Royaume du sud ou Juda. Ils existèrent un peu plus de deux siècles. A cause de la séparation, il y avait des conflits dans les frontières.

Aucun des rois du Royaume du Nord n'avait fait la volonté du Seigneur. A Juda, des 19 rois et une reine qui occupait le trône, seulement quatre étaient des réformateurs du culte.

A. Le roi Asa

Demandez aux élèves de lire 1 Roi 15:12 et 2 Chroniques 14:3-5 et placez les problèmes. Le roi Asa a mis fin aux problèmes d'idolâtrie et prostitution en Juda.

B. Le roi Ezéchias

Lisez 2 Rois 18:4 et 2 Chroniques 29:3-7 et placez les problèmes durant la gouvernance d'Ézéchias a Juda.

Quand Ézéchias vint régner, le temple fut longtemps fermé et couvert de saleté en raison de la négligence pour ce lieu sacré. Les prêtres n'avaient pas été soutenus pendant les règnes précédents. Il y avait des idoles partout. La ville était sale et ses murs détruits.

Le Royaume du Sud passait de crise en crise, attaqué par l'Assyrie ou Babylone, et devait payer tribut (bétail, vin, équipement de guerre, or, argent) au roi envahisseur.

C. Jean Wesley

En 1730, les statistiques sur la criminalité étaient alarmantes. Les pauvres vivaient dans des huttes. De chaque cinq maison, l'une était une cantine là où on vendait du clairin : Angleterre avait arrivé à un état national d'ivrognerie. Chaque coin, chaque portail était une toilette publique. Les rues étaient remplies de fatras. Beaucoup d'enfants mouraient avant d'atteindre les 5 ans. L'exécution des criminels était un spectacle public. On a même étranglé des enfants d'avoir volé un fruit. Angleterre avait le monopole du commerce des esclaves africains, qui furent transportés dans des bateaux où toutes sortes de barbarie étaient pratiquées.

La corruption est venue à la politique et à l'église. La corruption et la tromperie étaient des pratiques courantes. La société semblait être un énorme casino. Dans la littérature populaire, dans les chansons, dans les conversations quotidiennes, dans les drames, les essais, les poèmes et les romans ont abondé la rudesse, les indécences et les obscénités.

3. Les principes et les effets qui ont généré les réformes

A. Le roi Asa

Demandez aux élèves de lire 1 Rois 15:11-15 ; 2 Chroniques 14:2-8 et 15:16-19. Le roi Asa élimina la racine d'idolâtrie, la nation avait 10 de paix, le roi fortifia les villes et réaffirma son alliance avec Dieu. Il a fait ce qui est agréable aux yeux de Dieu. Ses efforts pour continuer les plans et les règles de Dieu ont donné des résultats positifs.

B. Le roi Ézéchias

Demandez qu'ils lisent 2 Chroniques 29:16-19, 31, 30:20-22, 31:1-6, 32:5-8, 27-30. Ézéchias envoya à nettoyer le temple et restaurer la vraie adoration à Jéhovah; réinstallé la pratique de la dîme, enlevé les hauts lieux, a cassé les images et il a détruit le serpent d'airain de Moise. Il réalisa des constructions importantes, il fortifia plusieurs villes et fait des boucliers et des épées et construit le tuyau et la piscine de Siloé. Ézéchias avait une relation personnelle et grandissante avec Dieu.

C. Jean Wesley

Il ne perdait pas le temps et il attaqua les maux de son époque. Sa présentation puissante de l'évangile a abouti à une transformation complète de la nation. Il a renouvelé l'église et utilisé les laïcs pour le ministère. L'accent mis par le méthodisme sur la sainteté sauva les mariages, les familles unies et la réforme sociale promue. Ses objectifs étaient bien marqués et soigneusement planifiés devant Dieu. Des lois ont été instituées sur le travail des enfants et ont mis fin avec les abus qu'ils commettaient. Wesley influait de telle manière que a Wilberforce qu'il a attient de mettre fin à l'esclavage à l'empire britannique tout entier peu d'année après.

Asa, Ézéchias et Wesley furent différents et ils vivaient des temps différents, mais ils avaient eu des cœurs fidèles et ils se déclarèrent disciples de Dieu. Ils firent tout ce qu'ils pouvaient et confièrent les résultats à Dieu.

Concluez la classe en appliquant cette leçon à la vie quotidienne de vos élèves. Qu'ils reconnaissent s'il y a quelque chose dans leur vie qui manque d'un engagement total envers Dieu.

Révisez/Application :

Comment pourrais-tu aider ta société étant digne disciple de Christ ? Demandez qu'ils choisissent quelques situations de la société qui sont urgentes de changer, et qu'ils écrivent comment peuvent-ils faire partie du changement.

Situation qui doit être changée	Transformation de la situation

Ensuite, permettez qu'ils effectuent une paraphrase du texte pour mémoriser, en y plaçant leur nom, par exemple :

« Tout ce que je, (nom) fasse et tout ce que je (nom) commence pour le service de Dieu, je le ferai de tout cœur, pour avoir du succès » (Paraphrase 2 Chroniques 31:21).

Défi : Pendant la semaine, prie Dieu pour que tu puisses regarder autour de toi et être l'agent de changement qu'il veut que tu sois. Note les choses que tu peux aider à changer dans ton environnement et partage-les avec la classe de la semaine prochaine.

L'église est née

Nilda Calvo • Argentine

Avertissement

Ne pas oublier de demander quelles sont les choses autour d'eux qu'avec l'aide de Dieu, ils sont prêts à changer.

Accepter

Objectif : Que l'élève connaisse les circonstances de la naissance de l'Église du Nazaréen et le plan de Dieu pour le peuple nazaréen.

Pour mémoriser : « *Parce qu'il est écrit : Soyez saints, parce que je suis saint* » 1 Pierre 1:16.

Connecter | Télécharger

Dynamique d'introduction (12 à 17 ans).

- Matériaux : Deux affiches : L'un avec les passages bibliques de Lévitique 11:45, 19:2 ; 1 Pierre 1:15-16. Un autre qui dit : « La Bible nous dit que nous pouvons et nous devons vivre dans la sainteté dans ce monde ». Une carte du monde, une carte des États-Unis d'Amérique ; si vous pouvez, trouvez les figures des villes d'Amérique du Nord dans le siècle XIX tant dans le champ comme de la ville. Essayez d'obtenir les photos du Dr. Phineas Bresee et des autres leaders de l'église de cette époque, (http://www.nazarene.org/ministries/administration/archives/espagnol/escribir/display.aspx), (http://en.wikipedia.org/wiki/Phineas_F._Bresee).

  Obtenez des figures d'´habits, nourritures traditionnels et moyens de transport de cette époque et un Manuel de l'Église du Nazaréen.

- Instructions : Dans le salon, placez tous ce que vous avez obtenus et les affiches à la manière d'une exposition. Comme les étudiants arrivent, invitez-les à observer l'exposition et une fois terminée la tournée, demandez : Quelle pensée ces choses vous apportent ? Avec quoi les rapportent-elles ? Toutes ces choses sont liées à la naissance de notre église en tant que dénomination.

Dynamique d'introduction (18 à 23 ans).

- Instructions : Demandez au groupe ces questions : Où est née la doctrine de la sainteté ? (En Dieu lui-même qui est saint et qui depuis le début de la formation de son peuple, Il l'a envoyé pour être saint).

  Dans quel pays naquit notre dénomination? (Etats Unis d'Amérique).

  En quelle année ? (Il a été constitué comme une dénomination en 1908).

  Qui fut le fondateur ? (Le docteur Phineas F. Bresee).

  Quelle était la doctrine qui ressortait dès le début de l'église ? (La doctrine de la sainteté).

  Par le moyen des réponses, vous pourrez avoir une idée de combien savent les jeunes de l'église et les présentera dans le sujet.

Connecter | Télécharger

Voyons les circonstances qui environnèrent la naissance de l'Église du Nazaréen.

1. Avant l'émergence de l'église

Le réveil de la sainteté du siècle XVIII a été soulevé en Angleterre, dirigé par Jean Wesley, se dispersa partout et toucha les États-Unis avec un regain d'intérêt pour la sainteté biblique. Les immigrants qui arrivèrent a la nouvelle terre ont venu très confiants dans leur foi et l'espérance d'atteindre un futur meilleur. Ce groupe de personne apparaissait avec un profond désir de partager la vie de sainteté avec ceux qui ne l'avaient pas encore jouis.

Le mouvement de sainteté est né entre de grands réveils. Les personnes qui ont apporté le message de la sainteté espéraient avoir un fort impact sur la foi religieuse des habitants des nouvelles terres. Les prédicateurs allaient d'un endroit à l'autre, appelant les pécheurs à changer leur vie par la puissance de Dieu.

2. Une caractéristique commune des groupes qui se sont réunis

Demandez aux élèves de lire Lévitique 11:45, 19:2 ; 1 Pierre 1:15-16, et demandez-les qu'est-ce qu'ils trouvent dans chacun d'eux qui sont commun.

Israël était le peuple choisi par Dieu et fut appelé à être une nation sainte. Après la mort de Jésus, l'église est devenue le peuple de Dieu.

La sainteté que Dieu demande (Lévitique 11:45) englobe tout être. Basiquement signifie être séparé pour Dieu. Nous pouvons vivre la vie de sainteté seulement quand le Saint Esprit habite en nous (Galates 5:22-23). Ce qu'il y a dans le cœur du chrétien se manifeste en tout ce qu'il fait et dit. Dans ce même sens, la vraie sainteté se révèle dans tous les sphères de la vie quotidienne (Luc 6:45). La Parole écrite de Dieu est la règle la plus certaine pour ceux qui veulent vivre une vie de sainteté. Dieu est le modèle de sainteté (1 Pierre 1:15a).

John Wesley a souligné l'importance de la vie de sainteté. Les chrétiens dans l'ancêtre du milieu du siècle ont répondu de manière efficace à ce message en utilisant les mains, les pieds et les lèvres pour partager la sainteté. Ils ont commencé des rassemblements et des services religieux à travers le pays pour promouvoir la sainteté et pour quatre décennies, le thème de la sainteté a été prêché.

Le témoignage de la sainteté chrétienne était vigoureux et a commencé à fonder plusieurs églises de sainteté depuis 1890 a continuer.

Dans les années 1890, plusieurs groupes de sainteté indépendants sont apparus. Ils étaient des églises, des maisons de secours (où les gens dans le besoin ont été pris en charge) et les associations évangéliques et missionnaires. La proposition de ces groupes était la même : Vivez et prêchez la sainteté de la vie.

Certains membres de ces organisations aspiraient à une église nationale de sainteté. Demandez : Etes-vous en train de partager la Parole de Dieu à travers votre quartier ou ville ? Demandez-les de partager quelques expériences.

En Octobre 1895, le Rev. Phineas F. Bresee, le Dr. Joseph Widney et, environ 100 personnes organisèrent l'Église du Nazaréen à Los Ángeles, Californie, États-Unis. Ils suggèrent que les chrétiens doivent suivre l'exemple de Christ et prêcher l'évangile aux pauvres. Ils considèrent qu'ils avaient été appelés pour ce travail. Ils crurent que les ornements non-nécessaires dans les lieux d'adoration ne représentent pas l'Esprit du Christ, sinon l'esprit du monde et que son investissement de temps et d'argent devraient être donné pour le salut des gens et l'aides des pauvres. Ils organisèrent l'église selon ces objectifs. L'Église du Nazaréen naquit de l'union de plusieurs groupes sainteté différents. La nouvelle église adoptait des règles générales, elle écrivait une déclaration de foi et un rituel qui apparaissent dans le Manuel de notre église.

Partagez quelques Manuels avec vos élèves pour qu'ils apprécient ces concepts.

Premièrement, l'église du nazaréen s'étendait tout au long des États-Unis d'Amérique. Le Dr. Bresee était pasteur, superintendant, éditeur, membre du comité des dirigeants de l'université et prédicateur des cultes champêtres, servant Dieu activement pendant 38 ans.

Des années plus tard, apparaissait l'union des églises de sainteté dans un corps national. Pour le temps d'assemblée d'union en Octobre 1908, les nazaréens servaient et donnant des témoignages aux États-Unis, au Mexique, Guatemala, les Iles Cape Vert, l'Inde, Japon et Afrique du Sud, les pays la ou les différents groupes ont envoyé des missionnaires avant de s'unir.

3. Le message simple produit des changements extraordinaires

Le mouvement a compris que dans le chrétien il doit y avoir un changement interne. Un abandon total à Christ, reflété dans la séparation totale avec la vie pécheresse antérieure, uni à la pratique disciplinée de piété, aide à grandir dans la sainteté personnelle. Nous pouvons apprécier dans la Parole de Dieu que Dieu est en train de demander quelque chose spécial qui n'est pas impossible Lorsque cette expérience atteint la vie des gens, ils ressentent un désir pour partager ce que Dieu a fait dans leurs vies. Par conséquent, les débuts de l'église ont apporté avec elle un désir très fort de la mission. L'Église du Nazaréen a prise naissance avec cette vision missionnaire.

Ce fut le début de notre église avec un fort appel à vivre dans la sainteté, à évangéliser le monde, à être et faire des disciples, prendre soin avec compassion des nécessiteux et aussi donner une valeur spéciale à l'éducation. Nous pouvons également remarquer qu'au début de l'église, il y avait une nouvelle onction de l'Esprit de Dieu qui agissait d'une manière très spéciale. Les temps, les événements, les gens et leurs expériences avec Dieu, ils ont forgé un mouvement dont nous sommes les héritiers directs. Nous aspirons à ce que l'Esprit continue à bouger dans nos vies. Nous sommes reconnaissants pour le début de notre église et l'attente de regarder l'avenir pendant que nous remplissons notre mission.

Révisez/Application :

Prévoyez du temps pour répondre aux questions suivantes :

- Connais-tu la doctrine de sainteté ?

- Définis-la avec tes propres mots.

- Crois-tu que cette expérience est réelle dans ta vie ?

- Si ta réponse est non, qu'est-ce qui l'empêche ?

- Si ta réponse est oui, qu'est-ce que tu vas faire pour ne pas le perdre et continuer à mûrir dans ta foi ?

Défi : Avec tes camarades de classe, réfléchis à la naissance de l'Église du Nazaréen et aux circonstances que les chrétiens ont vécues à cette époque. Pense aux circonstances entourant la naissance de nouvelles Églises du Nazaréen dans différentes parties du monde. Fais de l'entrevue avec des pasteurs afin qu'ils puissent te parler de la naissance et du développement de leurs églises locales. Enfin, durant la semaine, prie Dieu, afin que Lui-même soit celui qui te guide dans tes responsabilités de chrétiens et dans l'accomplissement de la mission confiée à chacun.

Le sport

Mario López • Mexique

Objectif : Que l'élève réfléchisse sur la relation qui existe entre l'exercice d'esprit et l'exercice du corps.

Pour mémoriser : *« Exerce-toi l'exercice de la piété »*
1 Timothée 4:8a

Avertissement

Vous pouvez continuer la conversation au sujet de tout ce qu'implique l'établissement d'une église.

Accepter

Connecter | Télécharger

Dynamique d'introduction (12 à 17 ans).

- Instructions : Divisez la classe en plusieurs groupes et assignez une ou deux questions à chaque groupe. Permettez qu'ils partagent les réponses et ouvrir un débat. Ensuite, au cours de la leçon, vous allez clarifier la position biblique.

1. Quels avantages physiques et spirituels apporte le sport ?

2. Quels désavantages physiques et spirituels apporte le sport ?

   Demandez-les qu'ils racontent des histoires personnelles ou des amis et qu'ils connaissent que le sport a fait de meilleures personnes ou des personnes pires.

3. Le sport peut-il nous rendre meilleurs personnes ?

4. Quelle position occupe les valeurs chrétiennes en pratiquant le sport ?

5. Quelle est la relation entre l'exercice spirituel et l'exercice physique ?

6. Comment l'esprit peut-il être exercé ?

Dynamique d'introduction (18 à 23 ans).

- Instructions : Demandez qu'ils pensent avec un sportif qu'ils connaissent et admirent. Ensuite demandez-les :

1. Qu'admires-tu d'eux ?

2. Que savez-vous de leur vie ?

3. Pensez-vous que cet athlète est un modèle dans tous les domaines de votre vie ?

4. Croyez-vous qu'un chrétien peut-être un bon sportif ?

5. Pensez-vous que la Bible a quelque chose à dire à propos du sport ?

   Permettez qu'ils contestent et expriment leurs opinions en ce qui concerne le sujet. Puis, au cours de la leçon, vous allumerez la position biblique.

Connecter | Télécharger

L'apôtre Paul a comparé la carrière chrétienne avec les carrières que font les athlètes dans les anciens stades gréco-romains. De même, la lutte spirituelle menée par les croyants en Christ, elle était équipée avec les sports qu'ils réalisaient dans le temps de Paul (1 Corinthiens 9:24-27 ; Philipiens 3:13-14 ; 1 Timothée 6:12). Cela nous révèle qu'il existe une relation profonde entre l'esprit et le corps.

1. Le sport, est-il un bien pour l'âme?

L'idée que la pratique du sport est très bénéfique pour la santé est aussi ancienne comme la pensée du philosophe grec Socrate (400 a.C), qui disait a ses élèves : « Que chacun s'observe soi-même et analyse quelle nourriture, quelle boisson, quel exercice vous convient et comment vous devriez les utiliser pour préserver votre santé plus parfaite » (Histoire de la sexualité-2, l'utilisation des plaisirs. Foucault, Michel. Siècle Xxi, Mexique : 2001, p. 101). Celle-ci était une partie de l'enseignement socratique sur la connaissance du bien. Pour Socrate, avoir la santé était indispensable pour comprendre ce qui est bien ou son synonyme, la vêtue. Mais, c'était Platon l'élève de Socrate qui a plongé dans cette idée et a recommandé que les guerriers soient éduqués par la gymnastique et par le moyen de la musique, afin qu'ils puissent avoir une âme équilibrée.

Depuis lors, la pensée que le sport forge l'âme vers le bien s'est répandue à travers le bien s'étalait partout dans le monde et se reflète dans la phrase « esprit sein dans un corps sein ». En outre, Baron Pierre de Coubertin, qui en 1896 a restauré les Jeux Olympiques modernes, avait l'idée socratique que le sport était un dossier d'éducation morale. Selon Coubertin, au de-là de la diversion et distraction qui pourraient provoquer le sport, cela avait pour fonction de base de servir à renforcer « le muscle moral de l'homme ».

Cependant, malgré le fait que ces penseurs ont lié le sport au bien, à la vertu et à la paix ; la vérité c'est que nous ne voyons pas que le sport ait, en réalité, une forte influence sur la paix humaine. Et pourtant, les propres Jeux Olympiques, considérés comme synonymes de paix mondiale, ont été entourés d'émeutes et de guerres : En 1920 et 1924, Allemagne n'avait pas participé aux jeux Olympiques à cause de la Première Guerre Mondiale ; en 1936 Adolf Hitler utilise la foire olympique comme un instrument pour démontrer la « grandeur du régime nazi » ; en 1948 Allemagne ne participait non plus, pour être la perdante de la Deuxième Guerre Mondiale. A Munich en 1972, 11 athlètes israéliens ont été kidnappés par un commando armé dans le village olympique de l'opération de sauvetage ratée. À Atlanta 1996, une bombe située à l'extérieur du stade olympique a été éclatée, causant la mort de deux personnes et des centaines de blessés. Alors que les jeux de Beijing en 2008, la Russie bombardait la Georgie et il existait le risque d'un conflit entre Iran et les États-Unis. Demandez : Est-ce que les sport est une forme suffisante pour éduquer l'âme ? Pourquoi le sport ne pouvait pas s'étendre pour atteindre la paix mondiale ?

2. Le corps comme un dieu

Bien qu'il contribue à promouvoir de nombreuses bonnes choses, le sport a des limites lorsqu'il s'agit de transformer l'âme. De nos jours, il y a une pratique sportive qui ne contribue même pas avec la vertu, mais plutôt encourage l'égoïsme, le culte à la figure et l'adoration du propre corps. Aller à un centre du gymnastique ou la pratique de l'aérobic, soulever des poids, des sports extrêmes, bien qu'ils puissent être des pratiques saines ou récréatives, en de nombreuses occasions et de façon prolongée, ils ont été transformés en « avoir une image social », « être sexuellement attirant » ou « faire partie d'un cercle de personnes qui réussissent ».

Une fois que l'exigence éthique a été éliminée dans le cadre de l'entraînement sportif, l'explication la plus logique, le goût actuel du sport, c'est le goût de l'exploit individualiste qui, sans aucun doute, est passionnant, mais épicurien. Selon le sociologue Lipovetsky « les formules qui liaient le sport avec les valeurs (comme le jeu propre, la solidarité, le travail en équipe, la maîtrise de soi, la modestie, la concurrence loyale, etc.) ont disparu devant l'apparition massive, dans notre société globalisée, d'un égocentrisme. Actuellement, le sport est essentiellement une recherche de plaisir… la vêtue n'est pas ce qui justifie le sport, il fait du sport une émotion corporelle, le plaisir, la forme physique et psychologique » (Le Crépuscule du Devoir, l'éthique insensible des nouveaux temps démocratiques. Lipovetsky, Guilles. Anagram, collection Compact, Barcelone : 2005 ; p. 112).

Pour Alexandre Brito, faire le sport c'est « apporter son histoire avec soi » surtout pour augmenter le succès social et érotique, puisque la perfection physique fait partie de la vente en tant que personne : « … tout l'effort pour améliorer l'image, qui se centrait sur les habits antérieurement, aujourd'hui il est basé sur le corps. Les vêtements s'ajustent sur leurs exigences. D'où la profusion de décolletés, de robes et de pantalons ajustés, de jeans, de collants, de lycra, etc. Ainsi Sergio C., commerçant et physico-culturiste le déclare : '…un bon corps te fait sentir certain. Avec le développement de ta physique, tu te développes en même temps, ta personnalité, tu l'améliores' » (Et au milieu de nous les deux, mon corps comme un dieu) (Brito, Alexandre, dans la Journée Hebdomadaire, Nouvelle Époque, N0. 187, je supplément du journal : La Journée, Mexique, 10/1/1993 ; p. 22-23).

Demandez : Si la sécurité personnelle dépend d'avoir un corps robuste, qu'est-ce qui arrive quand le corps est malade ou subi un?

3. La perspective biblique

Jésus a souligné cette relation entre le corps et esprit de manière très claire. Par exemple, il parla du rôle spirituel des yeux physiques comme lampe du corps : Quand un homme a la foi de voir et refléter la lumière de Dieu, le corps devient tout lumineux ; il est capable de prendre courage, force, joie, sens et guérison, même les ténèbres (Luc 11:33-36). Ceci lie avec la promesse de ceux qui confient en dieu (Esaïe 40:28-31). Pour le contraire les yeux d'un homme déprimé, découragé, attristé, consterné, attrapé par le propre mal ou le mal que les autres exercent sur lui, voit toutes les choses sombres, est souligné dans le mal.

Bon nombre des échecs actuels du sport commencent à avoir investi cette relation. De nos jours, il est commun prétendre qu'en exerçant le corps, en allant au centre du gymnastique ou faire du sport, réalisons à atteindre la paix intérieure ou la sécurité en nous-mêmes. Bien que cela puisse aider à détendre les tensions ou à améliorer l'image ou la santé, ne peut pas remplacer le principe de ce qu'est la force que nous recevons de Dieu en esprit, ce qui soutient le corps, Jésus le préfère en répondant à l'une des majeures tentations présentées par le diable (Luc 4:1-4).

Dans l'un des conseils les plus populaires du Nouveau Testament, l'apôtre Paul lui dit a Timothée que « car l'exercice corporel est utile à peu de chose » (1 Timothée 4:8a), pour cela, il lui a recommandé : « Exerce-toi pour la piété » (1 Timothée 4:7b) déjà que la « piété est bonne à tout, elle a de la promesse de cette vie présente et la vie éternelle » (Timothée 4:8b). Demandez : Que signifie la piété ? C'est la « vêtue qui inspire, pour l'amour à Dieu, tendre dévouement aux choses saintes et, par amour du prochain, actes d'amour et de compassion » (Académie Royale Espagnole en ligne, [consultée le 13/1/11]). Demandez : Est-ce que cela veut dire que nous ne devons pas pratiquer du sport pour prendre soin du corps ? En aucun cas, puisque le corps est un temple du Saint-Esprit (1 Corinthiens 6:19-20) et l'un des merveilles que Dieu a créés (Psaume 139:13-18). Le conseil de Paul se référait plutôt à ce qui est beaucoup plus important d'exercer l'esprit (immortel) que le corps (mortel), pour lequel, sans doute, le sport bien pratiqué apporte du bien. Mais c'est la piété (la miséricorde, le pardon, l'amour) l'exercice principal que Dieu nous oblige c'est être les témoins de sa présence dans notre vie.

Demandez : Peut-il l'égocentrisme être part de « l'exercice de la piété » ? De quelle manière ?

Révisez/Application :

Invitez vos élèves à faire du sport aussi une manière d'exercer l'esprit positivement. Demandez-les de répondre :

1. Combien de vous qui pratiquent quelque sport physique ?

2. Combien de fois par semaine le pratique-t-il ?

3. Combien sont exercés spirituellement ?

4. Avec combien de régularité faites-le vous ?

5. Laquelle des disciplines sportives ou des exercices sont ceux que vous aimez le plus et quelles valeurs chrétiennes peut être appris ou favorisé dans chacune d'elles ?

6. Qu'est-ce que cette leçon t'a laissée ?

Défi : Mets-toi en accord avec ton professeur d'élaborer un plan d'exercice physique, en collaboration avec la pastorale des jeunes de ton église, afin de promouvoir des valeurs telles que : fair-play, solidarité, travail d'équipe, maîtrise de soi et compétition équitable. Si ta congrégation ne dispose pas d'installations adéquates pour cela, délimite l'endroit le plus proche (par exemple un parc, des installations sportives ou tout autre espace pouvant être adapté) où les jeunes peuvent se rendre régulièrement et faire du sport ensemble.

Nourriture pour ton cerveau

Avertissement
Si vous ne l'aviez pas encore fait, prenez le temps de planifier le défi de semaine dernière.
Accepter

Objectif : Que l'élève comprenne l'influence qui exercent les moyens visuels dans la conduite et le besoin d'être sélectif en ce qu'ils consomment.

Pour mémoriser : « *Si ton œil est bon, tout ton corps sera plein de lumière* » Matthieu 6:22b.

Connecter | Télécharger

Dynamique d'introduction (12 à 17 ans).

- Matériaux : Un casse-têtes difficile et très grand.
- Instructions : Distribuez les pièces du casse-tête et placez son modèle dans le centre.

  Puis montrez-leur le modèle et demandez-leur d'imaginer où leurs pièces iraient à l'intérieur du modèle. Donnez-leur quelques secondes pour réfléchir et demandez-leur de se lever un par un et placer les pièces dans le modèle.

  Prévenez-les qu'ils ne peuvent pas changer de place les pièces. L'idée est qu'ils ne peuvent pas construire le puzzle de la même manière que cela arrive dans la vie, maintenant vous êtes très jeunes et ne peuvent pas voir tout ce qui vient à l'avenir pour vous, mais vous avez déjà « placé les pièces » de votre propre puzzle.

  Est-ce que les manières dont vous accommodez sont correctes ? Est-ce que vous prenez de bonnes décisions en faisant ce que vous faites ? Les décisions, dit la Bible, nous les prendrons mieux si nous prenons soin de la manière de comment nous nourrissons notre cerveau.

Dynamique d'introduction (18 à 23 ans).

- Matériaux : Crayon et feuilles blanches.
- Instructions : Demandez aux jeunes d'écrire de manière brève (peut être avec des idées générales) les étapes qui ont suivi depuis tout petit pour arriver à l'endroit où ils sont maintenant (cela peut être à l'église, l'université ou un travail). Ensuite, demandez-leur de le lire.

  Faites remarquer que nous ne sommes pas toujours conscients des décisions que nous prenons tous les jours (surtout quand nous sommes petits), mais chacune d'elle voulait dire et signifie une étape pour notre vie.

  Reprenez un bon exemple de ceux qui ont été lu en classe, pour parler de « comment une décision aussi simple peut faire la différence énorme ».

  Pour arriver dans le lieu où nous sommes maintenant, de nombreuses décisions furent nécessaires. Les décisions, dit la Bible, nous les prendrons mieux si nous prenons soin de la façon dont nous nourrissons notre cerveau.

Connecter | Télécharger

1. Comment les médias visuels influencent-ils ?

Nous devons parler de médias visuels ; en particulier de la télévision et du cinéma, lesquels non seulement sont présents dans la vie quotidienne, sinon qu'ils ont défini la vie de beaucoup de gens.

Depuis les fins des siècles XX de manière générale ont diminué la lecture du journal dans les foyers de l'Amérique Latine, et la radio a perdu son hégémonie, qui a prédominé avec des feuilletons radio, des publicités, des actualités, etc. C'est alors la télévision qui a exercé, tellement qu'il suffit d'observer les maisons de millions de familles en Amérique latine (y compris les familles chrétiennes) : Tous les meubles sont autour de la télévision et c'est l'horloge qui détermine les heures de nous réveiller, de prendre le souper, de nous informer et de reposer. Malheureusement, il y a des personnes qui n'ont plus de références à la réalité quotidienne que par le biais des nouvelles télévisées. Aujourd'hui, beaucoup de familles peuvent avoir la nécessité d'aliment de base, mais sans un système d'un câble de télévision. La conclusion est évidente : Chaque fois de plus, pour beaucoup de personnes, la télévision est une chose de première nécessité.

Ce média audiovisuel a mis en place des modes (les jeunes filles s'habillent comme protagonistes du feuilleton actuel, et les jeunes gens utilisent le même style de coupure de cheveux qui pratique le meilleur joueur de football) ; cela a déterminé notre façon de communiquer (les gens disent les phrases qui « sonnent » dans le programme le plus populaire), et il a même forgé notre caractère (inconsciemment beaucoup de gens réagissent avec les mêmes gestes que la vilaine de la télévision la plus regardée). Et pourtant, nous devons signaler qu'en plein siècle XXI, la télévision déjà n'est pas le moyen de communication massive par excellence : désormais la hiérarchie de la consommation a été redistribuée en Amérique Latine. A quels autres médias vous vous référez ? Voici les réponses :

1. 89% préfère utiliser le téléphone mobile (cellulaire) [Données de curiosité : A) cette quantité surpasse la consommation des téléphones mobile des États-Unis d'Amérique du Nord ; B) est considérablement un numéro de consommateurs plus élevé en Chine et Inde (URL : hpp://www. celularis.com/mercado/estadisticas-moviles-america-latina.php [Consulté le 8 Octobre 2010], comparé avec ce que le journal Time Amérique Latine, avait déjà eu).

2. 61% de ses personnes, en plus du téléphone mobile, utilise l'internet comme moyen de communication.

3. 59.7% de ceux qui utilisent le téléphone mobile et l'internet, aussi se préfère la télévision. (« L'impact de la crise économique en Amérique latine », dans le magazine Time. Amérique latine ; édition au Mexique. Février 2009).

Cela signifie que les gens dans nos pays Amérique Latine sont en train de consommer chaque fois de plus quelque chose de personnel en termes de communication de masse, mais le problème auquel nous sommes confrontés est toujours le même : Qu'est-ce que nous sommes en train de consommer a travers du téléphone mobile, internet ou télévision ?

2. Quel type d'information devrions-nous choisir ?

Une bonne manière de que notre cerveau pense des bonnes choses, c'est de réfléchir aux aliments que nous le donnons quotidiennement. Choisissons les informations que nous consommons !

Les médias ne sont pas mauvais, mais le contenu que beaucoup d'entre eux nous invitent à consommer oui ils sont, à court, moyen ou long terme. Des consultations naïves à l'horoscope, en passant par la sensualité et la pornographie, passant par la violence dans laquelle les autres souffrent. Sélectionner ce que nous consommons dans les médias audiovisuels de communication massive n'est pas impossible. Jusqu'à présent nous avons la liberté de décision sur ce que nous téléchargeons dans le téléphone mobile ; jusqu'à présent nous avons la « souris » dans nos mains, et même les boutons du contrôle de la télévision obéissent à nos décisions.

Dieu nous demandera de rendre compte non seulement de ce que nous faisons, mais même de ce que notre esprit consomme. Fermons les yeux au mal, à la sensualité de bon marché, aux images grotesques et aux actes de violence qui sont observés avec naturel. En tant que chrétiens, nous ne pouvons pas suivre le chemin des autres. Rire des blagues grossiers ou de double sens, qui se passe à la télévision ouverte ; voir sans douleur les vidéos offensives qu'ont nous envoient au téléphone mobile, ou téléchargent des images qui, avant que Dieu et même notre famille soient irrévérencieux. Méfiez-vous des moyens qui polluent notre esprit.

3. Gardez notre esprit renouvelé

Demandez à la classe de lire les passages suivantes et demandez qu'est-ce le thème de la leçon les enseigne.

Proverbes 23:7, Nourris ton cerveau correctement ! Lis la Bible, un bon livre ou revues qui traitent des thermes qui t'aident à grandir en tant que personne.

Matthieu 15:19 , Prends soin de ton cœur! Fais attention à ce que tu regardes, puisque ça remplit ton cœur.

Romains 12:1-21, Prend soin de ta vie spirituelle ! Ne néglige pas ta vie dévotionnelle personnelle et congrégationnelle.

Éphésiens 4:23, Évalue-toi constamment ! En écoutant la Parole de Dieu, nous nous évaluons constamment pour continuer à grandir dans la vie spirituelle.

Consommons le bien à travers nos yeux (et tous les sens), et nourrissons bien notre cerveau. Alors seulement, nous serons la différence dont ce monde a besoin ! La Bible nous enseigne à mieux nourrir notre cerveau et ainsi nous prendrons de meilleures décisions.

Révisez/Application :

Demandez-leur de répondre les questions suivantes, en tenant compte le niveau « d'alimentation » qu'ils sont en train de prendre quotidiennement :

- Avec quoi nourris-je mon cerveau quotidiennement au moment où je regarde la télévision ?

- Combien d'heures je passe face a la télévision chaque jour ? Et dans la semaine ?

- Avec quelle nourriture je nourris mon cerveau en Internet chaque jour ?

- Combien d'heures est-ce que je passe devant Internet par jour ? Et une semaine ?

- Combien d'heures je passe en utilisant le téléphone mobile ? Pourrais-je passer un jour sans lui ?

- En quoi ces choses m'aident ?

- Combien d'heures de temps par jour je mets à disponibilité pour lire la Bible et me communiquer avec le Seigneur ?

Après avoir répondu, demandez-leur de lire cette information et répondent.

« Comme notes, non seulement nous devons réfléchir au sujet de ce que nous sommes en train de faire ; dans la vie chrétienne nous devons arrêter de produire des pensées qui nous portent à faire quelque chose de mal. Et pour cela, nous exigeons de prendre soin de nos sens, en particulier nos yeux, qui sont les fenêtres ouvertes sur le monde qui laissent entrer les valeurs promues par le monde ».

- Que promets-tu à faire (devant le groupe) cette semaine pour diminuer tes valeurs alimentaires du monde ?

- Que promets-tu à faire (devant le groupe) cette semaine pour augmenter tes valeurs alimentaires du Royaume de Dieu ?

Défi :

Fais une liste des programmes les plus populaires et considère leur contenu. Fais ensuite une liste des valeurs que ces programmes promeuvent et qui sont contraires à la vie chrétienne.

Puis il répond, est-ce que ça vaut la peine de continuer à consommer une telle chose ? Présente les résultats obtenus pour le cours suivant.

Bonne ou mauvais ?

Natalia Pesado • EUA

Objectif : Que l'élève comprenne que la musique est un moyen d'expression qui peut refléter sa condition.

Pour mémoriser : *« Tout est permis, mais tout n'est pas utile ; tout est permis, mais tout n'édifie pas. Que personne ne cherche son propre intérêt, mais que chacun cherche celui d'autrui »* 1 Corinthiens 10:23-24.

Avertissement
Demandez-les les résultats du défi de la semaine dernière. Vous pouvez le faire et présenter vos propres conclusions.
Accepter

Connecter | Télécharger

Dynamique d'introduction (12 à 17 ans).

• Matériaux : Tableau et craie ou marqueur. Ecrivez au tableau au moins cinq noms de chansons connues par vos étudiants. Incluez deux noms de louanges qu'ils chantent avec la congrégation et trois noms de chansons profanes à la mode dans les jours présents. Si vous pouvez, apportez les chansons pour qu'ils écoutent un peu de chacune.

• Instructions : Demandez qu'ils écrivent les messages que les paroles de chaque chanson leur donnent et les sentiments qu'ils expérimentent en l'écoutant. Qu'ils réfléchissent sur la différence des effets que les chansons chrétiennes et celles des rues produisent.

Dynamique d'introduction (18 à 23 ans).

• Matériaux : Tableau et craie ou marqueur.

• Instructions : Divisez le tableau en deux colonnes, et écrivez au-dessus d'une colonne « Aspects positifs de la musique » et de la colonne opposée « Aspects négatifs de la musique ». Pour cet exercice, nous considérons le concept de la musique en général, sans distinction entre chrétienne et séculière. Ensuite, écrivez les réponses de chaque élève et les analyser.

Connecter | Télécharger

Les historiens et les archéologues nous disent que les êtres humains ont expérimenté des sons et des rythmes depuis le début de l'histoire. Aujourd'hui, plusieurs millions d'années plus tard, nous continuons à pratiquer et à apprécier ce que nous connaissons comme musique. Quels sont les changements que la musique expérimente à travers le temps ? Qui permet que la musique nous ait accompagnés tout ce temps-là ? Qu'est-ce que Dieu au sujet de la musique ?

1. Les Antécédents de la musique

La musique a été l'amie de l'être humain depuis au début de son existence. La nature même nous enseigne sur les rythmes et les sons mélodiques avec le chant des oiseaux, la communication entre les animaux et la chute de la pluie. De la même manière, les êtres humains ont été dotés des cordes vocales qui nous permettent d'émettre une variété de sons.

Dans les écrits de la préhistoire, on peut trouver des symboles et information sur les rythmes et la musique que les peuples utilisaient. A travers le temps, le développement de la musique a prise de différentes formes et même les instruments utilisés ont radicalement changé. Dans la préhistoire, des sons pouvaient être émis en faisant frapper deux pierres entre elles. Les instruments musicaux augmentèrent depuis les flûtes confectionnées avec des branches ou des os jusqu'aux pianos classiques et des guitares électriques.

Pendant l'époque médiévale, la musique continuait à avancer jusqu'à ce qu'elle arrivait à s'inclure dans les services religieux, étant la forme la plus connues, les chansons grégoriens. Ils étaient des chansons cappella qui ont été développées dans les églises et les voix Catholiques Romaines incluaient différents tons et volumes. Les chants grégoriens avaient l'habitude d'enseigner des histoires bibliques et des doctrines, car la plupart des gens étaient analphabètes.

Durant la Renaissance (1500-1600), la musique se développait de manière sans précédence jusqu'à atteindre ce que nous connaissons aujourd'hui comme la musique classique grâce aux musiciens comme Beethoven, Vivaldi et Mozart, entre autres.

De nos jours, les instruments modernes comprennent les claviers, les guitares électriques et les sons produits de manière électronique. De la même manière, la musique moderne, inclue des sons vocales différents et des rythmes très variés, comme la pop, le jazz, le rock, le hip hop et l'alternatif, entre autres styles.

Il est intéressant de reconnaitre que malgré des grands changements que la musique a expérimentés à travers son histoire, elle continue à impressionner le cœur de l'être humain comme peu de choses peuvent le faire.

2. L'influence de la musique

Qui n'a pas été impressionné en écoutant une chanson de tendance mélancolique ou a eu l'impression de se bouger en écoutant un rythme plus intense ? Les gens ont tendance de ressentir les émotions d'une manière beaucoup plus intense quand celles-ci sont accompagnées par une mélodie et des accords de rythme et est, en partie, c'est pourquoi que nous ressentons le plaisir d'écouter la musique. Les psychologues qui ont étudié l'effet de la musique sur les êtres humains ont découvert que vraiment la musique a le pouvoir de transformer notre état d'âme. Nous devons reconnaître qu'aucun rythme ou intensité ne modifie l'humeur d'une personne, déjà que n'importe quel son ne nous pousse pas à ressentir ou à agir d'une manière ou d'une autre. Cependant, il y a des combinaisons qui peuvent nous laisser très détendus, énergisés, agressifs ou déprimés. Un exemple est les combats violents qui peuvent survenir dans un concert de rock et qui ne se produirait probablement jamais dans un concert de musique classique.

Les gens qui s'intéressent à l'étude de l'aspect éthique de la musique nous révèlent que les sons et les mélodies en elles-mêmes ne doivent pas être considérées comme bons ou mauvais. Cependant, il est important de reconnaître l'influence que la musique peut avoir sur les personnes et la capacité que nous avons d'utiliser cette influence d'une manière responsable. Un simple exemple est l'importance qui peut avoir la qualité de musique qu'on écoute en conduisant un automobile ; c'est-à-dire, si j'écoute des musiques sonores de très haut volume ou intense peut-être j'aurai la tendance à ne pas laisser la place aux autres ou aucune patience à l'idée de traverser les piétons; cependant, si la musique que je suis en train d'écouter est un peu plus basse, probablement je ne vais pas aller avec plus de vitesse que la normale, ni pour violer les lois de trafiques très facilement. Malgré cet exemple pourrait ressembler extrême, c'est impossible de voir que la musique arrive à nous influencer de manière très positive (Ésaïe 51:3) comme négative (2 Chroniques 2:22).

Un autre aspect important de l'influence de la musique c'est la lettre que les chansons, déjà que la répétition des lettres des chansons une fois et autres fois font de ces lettres et les paroles encore et encore faire ces lettres et mots stockés dans notre mémoire (Philipiens 4:8) et dans des occasions nous contestons avec les mots d'une chanson.

Certaines techniques d'enseignement qui comprennent l'apprentissage à travers des chansons, comme une mélodie qui accompagne la lettre de l'alphabet ou les tables de multiplication peuvent aider les élèves de la première année à mémoriser l'alphabet ou les tables d'une manière plus efficace.

3. La fonction de la musique

Après avoir réfléchir sur l'influence de la musique sur l'esprit et le cœur humain, il est important de considérer notre responsabilité au sujet de ce que nous permettons qui nous influence. Également, nous savons qu'il est important de prendre soin de notre corps de tout ce qui pourrait le rendre malade et causer de la douleur, c'est aussi important de prendre soin de notre esprit de n'importe quelle influence qui puisse affecter notre être intérieur.

Comme chrétiens, nous pouvons toujours chercher du secours dans la Parole de Dieu pour savoir comment Dieu veut que nous nous protégeons et utilisons le corps, l'esprit et le cœur qu'Il nous a donnés.

Les chrétiens vivant à Corinthe ont dû faire face à des situations parfois très dangereuses pour leur corps et leur esprit, depuis Corinthe. Déjà que Corinthe était l'une des villes les plus modernes et avait une variété de personnes et les douanes. A Corinthe, les gens ont vu des exemples négatifs d'immoralité sexuelle, de consommation de substances addictives, agressivité, violence et la manque d'habilité et de respect. Pour cette raison, Paul a conseillé ses amis qui, bien que libres de choisir les activités auxquelles ils participaient, il était plus sage et avantageux considérer les conséquences de chaque choix (1 Corinthiens 10:23-24).

Là, non seulement il nous exhorte à chanter à Dieu, mais aussi à le faire avec « intelligence » (v. 7), c'est-à-dire, comprendre ce que nous chantons. Sans doute, nous pouvons dire que Dieu non seulement nous a donné la capacité de faire et jouir la musique pour nous-mêmes, mais aussi comme un moyen d'exprimer nos sentiments d'amour, de dévotion et de louange d'une manière sans pareille (Psaume 66:2, 69:30, 75:9, 95:2, 149:1).

Dans le livre d'Esaïe 6:1-3, le prophète raconta sa vision de ce qui s'était arrivé dans la présence de Dieu : Les créatures adoraient Dieu d'une manière constante et intentionnelle. C'est merveilleux de reconnaître que Dieu nous a aussi donné nous-mêmes, étant des êtres humains, la capacité de l'adorer avec nos voix et musique, de la même manière que les anges sont en train de le faire dans le ciel. Nous devons nous rappeler toujours que la fonction centrale de la musique, depuis sa perspective d'un cœur chrétien, doit toujours à l'adoration sincère et humble à Dieu. Nous ne pouvons pas nier qu'Il les mérite !

Révisez/Application :

Demandez qu'ils comparent les chansons séculiers et les chansons chrétiens. Puis dans la boîte ci-dessous, élaborez une liste des messages que les jeunes reçoivent lorsqu'ils écoutent des différentes chansons. Demandez-les qu'ils pensent aussi bien dans l'effet que ces messages ont sur la vie des jeunes qui les écoutent et apprennent.

Lettre Séculière	Lettre Religieuse
Heavy Metal, Rap, Hip Hop, etc.	Musique chrétienne
Usage de substances addictives Conduite immorale Conduite agressive	Usage de la prière Congrégation Adoration à Dieu Espérance en Dieu

Défi : Quel rôle la musique joue-t-elle dans votre vie ? As-tu déjà ressenti de la conviction à propos de certaines chansons que tu entends et qui sont gravées dans ton esprit ? Cette semaine, médite sur quelques chansons qui sont une bénédiction pour ta vie. Tu peux demander à Dieu de t'aider à choisir des chansons qui t'aident à te sentir plus proche de lui et à mieux le connaître. Dieu t'aime, et ce qu'il veut le plus, c'est que tu sois près de lui !

Plaisez-vous à Dieu ?

Objectif : Que l'élève comprenne que nous sommes la plus grande œuvre d'art que Dieu a créée, avec l'objectif de faire briller sa gloire et connaissance.

Pour mémoriser : *« Je vous exhorte donc, frères, par les compassions de Dieu, à offrir vos corps comme un sacrifice vivant, saint, agréable à Dieu, ce qui sera de votre part un culte raisonnable »* Romains 12:1.

> **Avertissement**
> Vous pouvez recevoir vos élèves avec quelques chansons que vous savez que vos élèves apprécient. Discutez sur les chansons qui bénissent leurs vies.
> Accepter

Connecter | Télécharger

Dynamique d'introduction (12 à 17 ans).

- Matériaux : Une feuille blanche, crayons de couleurs, papiers couleurs et matériaux pour décorer le dessin qu'ils fassent.

- Instructions : Demandez aux élèves de dessiner ce qu'ils veulent et ce qu'ils aiment ou écrivent le nom de quelqu'un qui signifie beaucoup pour eux et qu'ils lui peignent et décorent avec tout leur amour dans cette personne. Ensuite, demandez-leur le travail. Un par un commencez à les déformer avec un autre crayon, avec la justification que selon vous, ils ont l'air mieux de cette façon ou qu'il est maintenant à la mode de dessiner ou peindre d'autre manière. Demandez-les comment se sentaient-ils. Discutez su ce sujet. Expliquez que de la même manière, Dieu se sent offensé de voir comment nous endommageons sa création que nous sommes.

Dynamique d'introduction (18 à 23 ans).

- Matériaux : Tableau, craie ou marqueur.

- Instructions : Écrivez sur le tableau le mot « tatouages ». Puis demandez aux étudiants ce qui vient à l'esprit quand ils voient ce mot. Ecrivez ce qu'ils disent autour du mot principal pour qu'ils puissent voir. Très probablement, nom des choses comme « rock » ou « crâne », mais que ce soit tout ce qu'ils nomment ne sera sûrement rien à voir avec Dieu. Cela vous aidera à entrer dans le thème.

Connecter | Télécharger

La beauté et l'art sont passés d'une manière de mettre en valeur la création de Dieu à une forme d'esclavage l'être humain aux modes du moment. Déjà il n'y a pas de règles ni paramètres, rien se filtre par la Parole de Dieu, tout est acceptable. Beaucoup de jeunes acceptent les tatouages et les piercings comme art et style de vie, mais que pense Dieu ?

1. Dieu et sa plus grande œuvre d'art

Dieu a fait le monde entier ; tout ce que nos yeux peuvent voir a été créé par Lui (Genèse 1 et 2 ; Psaume 8:3). Lisez Psaume 19:1 et demandez : Que signifie ce verset ? Il est clair que la beauté de la création reflète le Créateur, démontre que l'art pure vient de Dieu et Exode 31:3 le confirme.

Dieu a créé l'être humain à son image et à sa ressemblance (Genèse 1:27) ; Il a doté l'être humain d'un esprit, de sentiments et la liberté de choisir. En plus de cela, Il l'a donné un corps, avec lequel Il reflète la grande créativité, art et perfection de Dieu ; car il n'y a pas de corps humain parfait. Il a fait de l'homme sa plus grande œuvre d'art.

Dieu nous a créés avec l'intention de l'adorer et refléter sa gloire et sa connaissance. 1 Corinthiens 1:12 dit que tout ce que nous faisons doit donner de la gloire à Dieu et Ephésiens 1:12 affirme que nous sommes pour la louange de sa gloire.

Malheureusement, l'être humain a péché (Genèse 3) et à partir de ce moment a commencé à mettre de côté son Créateur pour vivre à sa manière. L'histoire est témoins de comment l'être humain dans sa recherche de satisfaction, il dégrade. Un exemple de cela est la façon dont il a exprimé ses pensées et désirs sans considérer Dieu.

2. Tatouages, Dieu et sa Parole

Les tatouages ont leurs origines, dans les religions anciennes, l'esclavage, la sorcellerie et les cultures païennes. « Le style Moko Maori de Nouvelle Zélande, par exemple, était un tatouage tribal qui identifiait chaque individus et son statuts parmi un groupe. Il a rendu unique e non-confuse a la personne. Combien plus compliqué était l'art du tatouage majeur était sa responsabilité dans son rang social. Ils se tatouaient de la tête aux pieds, ils débutèrent à partir de huit-ans et c'était un processus lent et douloureux ; les tatouages s'embellirent et se renouvelèrent durant toute la vie. Les maories pensaient que dans ses spirales ils pouvaient attraper l'énergie cosmique. Si le défunt n'avait pas de tatouages protecteurs, la sorcière mangeait les globes oculaires, l'âme était aveugle, et ne pouvait pas trouver le chemin de l'immortalité. Pour ce fait, si quelqu'un mourait sans tatouage, les maories tatouaient le cadavre » (http://www.elcuerpo.es/los-tatuajes-historia-simbologia-y-tradiciones-item16.php [Consultée : le 30 Novembre 2010]). Dans la culture chinoise, on l'utilisait pour marquer les esclaves ou prisonniers.

Comme nous le voyons, l'origine de cette pratique est liée à la superstition et à l'idolâtrie. Dans Lévitique 19:28, Dieu donnait des lois de sainteté à son peuple. A cette époque, il était de coutume de se raser et de faire des marques sur la peau en signal d'affliction, mais Dieu a interdit tout cela (Deutéronome 14:1). C'était un acte de sainteté le fait de se garder éloigné de toutes ses pratiques.

Tout au long de la Bible nous trouvons plus de passages qui se réfèrent exactement à cet effet. Cependant, même si la Bible ne parle pas exactement de cela, oui, elle nous a dit comment doit-être notre forme de vie pour refléter la gloire et la connaissance de Dieu.

3. Refléter sa gloire et sa connaissance

Formez trois groupes et demandez-leur de dessiner l'idée principale de chacun des passages bibliques suivants et appliquez-le à votre vie quotidienne.

Dans Romains 12:1-2 il y a deux choses importantes : Premièrement, il nous demande la sainteté en corps et âme. Deuxièmement, il nous demande de nous dépouiller de toute la mondanité et de rechercher la volonté de Dieu. Dans 1 Corinthiens 3:16-17 nous dit que notre corps est spécial, c'est le temple de Dieu et nous ne devrions rien faire qui l'endommage. Quand quelqu'un se fait tatouer, il se blesse soi-même parce qu'il porte un processus douloureux avec lui. Dans 1 Corinthiens 6:19-20 Dieu nous dit que nous devons Lui glorifier dans notre corps et parce qu'il appartient à Dieu.

Donc, quelle est l'intention de se faire un tatouage ? Peut-être, être à la mode, démontrer la figure d'homme ou être plus sexy, mais, glorifient-elles à Dieu ces intentions ?

Qui signifie le mot « Conformer » ? (Romains 12:1-2). Selon l'Académie Royale Espagnole, c'est la « pratique de celui qui adapte facilement à n'importe quelle circonstance de caractère public ou privé ». Le verset 2 dit que, nous devons renouveler notre intelligence pour connaître la bonne volonté de Dieu ; c'est-à-dire, je dois analyser mon mode de vie pour voir si je suis agréable à Dieu.

Toute décision dans ma vie devrait être comparée à l'enseignement biblique et je verrai si le désir du tatouage vient de ma communion avec Dieu ou de ma communion avec le monde.

Philipiens 4:8-9 est très clair et un bon guide pour tout ce qui veut plaire à Dieu « …que tout ce qui est vrai, tout ce qui est honorable, tout ce qui est juste, tout ce qui est pur, tout ce qui est aimable, tout ce qui mérite l'approbation, ce qui est vertueux et digne de louange, soit l'objet de vos pensées ». Cela doit être notre règle de vie.

Révisez/Application :
Prenez un moment et répondez collectivement les questions suivantes. (Nous incluons des possibles réponses).

1. À l'image de qui avons-nous été créés et quelle est notre responsabilité à cet égard ?
   Nous avons été créés à l'image de Dieu. Et notre responsabilité est de refléter sa gloire et le faire manifester aux autres à travers nos vies.

2. Où sont nés les tatouages ?
   Des religions et cultures païennes, l'esclavage et la sorcellerie.

3. Terminez en complétant le verset biblique :
   « Vous ne ferez point d'incisions dans votre chair pour un mort, et vous n'imprimerez point de figures sur vous. Je suis l'Éternel » Lévitique 19:28.

4. Sur quoi Dieu va te juger ?
   A propos de mes décisions et actions.

5. Si tu devrais prendre une décision, a qui devrais-tu consulter en premier ?
   A Dieu.

6. La vie de sainteté englobe-t-elle seulement le spirituel ou aussi le matériel ?
   Cela implique les deux choses. Parce que si nous sommes aussi enfants de Dieu, nous sommes temple du Saint-Esprit et nous devons être témoins devant le monde.

Défi : La semaine prochaine, réfléchis aux choses de ta vie qui sont différentes de celles des jeunes que tu connais et qui ne sont pas chrétiens. Prépare ta liste et apporte-la au cours suivant pour la partager avec le groupe. (Et si tu es chrétien et que tu as des tatouages parce que tu les as eus avant de rencontrer le Christ, ne t'inquiète pas, Dieu connaît ta condition. L'important est que désormais ta vie soit mise à part pour Lui et que pour toute décision tu te fais toujours chercher la direction de Dieu).

Pour qui danses-tu ?

Objectif : Que l'élève comprenne que tout notre être et ce que nous faisons a pour but de plaire au Seigneur.

Pour mémoriser : *« Et quoi que vous fassiez, en parole ou en œuvre, faites tout au nom du Seigneur Jésus, en rendant par lui des actions de grâces à Dieu le Père »* Colossiens 3:17.

> **Avertissement**
>
> Demandez-leur la liste des différences. C'est une bonne opportunité pour dialoguer à propos des vrais différences avec les non-Chrétiens.
>
> Accepter

Connecter | Télécharger

Dynamique d'introduction (12 à 17 ans).

- Matériaux : Des chaises pour tous les participants, reproducteur de musique ou un instrument musical.

- Instructions : Placez toutes les chaises en formant un cercle avec les dossiers vers dedans. Demandez aux participants qu'ils se tiennent debout devant les chaises, placez une chaise moins que le numéro des participants. Faites retentir la musique et demandez aux participants qu'au rythme de la musique, qu'ils tournent autour des chaises. Quand la musique s'arrête, chaque personne doit essayer de s'asseoir dans une chaise, ce qui est laissé sans une chaise est éliminé. Ensuite retirez une chaise et répéter le jeu jusqu'il y a une chaise et deux personnes. La personne qui arrive à s'asseoir sur la dernière chaise est le (a) gagnant (e). Utilisez des rythmes différents pour que la classe se rende compte comment le corps peut exprimer des idées, des états d'âme, etc., en combinaison avec la musique.

Dynamique d'introduction (18 à 23 ans).

- Matériaux : Liste des émotions, (triste, fatigué, content, excité, en détresse, etc.).

- Instructions : Demandez un participant de présenter par des mimes quelques mots que vous avez inclus dans la liste (que vous avez créée d'avance) et demander au reste du groupe d'essayer de découvrir de quoi il s'agit.

  Ensuite, commentez que notre corps à la capacité de communiquer un message au-delà d'usage des mots parlés ou écrits.

  Demandez aux volontaires qui représentaient les mots de partager ce qu'ils ressentaient en essayant de communiquer le message. Postérieurement, partagez l'introduction du sujet.

Connecter | Télécharger

Le corps est merveilleux, parce que Dieu lui a permis de faire beaucoup de choses, et l'un d'eux est de se communiquer à travers des mouvements. Notre corps communique ce que nous ressentons, voulons et sommes, de manière spéciale à travers du rythme et le mouvement. Demandez : Que pensez-vous au sujet de danse ?

Voyons ce que nous dit la Parole de Dieu au sujet de notre corps et de la danse. Seulement quand nous considérons ce que dit la Parole de Dieu, nous pourrons être prêts à prendre les meilleures décisions.

1. Conçu pour plaire à Dieu

Dans Genèse 1:31, dans l'histoire de la création, Dieu lui-même a déclaré que tout était très bon, y compris l'être humain. Si nous analysons chaque partie de notre corps, nous pouvons arriver à la conclusion que l'être humain est si parfait et qu'il n'y a aucun doute que Dieu était celui qui les a créés.

Même la plus petite partie de notre corps a une composition particulière et un but parfait. D'une manière particulière, nos sens nous permettent de percevoir ce qui existe autour de nous, mais aussi nous permettre d'exprimer ce qui se passe en nous. Grâce à eux nous extériorisons nos idées, nos sentiments, nos questions, nos émotions, etc. Parfois, nous le faisons directement à travers la parole, mais d'autres fois nous le faisons à travers nos gestes ou nos mouvements.

C'est le point de départ pour parler de ballade ou de danse, dans le cadre d'une expression d'être humain. Je voudrais souligner le mot expression, qui implique la communication. Donc, au lieu de commencer avec la question, est-ce mauvais de danser ? Je vais commencer par la question, est-ce mauvais de nous exprimer ?

Cette question est beaucoup plus facile à répondre, nous devrions donc commencer avec elle. Je pense que nous sommes tous d'accord que ce n'est pas mal de nous exprimer. Surtout parce que nous avons déjà dit que Dieu nous a conçu comme ça, avec cette capacité à travers le mot parlé ou écrit ou le mouvement. Cependant, quelle opinion aurions-nous si notre communication exprimait un message qui blesserait les autres et détériorerait mon identité en tant que être créé à l'image de Dieu ? Sûrement la réponse à la question est-ce mal de nous exprimer ? Changerait.

La communication est bonne ou mauvaise selon le message que nous transmettons. De la même manière, nous pourrions dire que cabrioler ou danser en soi n'est pas un péché, cependant, nous ne pouvons pas nous contenter avec cette réponse, nous devons nous poser des autres questions qui nous aident à identifier le message et les intentions de ce qui s'exprime. Demandez : Qu'est-ce que nous communiquons avec notre corps à travers une danse ou cabriole ? Quelles sont les véritables intentions qui se cachent derrière de ces mouvements ?

La Bible nous montre que toute cette merveille de notre corps a un but : plaire à Dieu. Dans le Psaume 150:3-6, l'auteur reconnaît cela et invite chaque être vivant à louer Dieu, avec les différents instruments.

Dans une lettre, Paul nous rappelle que nous avons été créés pour plaire à Dieu (Ephésiens 1:3-7). Et cela signifie que notre corps fut créé pour la « louange de la gloire de sa grâce ». Ainsi qu'en évaluant n'importe quelle qualité de cabriole ou danse, il est important que nous répondions à cette question : A travers mon corps, suis-je en train d'exprimer mon désir de plaire à Dieu?

2. Modérations avec le folklore

Basé sur le point précédent, nous pouvons rejeter toute sorte de danse sensuelle, comme un moyen de plaire à Dieu. À la lumière des Écritures, ce n'était pas le but pour lequel nous avons été créés.

Mais, qu'a-t-il des danses folkloriques ? Dans l'Ancien Testament on a mentionné les danses du peuple Israël pour célébrer ses triomphes, sa joie pour une bonne moisson, et même pour célébrer sa bonne relation avec Dieu (Exode 15:20 ; 1 Samuel 18:6-7 ; 2 Samuel 6:5, 14, 16). C'est ce que nous pourrions définir comme une expression de la culture du peuple Israël. Lequel en l'apportant à notre époque, nous pourrions dire qu'elle s'applique aux multiples danses folkloriques que notre peuple pratique depuis des années et qui font partie de l'identité culturelle de nos pays. La différence certifie que la culture du peuple Israël était basée dans son identification comme un peuple de Dieu, qui dans la société dans laquelle nous vivons et dans laquelle nos ancêtres vivaient et c'est très différent. Cependant, l'important est de le cataloguer comme une expression culturelle.

Maintenant, même quand nous parlons de danse folklorique, nous ne distinguerons pas la danse sensuelle, en termes de critère que nous utiliserons pour évaluer si normalement c'est bon ou mauvais. Pour ce fait, nous utiliserons des questions similaires, comme, est cette danse folklorique une façon d'exprimer quelque chose pour lequel je suis reconnaissant envers Dieu, par rapport au pays ou à la communauté où je suis né ? Les mouvements, les costumes et le message de cette danse ne me détourne pas en tant que personne ?

Les sens nous permettent de nous communiquer, donc les gens qui voient les danses seront affectés de manière positive ou négative. Absolument, je ne peux pas faire beaucoup de chose pour ce qui passe dans la mémoire des autres personnes, mais je peux être assuré sachant que mon engagement est de plaire à Dieu à travers mes mots, mouvements et vêtements, et produisant un impact positif sur les gens.

Je suis sûr qu'avec ce qui précède, nous avons une bonne base pour prendre des décisions sur le participer à une danse folklorique ou s'en abstenir. Il y a beaucoup de danses folkloriques qui montrent la richesse culturelle de l'endroit qu'elles représentent et s'expriment très bien de la création de Dieu, en utilisant des mouvements et des vestiaires qui représentent la dignité des personnes. De l'autre côté, il y a des danses au lieu de montrer la beauté de la création de Dieu, elles nous montrent les ravages causés par le péché dans de nombreuses cultures et sociétés.

La Bible nous dit que quoi que nous fassions, que ce soit en paroles ou en actes, nous le faisons au nom du Seigneur et en le remerciant a Lui (Colossiens 3:17, 23). Allan Tozer dans son livre, « La recherche de Dieu », dit que pour celui qui a donné sa vie au Christ, chaque mot, chaque action et chaque pensée deviennent sacrés. C'est-à-dire, il le fait pour plaire à Dieu et avec gratitude dans son cœur. Donc, que nous participions ou non à une danse folklore, il est toujours important de se rappeler que notre engagement en tant que chrétiens est de communiquer tout ce que nous sommes et nous faisons notre amour à Dieu, à qui nous voulons plaire en tout.

Révisez/Application :

Donnez-leur le temps de répondre :

- Dans quel objectif crois-tu que nous a donné un corps ?

- Lis le Psaume 150 avec attention. Combien de fois se mentionne le mot louer, ou en d'autres mots qui se rapportent à la louange ? *11*

- Quelle invitation que ce Psaume a-t-il ? *Que tout ce qui respire loue Jah. Alléluia*

- Écrivez avec vos propres mots ce que dit Ephésiens 1:3-7.

- En basant sur Colossiens 3:17, que peux-tu dire au sujet de la danse ? Peux-tu inclure quelques différences que tu trouves entre la cabriole sensuelle et la danse folklorique (si tu crois qu'il y en a).

Défi :

Pendant la semaine, écoute quelques chansons folkloriques et examine ce qu'elles expriment et partage avec la classe le domaine suivant.

Résistez !

Objectif : Que l'étudiant voie la nécessité de résister aux attaques du diable pour être victorieux.

Pour mémoriser : *« C'est pourquoi, prenez toutes les armes de Dieu, afin de pouvoir résister dans le mauvais jour, et tenir ferme après avoir tout surmonté »* Ephésiens 6:13.

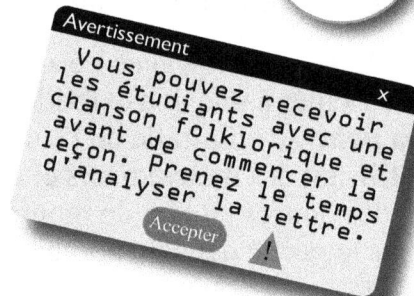

Avertissement
Vous pouvez recevoir les étudiants avec une chanson folklorique et avant de commencer la leçon. Prenez le temps d'analyser la lettre.
Accepter

Connecter | Télécharger

Dynamique d'introduction (12 à 17 ans).

- Matériaux : Une petite table, ou un lieu d'où on peut appuyer les coudes. Deux participants.

- Instructions : Demandez aux participants d'appuyer leurs codes sur la table et se tiennent par la main à droite de faire la force d'essayer de plier le bras de son adversaire.

  Pendant qu'ils participent, demandez ce qu'ils se sentent quand ils « se battent » avec leur adversaire. Sera-ce le désir de gagner ? Pourquoi veulent-ils gagner ? En même temps demander pourquoi veulent-ils résister ? Que signifie résister ? Comment pouvez-vous mieux résister ? Mentionnez que si le coude s'appuie avec de la force, donc la main aura plus de force et peut avoir plus de résistance. Si le coude glisse ou se déplace, ce sera plus facile que le bras soit doublé.

  Soulignez la force qu'ils ont déployée pour que leur partenaire ne puisse pas plier leur bras. Cela est la résistance, s'efforcer de ne pas être vaincu.

Dynamique d'introduction (18 à 23 ans).

- Matériaux : Revêtements de douces couvrant quelques végétales.

- Instructions : Coupez avec prudence des morceaux de pomme de terre ou carotte et couvrez-les avec des couvertures de chocolats. Faites-le de telle sorte que les gens ne remarquent pas le « truc ».

  Puis présentez-les à la classe et demandez aux volontaires de choisir l'un des « bonbons ». Parlez à ceux qui ont pris les « bonbons » à propos de ce qu'ils ont ressenti quand ils ont réalisé qu'ils n'étaient pas ce qu'ils pensaient. Demandez si quelqu'un soupçonnait que ce n'était pas réel.

  Le monde présente beaucoup de choses comme « Faux bonbons » pour nous tromper et nous faire dévier de notre foi chrétienne. La résistance se manifeste en ne se laissant pas impressionner par ce que nos sens apprécient, mais être prudent et chercher de l'aide de Dieu.

Connecter | Télécharger

1. Le conseil de Pierre aux jeunes

Dans 1 Pierre 5:5-8 nous trouvons quelques conseils pour les jeunes :

a. Soumis aux anciens : il ne faisait pas référence à ceux d'âge majeur, mais plutôt à ceux qui ont plus d'expérience dans la vie chrétienne. Il est important de nous soumettre aux plus expérimentés car ils se sont résistés pendant plusieurs années en marchant avec Christ et avoir des expériences qui peuvent nous aider.

b. Soumettez-vous les-uns aux-autres : « Et tous, dans vos rapports mutuels, revêtez-vous d'humilité ». L'humilité se manifeste quand nous reconnaissons nos faiblesses et nos limites. Être humble nous fera prendre conscience que nous sommes vulnérables et nous avons besoin de l'aide de Christ en premier lieu et aussi de nos frères dans la foi.

c. Déchargeant-vous sur lui de tous vos soucis : Les soucis peuvent être des problèmes, des inquiétudes, des besoins, des angoisses, etc. Ce sont des choses qui peuvent dévier notre confiance en Dieu.

d. Soyez sobres, veillez : « Pratiquez l'auto-control et soyez attentifs » (NVI). Il est évident que si nous connaissions tous ou se trouve le danger, nous essaierions de l'éviter. Mais l'une des caractéristiques du lion, c'est qu'il peut s'approcher de sa proie sans s'en apercevoir. De la même manière dans le cas des attaques du diable, celui-ci est déguisé. Ils sont présentés de la manière la plus subtile, pour nous tromper et nous faire trébucher.

2. Nous sommes attaqués et nous devons résister

Le diable tente de détruire a ceux qui confient en Christ. Jésus enseigna ses disciples qui seraient sou l'attaque et mentionnait la nécessité de résister la tentation et Lui-même fut exemple de cela. Luc 4:13 nous dit que après la résistance de Jésus face à ces tentations, Satan « s'éloignait pour un moment ».

Jésus enseignait ses disciples à prier face aux attaques (Matthieu 6:13). Nous devons demander d'aide à Dieu pour être alertés quand la tentation se cache et nous aide à nous en débarrasser d'elle.

Nous devons être conscients que les « feux de l'ennemi » arriveront dans n'importe quel moment. C'est la raison pour laquelle nous devons demander toujours de l'aide à Dieu dans la prière.

Jésus dit à Pierre qu'il allait être « attaqué » (Luc 22:31-34) et avec anticipation Il lui promettait son aide (Luc 22:32). Pierre n'avait pas pris cela en charge parce qu'il confiait dans sa propre force.

Paul a enseigné dans Ephésiens 6:12 contre qui est la lutte. Bien souvent nous pouvons nous concentrer tellement dans un problème ou conflit, même avec les gens de l'église, que nous ne rendons pas compte que c'est une distraction qui veut détourner nos yeux du Christ.

3. Façons de faire face à l'attaque

Pierre demande au chrétien de résister, 1 Pierre 5:9 et Paul dit que nous nous habillions de l'armure pour résister (Ephésien 6:13). Il nous a dit aussi que la manière de résister c'est nous maintenir fermes dans la foi en Jésus-Christ. Jésus fut tenté en tout selon sa ressemblance mais sans péché (Hébreux 4:14-15), c'est pour cette raison qu'Il nous entend, se sentir désolé pour notre situation et nous aider à être victorieux.

C'est intéressant de souligner que notre responsabilité est de demander aide de Dieu (Hébreux 4:16). Si Jésus a vécu, Il est puissant pour nous aider. Nous devons avoir foi en Lui.

L'une de la manière de résister (Ephésiens 6:13) est connaitre la Parole de Dieu. Dans les trois opportunités, Jésus qui fut tenté a répondu, « il est écrit… » (Matthieu 4:4, 7, 10). Jésus a vécu en utilisant les Écritures. De la même manière si nous voulons être victorieux, nous devons fonder notre foi dans la Parole de Dieu. Notre foi va augmenter au fur et à mesure que nous en savons plus au sujet de son Auteur et l'un des moyens de le connaître est à travers de sa Parole.

Parfois, nous voulons distraire les attaques des ennemies en participant à différentes activités, et en essayant de l'ignorer. C'est un danger ! Cherchons d'aide en Christ en sa Parole.

Une autre façon de résister est de pratiquer les moyens de grâce (prier, louer, adorer, jeûner, etc.). Celles-ci sont différentes façons par lesquelles nous pouvons approcher Dieu avec foi.

4. Résultats de la résistance à l'attaque

Nous les enfants de Dieu nous pouvons résister contre les attaques du malin par le moyen de Jésus-Christ. Notre responsabilité est de résister en confiant en Lui et Il fera ce qui reste (1 Pierre 5:10-11). Jean 5:18 nous dit que Dieu nous protège et le malin ne nous touche pas. Si nous sommes nés de Dieu et ne pratiquons pas le péché, nous aurons la victoire en Christ. Mais quand nous sommes attaqués, nous devons résister en Christ (1 Pierre 5:10-11).

a. Il nous perfectionnera : à mesure que nous grandissons, nous réalisons qu'il y a des compartiments dans nos vies qui ont besoin d'un développement majeur. Jésus veut mettre chacun de ses compartiments en parfaite relation et connexion avec Lui.

b. Nous serons affirmés. En nous donnant compte que la bataille a été bien gagnée, nous aurons du courage pour aller vers l'avant et nous pouvons encourager les autres quand ils traversent des situations similaires.

c. Nous serons fortifiés. Quand nous résistons, notre foi se fortifie et restera ferme au milieu des tempêtes comme un vieil arbre qui ne tombe pas parce qu'il a des racines profondes et son tronc fort.

d. Nous serons établis : Dans Matthieu 7:24-27 nous lisons que la maison qui se tient ferme malgré la pluie a été celle qui était construite sur le roc. Celle-ci est la signification d'être établi. C'est plus profond qu'être ferme ou être fort a une signification plus durable.

Terminez en guidant vos élèves vers un moment de prière et guidez-les pour qu'ils se promettent de faire un effort pour savoir plus de Dieu.

Révisez/Application :

Guidez vos élèves à répondre aux questions suivantes à mesure que la leçon se développe.

- Qui nous a enseigné que nous serions attaqués par l'ennemi ? *Jésus*

- Mentionnez 3 opportunités lorsqu'il l'a enseigné.
  1. Avec votre propre exemple.
  2. Dans la prière du Notre Père.
  3. Anticipant Pierre de ce qui se passerait.

- Contre qui est notre lutte selon Ephésiens 6:12 ? *Contre les principautés, pouvoirs, gouverneurs des ténèbres, des hôtes spirituels de méchanceté.*

- Écrivez 3 formes de faire face à l'attaque.
  1. Renforcer notre foi en Christ.
  2. En lisant la Bible
  3. En priant, jeûnant, etc.

- Quelles sont celles que tu pratiques de plus entre elles ?

- Quelle est celle que tu voudrais inclure dans ta vie pour faire face à l'attaque ?

- Que fera le Christ de nous-mêmes si nous résistons ?
  Nous perfectionnera
  Nous affirmera
  Nous fortifiera
  Nous établira

Défi : Après un temps de prière, demande à Dieu de t'indiquer certains domaines de ta vie qui sont les plus vulnérables à la tentation. Ensuite, cherche dans ta Bible 10 promesses qui peuvent t'aider à renforcer ta foi lorsque tu es tenté.

S'habiller avec la vérité

Objectif : Que l'élève comprenne que le combat avec l'ennemi doit être affronté dans notre terrain et avec nos armes.

Pour mémoriser : *« Tenez donc ferme : ayez à vos reins la vérité pour ceinture... »* Ephésiens 6:14a.

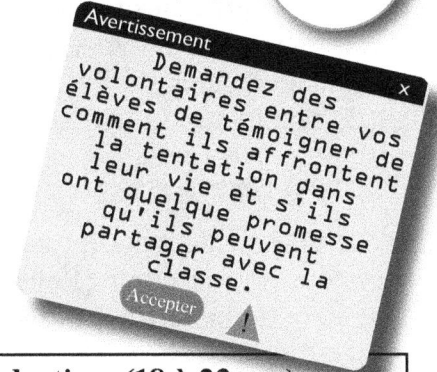

> Avertissement
>
> Demandez des volontaires entre vos élèves de témoigner de comment ils affrontent la tentation dans leur vie et s'ils ont quelque promesse qu'ils peuvent partager avec la classe.
>
> Accepter

Connecter | Télécharger

Dynamique d'introduction (12 à 17 ans).

- Matériaux : Des photocopies du graphique suivant pour chaque participant.

- Instructions : Donnez une copie à chaque étudiant et donnez un peu de temps pour qu'en suivant chaque fil, ils trouvent quel enjeu est qui se rapporte à la vérité. (Assurez-vous qu'ils commencent tout l'enjeu et ne triche pas). Donnez un peu de temps pour qu'ils expriment qui signifie pouvoir avoir cette dynamique dans votre vie chrétienne.

    Il est important de savoir qu'il y a beaucoup de fils idéologies qui essayent de nous donner la vérité ; cependant, la vérité en est une.

Dynamique d'introduction (18 à 23 ans).

- Matériaux : Feuilles de couleur blanche, crayons et un dessin d'un paysage.

- Instructions : Montrez le dessin avec un paysage et ensuite enregistrez-le afin qu'ils ne le voient pas et lui donner un temps pour que tout le monde dessine le paysage que vous lui avez déjà montré.

    Après 3 minutes, voyez la ressemblance de leurs dessins avec l'original, et leur dire que tant ils essaient d'apporter la vérité, mais ils ne sont que simples conceptions. La vérité est qu'il n'y en a qu'une comme le dessin original.

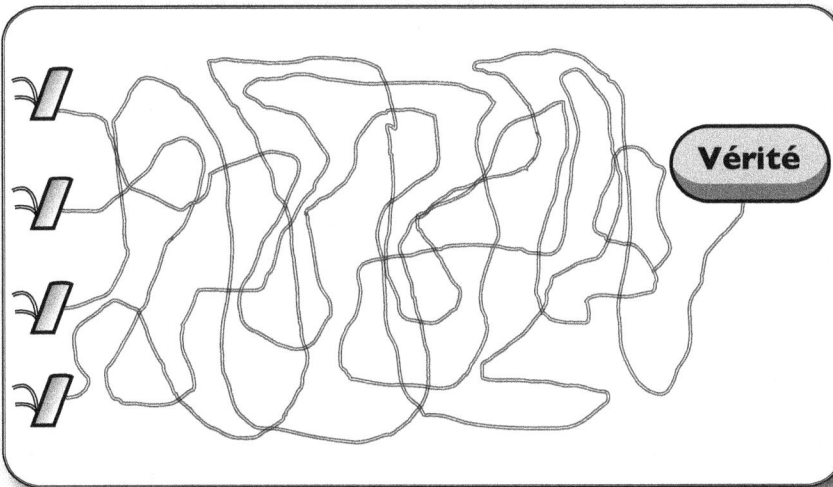

Vérité

Connecter | Télécharger

1. La vérité vient du Christ

La « vérité », selon le philosophe Platon, vient a être égale que « révélation », nous dirions que la vérité c'est mise en évidence lorsque nous enlevons le voile des yeux. Les adolescents et les jeunes, pendant leurs études secondaires ou supérieures, ils écouteront beaucoup de philosophies et idéologies qui feront trembler leurs formes de penser. Pour cela, il est important de savoir qu'au sein de beaucoup de conceptions de la vie, l'unique qui apporte la satisfaction réelle est celle qui vient à travers de notre Seigneur Jésus-Christ (Jean 14:6).

La seule vérité authentique, est celle qui vient à travers de Jésus-Christ. Jean fut l'unique évangéliste qui avait l'objectif de nous faire comprendre la source de toute vérité (Jean 1:14, 17, 18:37). Jésus-Christ est la vérité révélée et seulement à travers de Lui nous pouvons trouver la vraie voie. Si nous voulons trouver la vérité des choses ou la vérité de la vie ; il suffit de regarder le Christ, voir son exemple, voir son message et voir sa vie pratique. Qui donc, nous trouverons la vraie révélation de la vérité. Malgré les plus correctes semblent-ils nos pensées, nos idées ou nos idées de vie, si elles ne sont pas dirigées par la révélation du Christ, seulement elles nous dirigeront a la mort (Proverbes 16:25).

2. Vêtements de la vérité

Le vêtement que l'apôtre Paul nous déclare ici c'est un vêtement intérieur, parce que tes actions viennent de ton cœur (Ephésiens 6:14a). Donc, il est nécessaire que ton intérieur soit revêtu avec le vêtement de la vérité. Mais, comment pourrons-nous habiller de la vérité ?

A. Ayant Christ dans le cœur

Christ est l'unique vérité ; pour cela, l'unique manière d'avoir la vérité dans le vêtement intérieur c'est en L'ayant (Jean 8:32). Si la vérité est le Christ, eh bien, quand nous sommes sauvés, nous sommes aussi libres de toute ignorance qui nous a condamnés à vivre au milieu des ténèbres. Seule la vérité en Christ nous rendra libres (Jean 8:36).

Paul dédiait sa jeunesse à l'étude exhaustive des sciences et la religion. Cependant, quand il connaissait la vérité révélée sur le chemin de Damas, tout ce qu'il avait acquis depuis sa jeunesse n'était rien comparé avec la vérité de Christ (Philipiens 3:7-8).

Si quelqu'un n'a pas Christ dans sa vie, encouragez-le à faire ce pas de foi. Et si tout le monde l'a déjà, demandez-leur de s'occuper des demandes suivantes.

B. Vivre dans la sainteté

La vérité révélée à travers notre Seigneur qui peut sanctifier nos vies. Dieu veut que nous vivions une vie sainte (Jean 17:17, 19). L'inquiétude de Jésus, non seulement était les disciples et ceux qui Lui suivaient auraient connaissance de la vérité, mais aussi qu'ils vivent en elle. La vérité a un pouvoir sanctificateur. Elle nous nettoie et nous apporte a une dimension spirituelle où nos actions se ressemblent au Christ.

Lorsque nous nous habillons avec la vérité sanctificatrice, nous vivons une vie guidée par le Saint-Esprit (Jean 16:13a), Lui qui nous mène à toute la vérité. Pour cela, la consécration au Seigneur est importante, évitant que les actions charnelles provoquent le chagrin du Saint-Esprit et, par conséquent, nous menons une vie religieuse très loin de la vérité (Ephésiens 4:30). Christ n'est pas religion, Il est une expérience d'une vie abondante.

C. Vivre dans l'amour

L'amour est la caractéristique d'un enfant de Dieu, de sorte que la vérité dans nos vies dépendra de combien nous aimons Dieu et à notre prochain (Ephésiens 4:15a ; 1 Jean 3:18). La vérité ne se contredit jamais, pour cela, nous ne devons pas permettre la division entre nos paroles et nos actes. La vérité est la théorie de ce que tu dis et la pratique de tes faits.

Rappelons-nous, en Christ nous avons la vérité, dans son Esprit nous marchons dans la vérité et si nous aimons nous pratiquons la vérité.

3. Surmonter avec la vérité

Paul dit « Tenez doc fermes… » (Ephésiens 6:14a) ; métaphoriquement, cela implique être bien positionné. Demandez : Avez-vous vus quelques footballeurs portiers quand ils gardent la porte pour éviter les buts ? Ou des hommes de lutte dans un anneau ? Ils portent une attention particulière à leurs adversaires.

C'est l'idée du verset. Spirituellement implique que nous ne devrions pas nous laisser dominer par tout ce qui va à l'encontre de la vérité du Christ. Du point de vue biblique, il existe de nombreuses situations où nous devons être forts face aux tentations qui nous portent à ne pas utiliser la vérité. Par exemple : Le mensonge (Proverbes 8:7) ; être faux témoins (Proverbes 12:17) ; agir avec double sens est aussi éviter la vérité (Marc 12:14) ; vivre une vie religieuse (1 Jean 1:6, 2:4).

Nous sommes appelés à être victorieux en Christ. La vérité est un outil nécessaire pour nous rendre vainqueur devant les pièges du diable. Christ nous a donné la vérité, alors utilisons-la (2 Corinthiens 13:8).

Ainsi comme Dieu est la vérité, le diable se considère comme le père du mensonge (Jean 8:44), parce que depuis au début de la création il a trafiqué la vérité en tentant nos premiers parents. Maintenant à travers le Christ, la vérité a été récupérée ; c'est la raison pour laquelle l'appel de l'apôtre Paul est de nous revêtir avec la vérité pour ne pas être couverts de honte (2 Timothée 2:15).

Révisez/Application :

Formez deux ou trois groupes et assignez à chaque groupe certains des personnages suivants afin qu'ils réalisent le travail suivant. Lire les passages bibliques et marquer avec un « M » les personnages qui ont changé la vérité pour le mensonge et qu'ils mettent un « V » à ceux qui ont dit la vérité ; en outre qu'ils commentent sur l'attitude de certains d'entre eux selon le temps que vous disposez.

Pierre (Marc 14:26-31)	(M)
Amnon (2 Samuel 13:1-15)	(M)
Nathanaël (Jean 1:43-51)	(V)
Dalila (Juges 16:4-22)	(M)
Paul (2 Timothée 4:5-8)	(V)
Jacob (Genèse 27:1-38)	(M)
Daniel (Daniel 6)	(V)
Ananias et Saphira (Actes 5:1-11)	(M)
Joseph (Genèse 39)	(V)
Caïn (Genèse 4:1-12)	(M)
Job (Job 1:1)	(V)

Défi : Est-ce que tu veux te vêtir complètement de la vérité ? C'est ta chance. Commence maintenant à choisir ce qui est bon et vrai malgré… Dieu veut que nous soyons lumière au milieu des ténèbres. Pendant la semaine, pensez si tu as encore quelque chose que tu caches et nous t'encourageons à te déguiser en vérité.

Revêtons-nous de la justice

Objectif : Que l'élève comprenne que la justice est une partie essentielle de la transformation que Dieu communique au croyant et il doit le transmettre à son prochain.

Pour mémoriser : « *...revêtez la cuirasse de la justice* » Ephésiens 6:14b.

Avertissement

En commençant la classe avec la prière, priez pour qu'il y ait en chaque élève le désir de se revêtir de la vérité malgré...

Accepter

Connecter | Télécharger

Dynamique d'introduction (12 à 17 ans).

- Matériaux : Deux feuilles avec deux cas hypothétiques.

- Instructions : Divisez la classe en deux groupes, donnez à chacun une feuille avec un cas. Ensuite, motivez la classe à élaborer en 5 minutes deux finales pour le cas en question. L'un doit être juste et l'autre injuste selon vos propres appréciations.

  Cas 1 : Un camarade de classe est en colère contre moi. Il dit que j'ai parlé de mauvaises choses à propos de lui. Un camarade lui a dit ça en privée.

  Cas 2 : Je prête le producteur de la musique à une petite amie. Elle l'a utilisé pendant la classe et l'enseignante l'a enlevé et ne le rendra pas.

  Demandez : Comment se sentiez-vous en effectuant les deux finales pour un même début ? Qui était le plus facile, élaborer le final juste ou l'injuste ?

Dynamique d'introduction (18 à 23 ans).

- Matériaux : Un récipient qui contienne les mesures marquées en cc. (Centimètres cubiques), une quantité de quelque élément qui peut se mesurer et apaiser (farine, légumes, sucre, etc.), 3 vers ou récipients.

- Instructions : Avant de commencer la classe, mettez les matériaux sur une table de manière que tous les étudiants puissent voir l'activité. Demandez à la classe de diviser l'aliment dans des vases qui a de la comptabilité 100cc. Dans chacun d'eux, sans utiliser le récipient qui a les mesures marquées.

  Ensuite, ils vont procéder à corroborer si la distribution était correcte avec le conteneur marqué.

  Demandez : Était-il facile de faire une division équitante ? Pourquoi ? Si nous apportons cette activité de la vie réelle : À quel point cela peut-il être difficile arriver à faire ce qui est correcte ? Avez-vous déjà été dans une situation injuste ? Qu'avez-vous ressenti ?

Connecter | Télécharger

1. Dieu est juste

Le mot justice signifie : « Droit, raison, équité » (Dictionnaire de l'Académie Royale Espagnole, Vingt-deuxième édition, 2001. Version Digitale.) Autrement dit, la justice fait partie d'un droit que chaque personne doit avoir et est liée à la façon d'être « une personne équitable ». C'est comme si nous distribuions un gâteau et nous avons veillé à ce que chaque morceau soit le même pour chacun, car c'est juste que cela devrait être ainsi.

Paul nous encourage à nous revêtir avec « la cuirasse de la justice » (Ephésiens 6:14b) parce que aime la justice, Il aime ceux qui se comportent avec droiture (Psaume 11:7). En fait, si nous pratiquons de bonne chose, le verset a dit que nous verrons sa face.

Dieu ne peut pas être juste et prendre de mauvaises décisions. Dieu est juste et ses desseins sont pleins de bonté. Il veut donner à chacun la mesure parfaite de ce qu'on a besoin. Pour cela, Il veut que nous apprenions de Lui pour que nous vivions la vie chrétienne adaptée à ses buts et à ses conseils.

Dieu veut nous donner sa justice quand nous le demandons (Luc 18:7). Il aime faire la justice surtout avec les affligés (Deutéronome 10:18) et attend de nous, ses enfants, faisons de même (Esaïe 1:17).

2. La justice de Dieu pour l'être humain

Il y a une histoire dans la Bible qui démontre la vraie justice pratiquée par un serviteur de Dieu. Même le roi Saül en vie a agi contre la vie de David, celui-ci voulait faire de la justice avec quelque de ses descendants par amour a Jonathan qui était son meilleur ami (2 Samuel 9:1-13). Alors il a décidé de trouver quelqu'un qui serait de la famille de Saül (Descendent de la famille royale) pour appliquer la miséricorde dans sa vie.

David trouva a Mephiboscheth (fils de Jonathan qui était paralysé aux deux pieds selon 2 Samuel 4:4) et lui a promis de le donner une portion de terre à travailler et lui a promis qu'il serait toujours assis à la table du roi (vv. 7-10).

Pour un paralytique, la vie dans cette époque a été la plus difficile que celle que nous pourrions signaler aujourd'hui. Il n'y avait pas de place pour les personnes qui souffraient quelque difficulté, et Mephiboscheth n'était pas l'exception. Il est difficile de nous imaginer combien de frustration, d'amertume et de solitude a ressenti cet homme qui, depuis l'enfance a dû faire face les regards de ceux qui possédaient des difficultés et qui n'étaient pas hors de la société.

Mais, David nous enseigne que la justice de Dieu est le droit de chaque personne à être bénéficiaire avec sa miséricorde.

Cela n'était pas une chose qui fut arrivé avec seulement Mephiboscheth à travers David, mais aussi avec notre propre vie.

Peut-être nous n'avons aucun handicap physique, mais Dieu nous a vus « ... morts dans les péchés » (Colossiens 2:13a). Autrement dit, nous étions incapables de nous rapprocher et de faire partie de la famille de Dieu, parce que le péché nous a éloignés de Lui. Nous n'étions pas justes. Mais Christ a pourvu de sa justice, en payant pour nos péchés pour que nous puissions atteindre la vie que nous pratiquons maintenant. Et nous assure qu'un jour aussi nous assiérons a la table du Roi des rois et nous serons avec lui pour toujours.

David effectuait une action juste envers Mephiboscheth malgré son handicap et Dieu effectue à travers Christ une action juste malgré notre condition pécheresse.

Dieu en rendant la justice nous rend :

1. Puisque à cause de notre péché, nous avions perdu ; la joie, la communion et relation avec Dieu. Par le moyen de Christ nous, nous avons de nouveau accès à sa présence parce que nous sommes rendus justes (Romains 5:1 ; 1 Corinthiens 6:11 ; Tite 3:7).

2. La liberté pour laquelle nous avons été créés. Nous cessons d'être des esclaves du péché, et nous devenons des enfants de Dieu, ce que Dieu a toujours voulu que nous soyons (Jean 8:36 ; Galates 5:1 ; 1 Jean 3:10).

Lorsqu'on leur demande si Dieu a déjà fait justice dans leur vie, ils peuvent répondre clairement et avec force, Oui ! Dieu nous a rendu justes et nous sauvés par le moyen de la mort de Jésus.

Et maintenant, Paul parle de l'armure de Dieu, laquelle nous aidera dans notre manière de vivre pour « ...tenir fermes contre les attaques du diable » (Ephésiens 6:11b). Et non seulement il mentionnait des éléments offensifs d'attaque contre l'ennemi, mais qui inclue la cuirasse de la justice (Ephésiens 6:14b) comme une partie de l'armure défensive dans notre bataille spirituelle. Paul se referait de l'armure comme celle que les soldats romains se revêtirent dans le siècle I. La cuirasse était de fer, laquelle enveloppait le corps du soldat, surtout sur ses épaules et sa poitrine. C'est-à-dire qu'il protégeait les organes vitaux et surtout le cœur.

La cuirasse de la justice que Paul nous invitait à nous habiller nous aide à protéger notre cœur des mauvaises influences de manière que nous puissions prendre les décisions correctes, non basées dans nos pensées et préjugés, mais dans la justice que Dieu donne comme un droit sur la vie des chrétiens.

Quel repos nous pouvons nous donner ! Quand nous devons prendre des décisions et agir correctement, nous saurons que nous avons la justice de Dieu pour profiter la vraie issue. Quand nous avons même peur que nos amis nous laissent parce qu'ils ne veulent pas faire la bonne chose et s'attendre à la même chose de notre part, nous comprendrons que Dieu garde notre cœur d'amertume et de découragement en sentant que nous pouvons être laissés seuls pour faire de bonne chose. Toujours faire la volonté de Dieu nous apporte des récompenses, mais souvenez-vous que de nombreuses fois, les récompenses ne peuvent pas être touchées ou vues, parce qu'elles sont des avantages pour le cœur.

3. Justice, preuve de la nouvelle naissance

Nous ne pouvons pas ignorer que faire ce qui est correcte est une évidence de que Christ habite en nous et que nous sommes nés de nouveau (1 Jean 2:29).

Pour que l'évidence que nous sommes nés de nouveau soit notre manière de vivre et reflète dans les choses que nous faisons quotidiennement et comment nous nous rapportons aux autres selon Michée 6:8 nous donne la clé.

Pour atteindre que la justice de Dieu soit conservé en moi, je dois connaitre et obéir à Dieu. Seulement ainsi, Dieu pourra changer mes vêtements et rendre juste ma vie, mon cœur et mes actions.

En obéissant, nous opterons pour la vie que Dieu veut pour nous et nous pourrons en fin partager le « morceau du gâteau » de nos actions d'une manière équitable sans offenser les autres, et même être promoteur de la bonté et miséricorde, adjectifs que nous ne voyons pas beaucoup aujourd'hui dans notre société.

Nous suivons les pas de Jésus, (Matthieu 11:29) et nous devons aspirer d'être comme Lui. Cela doit être changé en un besoin quotidien être comme Lui. Jésus est notre modèle, personne ne peut se comparer à ce qu'Il a fait, parlé et Il montrait à travers son sacrifice à la croix. Et nous voulons être comme Lui pour prendre les décisions correctes, afin que les autres puissent voir la différence entre être chrétien ou non. Christ nous a montré la force sans pareille. Il n'avait pas de manteau à voler, ni vue éclatante ; mais sur un bois, Il sauva toute l'humanité par amour. Aucun super-héros ne se compare avec sa majesté, amour pour les autres et sacrifice pour tous. Jésus est un vrai héro. Nous devons aspirer être justes comme Lui !

Révisez/Application :

Divisez la classe en groupes de trois et demandez-leur d'écrire trois injustices que la société commet aujourd'hui et que pensez-vous apporter comme solution possibles pour chacune d'elles.

Injustices

1. _____
2. _____
3. _____

Solutions possibles

1. _____
2. _____
3. _____

Défi : L'église a diverses instances pour faire valoir des droits sur les plus démunis et c'est un devoir que nous devons agir en tant que tel. Pendant la semaine, réfléchis ensemble à un projet dans lequel tu peux aider un groupe de personnes qui souffrent d'un grief ou d'une injustice. Développe-le et essaie de le pérenniser dans ton groupe de jeunes. Que Dieu fasse justice à travers toi !

Les souliers correct

Viviana Pérez • Equateur

Leçon 48

Objectif : Que l'élève établisse sa vie sur l'évangile de la paix et le partage.

Pour mémoriser : « *Mettez pour chaussure à vos pieds le zèle que donne l'Évangile de paix* » Ephésiens 6:15.

> **Avertissement**
>
> Si vous connaissez quelques des demandes répondues, demandez quelques témoignages. Cela encourage de demander et attendre parce que Dieu nous aime et fait toujours du bien envers ses enfants.
>
> Accepter

Connecter | Télécharger

Dynamique d'introduction (12 à 17 ans).

- Instructions : Demandez aux élèves qu'ils ôtent les chaussures, mélangez-les et mettez-les ensemble à une extrémité de la salle. Puis indiquez-les de se positionner dans le lieu contraire du salon et former des groupes de trois ou plus de personnes. Demandez à chaque groupe de choisir une personne qui soit le « détective » et qu'un autre membre du groupe décrive les chaussures au détective. Une fois que le détective a l'information, dites-lui de courir vers le tas pour chercher les chaussures et amenez-les à qui ils appartiennent. Si le détective manque des chaussures, alors il devrait demander plus de signes et aller les retrouver. Si ça a réussi, le propriétaire des chaussures devrait les mettre et se transformera en détective. Demandez qu'ils répètent le jeu jusqu'à ce que chaque membre du groupe ait ses propres chaussures. Le groupe qui se résout en premier le mystère sera le gagnant.

  Parfois, il est difficile de trouver les bonnes chaussures, mais quand nous l'avons fait, nous nous ressentons confortables et satisfaits. Mais si nous nous chaussons de la mauvaise manière, nous allons nous sentir très inconfortables. La Bible nous recommande de mettre les chaussures de la paix.

Dynamique d'introduction (18 à 23 ans).

- Matériaux : Le petit chœur « Je te demande la paix » de Jaime Murrell.

- Instructions : Prévoyez un peu de temps pour qu'ils écoutent, chantent ou regardent le clip « Je te demande la paix » de Jaime Murrell ; à la fin de la chanson, réfléchissez sur les questions suivantes avec le groupe (si vous ne connaissez pas le petit chœur, il suffit de poser les questions) :

  – Quand tu observes d'autres personnes autour de toi en difficulté, que fais-tu ? Est-ce que tu aides, pries pour eux ou leur parler de l'Evangile ?

  – As-tu demandé à Dieu de t'aider à regarder avec ses yeux et sentir avec son cœur ?

  – As-tu pensé que chaque fois que tu fais un pas, tu as la responsabilité d'annoncer l'Évangile de la paix ?

  Permettez qu'ils répondent et ensuite commencez la leçon.

Connecter | Télécharger

Tout le monde aspire à la paix et parfois pour l'obtenir. La paix c'est « ... la paix et la bonne correspondance de certaines personnes avec d'autres, en particulier dans les familles, par opposition aux dissensions, querelles et procès ... La vertu qui met dans l'esprit la tranquillité et le calme, opposé à la tourmente ... » (Dictionnaire de l'Académie royale espagnole. Vingtième édition en ligne).

Le Nouveau Testament mentionne le mot paix 100 fois et Paul mentionne que la paix vient de Dieu à travers Jésus-Christ. Nous ne pouvons pas trouver cette paix dans le monde, (Philipiens 4:7). Nous pouvons trouver la vrai paix seulement en Dieu et celle-ci surpasse la compréhension humaine, c'est la précieuse, et inexplicable nouvelle que nous pouvons donner.

1. Jésus, modèle et moyen d'atteindre l'évangile de la paix

La Bible dit dans Ephésiens 6:15 que nous devrions mettre nos pieds « avec la préparation de l'évangile de la paix ». Cela signifie que ce message de paix se porte comme un soulier aux pieds. Sans eux, nous ne devons pas aller nulle part, parce qu'ils nous guident pour partager le message de l'Évangile.

Le dictionnaire nous dit que préparation, signifie : « Disposition ou préparatif nécessaire pour quelque chose. Antonymes : retracer, humilier » (http://www.wordreference.com/definición/apresto) [Consulté en Décembre, 2010].

La Bible à travers ce passage d'Ephésiens nous dit que nous devons aller avec nos pieds à annoncer l'évangile de la paix, mais pas avec paresse, ni par obligation, mais avec disposition, la préparation ce que nous voulons faire à l'avance.

L'une de plusieurs occasions ou nous voyons Jésus qui apportait la chaussure de la paix était quand Il recrutait Judas le Zélote. Cet homme était membre d'un mouvement politique nationaliste. Le but de ce groupe était de se battre pour que la Judée soit indépendante de l'Empire romain par la lutte armée. Ils étaient connus comme la fraction la plus violente du Judaïsme et Jésus a révolutionné sa pensée en le montrant que la paix s'obtient seulement avec les armes de l'amour. De cette manière Jésus s'est converti en notre modèle de paix, en se montrant comme agent de paix et comme quelqu'un qui transmet l'évangile de la paix. Romains 5:1, dit que maintenant nous vivons en paix avec Dieu, grâce à Jésus qui l'a rendu possible. Dans Matthieu 5:9 on raconte que Jésus appela « Heureux ceux qui procurent la paix… » et Jean 14:27 dit que Jésus est le donneur de la paix.

Dans chaque scène nous voyons Jésus transmettant la paix, donnant l'espérance, aimant, calmant les guerres et les tempêtes du cœur humain. « … Il a souffert à notre place, et grâce à ses blessures nous avons reçu la paix et nous sommes guéris » (Esaïe 53:5).

Jésus réconciliait l'humanité avec Dieu. Il s'est habillé aux pieds avec ses chaussures de l'évangile de la paix avec beaucoup de disposition (préparation).

2. L'évangile de paix nous conduit à la réconciliation

Colossiens 1:20 dit que par le Christ, Dieu a fait revenir l'univers entier à la paix avec Lui (Ephésiens 2:16-18).

Toute la relation a été interrompue par le péché ; les relations entre les êtres humains, entre ceux et la nature et aussi avec Dieu. Mais Jésus-Christ a rendu possible que celui qui le reçoit comme Sauveur, jouisse de la réconciliation en toutes ses dimensions. Dieu a rendu possible la réconciliation avec Lui à travers Jésus-Christ, mais aussi Il nous a aussi confié la tâche d'être les ambassadeurs de cette réconciliation (2 Corinthiens 5:18-20). C'est, quand nous portons les chaussures de la disponibilité évangélique non seulement transmettre la paix mais aussi la réconciliation.

Une personne qui partage la bonne nouvelle du salut et de l'espérance en Christ et qui vit ce qu'il prêche sera comme un phare de lumière. Quelqu'un qui pratique ce qu'il enseigne sera toujours joyeux, vivant une vie d'intégrité et maintenir de bonnes relations avec ceux qui l'entourent. Sa vie et son exemple créeront aux autres l'envie de se réconcilier avec Dieu.

Maintenant, quand nous écoutons le message de l'évangile de la paix et l'acceptons, Dieu nous réconcilie avec lui-même par Jésus Christ. Dieu restaure son image en nous et nous aide à vivre selon ses demandes, devenir les porteurs de cet évangile de paix et de réconciliation du monde avec Dieu.

3. L'évangile de la paix fait de nous des porteurs des Bonnes Nouvelles

Il ne s'agit pas tout simplement se mettre les chaussures correctes « ceux de l'évangile de la paix » mais aussi il faut les utiliser, il faut les gâter ; trotter, marcher, étape par étape, dans les montagnes ou les eaux, le froid ou la chaleur. C'est toujours un bon moment et un bon lieu pour les utiliser. Paul lui dit a Timothée, qu'il devait annoncer le message de Dieu en tout moment (2 Timothée 4:2). De nos jours, nous nous identifions beaucoup avec les gens. Nous pensons que le fait de les prêcher le message du salut peut-être inapproprié, ou ce n'est pas le moment correct, ou cela peut leur rendre inconfortables et même nous a inquiété qu'ils nous refusent pour l'avoir faire. Mais quand nous pensons dans le temps des apôtres, ils ont annoncé le message en tout temps, en tout lieu et à toute personne et si cela leur a coûté la vie, ils étaient prêts à le donner.

Nous avons le message, mais nous avons besoin du courage et le partager. Jésus s'habillait de sa chaussure de la promptitude de l'évangile de la paix et marché à travers de nombreux villages et villes annonçant le message de Dieu.

Dieu peut nous donner le courage dont nous avons besoin pour mettre les bonnes chaussures et annoncer l'Évangile de la paix.

Révisez/Application :

Demandez-leur de répondre les questions au moment de la classe en fonction de la façon dont il est suggéré dans chaque point.

1. Comment définirais-tu avec tes paroles l'évangile de la paix ?

2. Lorsque tu te sens mal à l'aise ou as des problèmes, que fais-tu ?

3. Crois-tu que Jésus apporta la chaussure de l'évangile de la paix ? Dans quelles scènes de la Bible tu l'observes ?

4. Peut-on vivre dans la paix au milieu de la guerre ?

Défi : Le défi de cette semaine est que tu puisses partager le message d'amour, de paix et d'espérance que Jésus nous offre à tes amis, ta famille et tes voisins. Après chaque expérience, écris-la sur une feuille pour la partager au cours suivant.

Bouclier puissant

Myriam Pozzi • Argentine

Leçon 49

Objectif : Que l'élève reconnaisse la nécessité de la foi pour résister à l'ennemi et à la responsabilité personnelle en rendant sa foi plus forte.

Pour mémoriser : « *Prenez par-dessus tout cela le bouclier de la foi, avec lequel vous pourrez éteindre tous les traits enflammés du malin* » Éphésiens 6:16.

Avertissement

Parlez au sujet de différentes expériences que vous avez eues en partageant l'évangile avec les familles, amis et voisins.

Accepter

Connecter | Télécharger

Dynamique d'introduction (12 à 17 ans).

• Matériaux : Une table de bois de 40 cm, un morceau de toile blanche vieille, corde fine, alcool, une boite d'allumette et un récipient avec de l'eau.

• Instructions : Enveloppez un morceau de tissu sur l'une de la tige un morceau de tissu imbibé d'alcool ou le soutenez avec la corde pour le fixer et aura un flambeau. Rapprochez une allumette et mettez le feu au flambeau en prenant des précautions. Laissez-le brûler pendant quelques secondes, puis éteignez-le en l'entrant un récipient avec de l'eau.

Pendant que le flambeau brûle, expliquez que l'un des armes de guerre les plus dangereuses de l'Empire romain étaient les traits du feu. Le bouclier qui a protégé le corps et la tête du soldat pourraient prendre du feu avec les fléchettes, de sorte qu'il était recouvert d'une cire spéciale qui a repoussé le feu. Quand les chrétiens, nous prenons au sérieux la vie chrétienne, le diable viendra à l'attaque. Mais notre bouclier qui est la foi en Dieu nous protègera contre ces attaques, pour cela, nous devons grandir notre foi chaque jour.

Dynamique d'introduction (18 à 23 ans).

• Matériaux : Image de l'armure romaine ou le Soldat romain.

• Instructions : Montrez l'image et demandez s'ils savent quel était chaque partie de l'armure. Ensuite, expliquez que les soldats romains avaient l'habitude d'apporter un habit court qui s'est terminé en plis symétrique et au-dessus d'une coquille pour le tronc qui couvrait la poitrine et le dos rejoint par des bandes cuir sur les épaules. Les jambes se sont défendues avec des chaussures spéciales et la tête avec des casques de différentes formes. Les boucliers étaient allongés et ils ont protégé le soldat du genou jusqu'aux yeux. Le bouclier était comme un mur portable où les flèches enflammées que les ennemis lançaient. Notre foi est notre bouclier contre les feux de l'ennemi.

Connecter | **Télécharger**

1. Notre bouclier : la foi

Lisez Éphésiens 6:10-20 pour montrer l'image complète du soldat de la foi et arrêtez-vous sur le bouclier.

Le mot flèche, « belos » en grec, qui veut dire missile, lance ou flèche. Dans l'antiquité cette arme avait été utilisée pour nuire à l'adversaire et brûler leurs biens. Les boucliers protégeaient les soldats contre les fléchettes. Le bouclier couvrait presque tout le corps du soldat.

Ephésiens 6:12 dit que la bataille avec Satan est une bataille spirituelle et c'est pour cela qu'aucune arme charnelle ne peut être fonctionnée avec effectivité contre lui et ses démons. On ne nous donne pas une liste de tactiques qu'il utilisera, cependant le passage affirme que quand nous toutes les instructions fidèlement, nous pourrons nous tenir fermes et obtenir la victoire, malgré son attaque (v. 13).

Le bouclier de la foi (v. 16), rend l'attaque du Satan ineffectif. Notre fois c'est comme un bouclier solide similaire à celui des guerriers, au moyen duquel nous résistons à l'ennemi.

2. Par la foi, nous arrivons à un bon témoignage

Hébreux 11:1 donne une définition de ce qui est la foi. En essence, la foi est « voir ce qu'on ne voit pas » est c'est la base de la relation avec Dieu (v. 6). Dans le même passage, nous trouvons des hommes et des femmes qui ont servi de spéciale à Dieu et ses témoignages peuvent nous aider à vivre une vie de victoire, même au milieu de l'adversité. En étudiant les pratiques qu'ils ont faites à la recherche des idéales spirituelles (obéissance, fidélité et persévérance), nous pouvons être inspirés pour les imiter.

Il y a trois mots « par la foi » qui ont été utilisés 18 fois dans le chapitre 11. Après chaque exemple, les mots « par la foi » sont suivis d'un nom ou d'un prenom et d'un verbe. Ce détail est important car un verbe indique une action (vv. 4, 7, 8). Chaque héros et héroïne dans le chapitre 11 est un exemple de comment on peut « voir ce qu'on ne voit pas » et encourage chaque chrétien à mettre notre foi en action.

Dans 1 Timothée 1:18-19a et 6:12a Paul encouragea a Timothée à être exemple dans sa foi en tout ce qu'il professait. Son exemple de foi devait inspirer les autres. De même notre foi doit être. Une foi exemplaire, une foi croissante dans la mesure que nous connaissons de plus à Dieu a travers d'une expérience vitale et de sa Parole.

3. Augmente ma foi...

Sans foi ou ayant peu de foi, nous souffrons plusieurs conséquences, comme : Ne plaire pas à Dieu, ne pas grandir spirituellement et nous n'atteindrons pas ses promesses (Hébreux 11:6), nous sommes manipulés par Satan (Luc 8:12), nous ne recevons pas ce que nous demandons (Matthieu 17:20), etc.

Nous sommes appelés à vivre par la foi (Habacuc 2:4). Les disciples étaient préoccupés pour leur propre foi. Au fur et à mesure qu'ils marchaient avec Jésus, ils se rendaient compte de la nécessité qu'ils avaient d'elle pour faire face à l'ennemi. Les disciples lui demandèrent a Jésus d'augmenter leur foi, comme si celle-ci se pourrait faire de manière instantanée, mais le Seigneur a répondu en expliquant la promesse à celui qui a la foi (Luc 17:5-6).

La foi vient à travers la connaissance de quelque chose ou de quelqu'un et plus vous en savez et plus de relation existe, la foi se fortifie un peu plus. La foi implique action, quand nous avons de la foi, nous agissons selon ce que nous croyons.

Selon Romains 10:17, nous entendons que la foi nait de la Parole de Dieu, de ce que nous lisons, on nous prêche, on nous enseigne… Nous devons connaitre la Parole de Dieu (ses promesses, ses commandements, avertissements, exemples) ; ensuite nous obtenons la foi. Quand nous connaissons la Parole de Dieu et nous le comprenons, nous marchons par la foi, nous agissons selon Dieu nous enseigne, nous ne disons pas que nous avons ou aspirons la foi, mais plutôt, nous le vivons.

Satan cherche à nous éloigner de la connaissance de la Parole de Dieu, nous distraire avec des occupations, nous faire perdre l'objectif. Il sait que par cela nous sommes fortifiés ; notre bouclier est puissant quand nous savons et grandissons dans la Parole.

Il y a des fléchettes ardentes qui affectent la vie chrétienne comme des ragots, de mauvaises pensées, des combats avec voisins ou famille, inconvénients inattendus au travail, manque d'argent, etc. Certains des plus cruels et plus effectifs viennent des personnes les plus proches de nous. Mais quand nous avons mis le bouclier de la foi, nous savons que Dieu nous assure notre victoire finale et nous aide à éviter les flèches de Satan (Éphésiens 6:16). Lorsque nous utilisons le bouclier de la foi, il n'y a rien qui puisse nous toucher et nous obtenons la victoire. Le secret pour triompher dans la foi c'est : Connaitre la Parole de Dieu et grandir en elle malgré les difficultés, confier dans la bonté de Dieu malgré les apparences et obéir aux ordres de Dieu malgré les conséquences.

Révisez/Application :

Demandez qu'ils relient l'affirmation de la colonne A avec le verset correspondant dans la colonne B. La Bible montre l'importance de la foi pour les chrétiens.

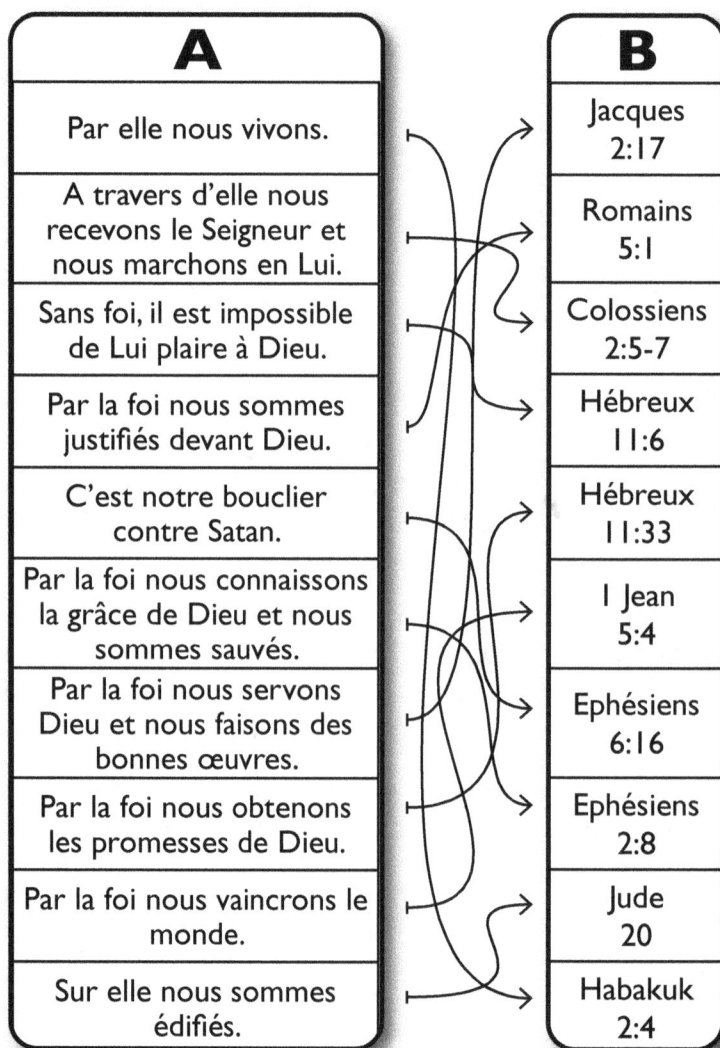

A	**B**
Par elle nous vivons.	Jacques 2:17
A travers d'elle nous recevons le Seigneur et nous marchons en Lui.	Romains 5:1
Sans foi, il est impossible de Lui plaire à Dieu.	Colossiens 2:5-7
Par la foi nous sommes justifiés devant Dieu.	Hébreux 11:6
C'est notre bouclier contre Satan.	Hébreux 11:33
Par la foi nous connaissons la grâce de Dieu et nous sommes sauvés.	I Jean 5:4
Par la foi nous servons Dieu et nous faisons des bonnes œuvres.	Ephésiens 6:16
Par la foi nous obtenons les promesses de Dieu.	Ephésiens 2:8
Par la foi nous vaincrons le monde.	Jude 20
Sur elle nous sommes édifiés.	Habakuk 2:4

Défi : Lorsque nous utilisons le bouclier de la foi en nous unissant à nos frères et à l'église, nous avançons. Quelques suggestions pour faire face aux attaques que nous subissons cette semaine (que ce soit la maladie, les problèmes, l'économie, le manque de travail, la famille, etc.) sont : - Priez les uns pour les autres. - Partageons nos demandes. - Nous créons, en nous encourageant à dire ce que nous ne voyons pas encore, mais ce qui sera vu par la foi. - Lisons la Bible tous les jours.

Le casque

Francisco Borralles • Mexique

Objectif : Que l'élève comprenne la vraie valeur du salut et le soin qu'il doit avoir d'elle.

Pour mémoriser : *« Et prenez le casque du salut ... »* Ephésiens 6:17a.

Avertissement
Commentez de comment vous vous ressentissiez cette semaine en face aux attaques, mais sachez que vous étiez unis les-uns avec les autres formant un bouclier.
Accepter

Connecter | Télécharger

Dynamique d'introduction (12 à 17 ans).
- Matériaux : Tableau et marqueurs.
- Instructions : Demandez à la classe que chacun élabore une liste avec les trois choses les plus précieuses qu'il possède dans sa vie et les énumère comme numéro un la plus précieuse et numéro trois la moins précieuse. Donnez-leur une ou deux minutes pour élaborer la liste et ensuite leur demander de partager ce qu'ils ont écrit.

  Faites une liste au tableau avec les contributions de tous. De la liste écrite, entre tous, sélectionner une liste de trois choses que tous considèrent les plus précieuses.

Dynamique d'introduction (18 à 23 ans).
- Instructions : Invitez les élèves à penser avec une chose très précieuse qu'ils ont eue et ont ensuite perdues. De cette même manière, demandez-leur d'analyser les bénéfices que cela leur a donnés, (pourquoi ils l'ont considéré précieuse et comment ils l'ont perdu). Puis demandez ce qu'ils seraient prêts à faire pour le récupérer.

Connecter | Télécharger

Aujourd'hui, nous vivons entourés de tant et tellement de choses qui est très facile de perdre le centre de ce qui est plus précieux que nous possédons. Pour cette raison, il est nécessaire que nous fassions une vraie reconsidération de la place que nous donnons à Dieu dans notre vie et dans notre cœur une fois que nous avons été sauvés.

1. La valeur du salut

Dans cette occasion, nous allons mentionner trois raisons pour lesquelles nous devrions considérer que le plus précieux de notre vie est le salut.

a. A travers le salut (Éphésiens 2:8), nous avons reçu le pouvoir de devenir enfants de Dieu (1 Jean 3:1a).

b. Sans le salut nous serions incomplets. Jésus a dit : « ...sans moi, vous ne pouvez rien faire » (Jean 15:5). Comme disciples de Jésus, nous dépendons toujours de notre relation et communion avec Lui.

c. Sans le salut nous serions condamnés au feu éternel de l'enfer. Si nous ne restons pas dans la présence de Dieu, faisant sa volonté et en fonction de sa grâce, nous devrons payer les conséquences (Jean 15:6). Négliger notre salut est de même que ne le donne pas une valeur précieuse dans notre vie, signifie refuser la présence de Dieu en nous (Jean 12:48).

2. Par la grâce, nous sommes sauvés

Si par une action ou par notre négligence notre meilleur vêtement s'est détruit, il peut-être le nouveau et téléphone cellulaire sophistiqué obtenu récemment, certainement cela signifierait motif de grande tristesse, malaise et lamentations de notre part. Mais finalement, même si c'est avec beaucoup plus d'effort, nous pouvons obtenir encore une fois ce que nous avions perdues ou même quelque chose de meilleur.

Mais nous devons comprendre et être conscients que nul effort humain ne peut nous donner le salut spirituel une fois que nous avons été condamnés. Dans l'Évangile de Matthieu 16:26, on peut voir clairement que cela n'importe pas de ce que nous gagnions ou possédions, nous n'avons pas la capacité d'atteindre le salut de notre âme par nos propres ressources.

Le salut est le cadeau le plus précieux et le plus beau que nous ayons reçu. Il nous montre combien d'amour à Dieu envers nous (Éphésiens 2:8 ; 1 Pierre 1:18-20). A travers de ce cadeau, Dieu nous donne la vie éternelle et le privilège d'arriver jusqu'à sa présence (Jean 3:16, 6:40). Une chose que nous ne pourrions pas réaliser avec nos propres efforts.

3. Occupés de notre salut avec crainte et tremblement

Notre priorité doit être « être fermes dans la liberté avec laquelle Christ nous a rendus libres » (Galates 5:1). Notre engagement non seulement doit être, rester dans la condition des sauvés spirituellement, mais aussi nous devons défendre cette condition. Nous ne devons pas permettre que notre salut soit dans le risque ; ainsi que selon ce que dit la lettre de Jude, nous devons ardemment lutter pour la foi qui nous a été donné (Jude 3).

Mais, attention ! Si nous sommes prêts à lutter, nous avons la sécurité que la victoire sera de notre côté (Romains 8:37). Ainsi, avec cette assurance, nous prenons le casque du salut (Éphésiens 6:17).

Il est commode de savoir que dans une armure pour la guerre, le casque est l'accessoire utilisé pour protéger la partie la plus importante du corps humain, c'est-à-dire la tête. Son importance réside dans le fait de trouver l'une des parties les plus délicates et vitales du corps, comme le cerveau au moyen de cela fonctionne l'esprit, les yeux, l'oreille et la bouche. Pour ce fait, l'ordre de prendre le casque du salut implique que dans notre lutte spirituelle quotidienne, nous devons accorder une attention particulière à :

- L'esprit : C'est là où se déclenchent toutes les batailles les plus dures par notre vie spirituelle. Nous devons être certains que nos pensées soient en accord avec la volonté de Dieu (2 Corinthiens 10:5) ; et ne pas permettre aux pensées de découragement ou de critique et de jugement envers le travail de Dieu de rester en nous. Il est également nécessaire de soumettre à Dieu toutes les pensées liées aux désirs de la chair, telle que l'immoralité sexuelle, l'envie, l'égoïsme, etc. Nous devons faire attention parce que, soit notre formation, par l'environnement familial ou par le contexte dans lequel nous vivons ou bougeons au quotidien, nous recevons toujours de différents types de stimuli qui peuvent diriger notre esprit vers ce qui ne plait pas à Dieu.

- La vue et l'ouïe : Il est nécessaire de prendre soin de ses sens puisque déjà dans l'actualité nous vivons entourés de beaucoup de choses pécheresses qu'en les voyant elles sont très attractives et peuvent capter notre attention (Matthieu 6:22-23). Nous ne pouvons pas permettre que tout notre être soit contaminé négativement par le mal que nous pouvons recevoir à travers de notre sens de la vue ou de l'ouïe. De la même manière que nous refuserions une boisson si nous savions qu'il était contaminé avec quelque virus ou d'autre chose mortelle, ainsi même nous devons lutter contre la rentrée des mauvaises choses à travers nos yeux et oreilles qui peuvent affecter notre morale et spirituellement. Les films, la musique, les blagues éloignées de la production du bénéfice pour notre vie, elles nous emmènent et nous prédisposent au péché (1 Corinthiens 10:23).

- Bouche : Les personnes d'aujourd'hui ont une forme de s'exprimer qui est hors d'être le correcte, définitivement c'est plutôt vulgaire et grossière. Si nous considérons que nous, les chrétiens, vivons quotidiennement avec des personnes qui s'expriment de cette manière, nous devons faire attention de comment nous nous exprimons pour marquer la différence. Nous ne devons pas ignorer que par le moyen de notre vocabulaire et les thèmes que nous abordons dans nos conversations aussi, nous manifestons notre condition spirituelle (Luc 6:45).

Maintenant, en même temps que nous acceptons comme notre responsabilité, mettre le casque du salut tous les jours, nous devons aussi être conscients qu'une fois que nous le portons, seul le Saint-Esprit nous aidera à sortir victorieux. En tant que guerriers d'une bataille spirituelle, c'est la grande puissance de Dieu qui nous fera vainqueurs dans chacun des combats.

Quand nous nous trouvons porter le vêtement du salut, cette même puissance de Dieu (Éphésiens 1:19- 23) nous fortifiera et nous habillera au milieu de la bataille et nous ne serons pas seuls. Nous aurons la capacité de prendre des décisions pour changer toute situation qui met en danger notre vie spirituelle.

Révisez/Application :

Conseiller aux élèves de former des groupes de travail (ils peuvent être 4 ou plus de participants). Ensuite, donnez deux minutes à chaque équipe pour préparer une représentation (dramatisation) d'une minute par le moyen à laquelle on démontre une situation quotidienne où leur salut pourrait être en danger par quelque chose dont ils ont été témoins (vue) ou par une conversation à laquelle ils ont participé (ouïe et bouche) ou pour quelque pensée (cerveau).

Demandez qu'ils écrivent Basiquement de quoi s'agit-il et se base leur présentation avec au moins un verset biblique qui se rapporte à la situation représentée. Puis donnez-leur une minute pour qu'ils le représentent. N'ignorez pas que notre vocation est d'être toujours vainqueur.

Défi : Pendant la semaine, utilise consciemment le casque du salut et note les situations dans lesquelles ton salut était en danger (il peut s'agir de situations dans lesquelles tu étais en danger par la vue, la pensée, l'ouïe ou le langage et que tu ne savais peut-être pas, auparavant tu aurais perçu), et comment tu es sorti vainqueur de cette protection. N'oublie pas de prendre toute pensée captive à l'obéissance du Christ. La semaine prochaine, explique à la classe comment tu as été plus qu'un conquérant.

Une arme puissante

51

Josue Barrera • Guatemala

Objectif : Que l'élève valorise l'importance de la Parole de Dieu dans sa croissance spirituelle et comme un outil pour sa défense.

Pour mémoriser : *« ...et l'épée de l'Esprit, qui est la parole de Dieu ... »* Éphésiens 6:17b.

Avertissement

Générez un dialogue avant de commencer la classe. Parlez à propos de la façon dont vous aviez dominés les différents situations (s'il y en avait) où le salut était en danger.

Accepter

Connecter | Télécharger

Dynamique d'introduction (12 à 17 ans).

- Matériaux : Des épées en papier, marqueurs et adhésif.

  Exemples de situations :

  a. J'aime cette fille, mais elle n'est pas chrétienne.

  b. Quand j'ai acheté ils m'ont remis plus que la normale et je l'ai gardé.

  c. On m'a invité d'aller voir un film pornographique.

  d. Je n'avais pas fait un devoir et on m'a conseillé de mentir en disant que j'étais malade.

- Instructions : Formez deux ou trois groupes et donnez à chaque groupe cinq épées de papier. Avec anticipation, écrivez deux ou trois situations sur le tableau à partir desquelles les groupes doivent se défendre en s'appuyant dans un texte biblique. Par exemple, vous écrivez au tableau « J'aime cette fille, mais elle n'est pas chrétien ». Ils pourraient écrire dans le tableau 2 Corinthiens 6:14. Ensuite ils devront placer l'épée sous l'affaire correspondante écrite dans le tableau. Ils ne devront pas répéter les textes dans les différentes situations. Le groupe qui place plus d'épées avec des textes appropriés sera le gagnant. A la fin, parlez avec vos élèves au sujet de l'importance de connaitre la Parole pour l'utiliser comme une bonne défense contre les circonstances qui nous sont présentées quotidiennement.

Dynamique d'introduction (18 à 23 ans).

- Matériaux : Un récipient et des petits papiers écrits avec une parole ou phrase qui définissent les choses qui contaminent les jeunes. Par exemple : dépression, alcool, la pression des amis, des drogues, des vices, entre autres.

- Instructions : Placez les petits papiers dans un récipient et faites assoir la classe en un cercle. Alors faites-les passer le récipient avec les papiers par tout le cercle, temps qu'on fasse sonner quelque instrument ou un fond de musique. En utilisant la pause au son de la musique, la personne qui a le récipient dans ses mains, prendra un morceau de papier dans le récipient et va essayer de dire un texte biblique ou donner une réponse sur le sujet que vous touchez en fonction de la Bible. Cette personne peut recevoir de l'aide des autres si elle n'a pas de réponses.

  A la fin, parlez avec vos élèves au sujet de l'importance de connaitre la Parole pour l'utiliser comme une bonne défense contre les circonstances qui nous sont présentées quotidiennement.

Connecter | Télécharger

L'un des passages mal interprété par les jeunes parfois est Jacques 4:7. Beaucoup d'eux croient que résister au diable est synonyme de soutenir passivement ses attaques, ne rien faire et ce n'est pas comme ça. La traduction en langue actuelle dit : « C'est pour cela, obéissez à Dieu. Faites-les face au diable, et il fuira de vous ». C'est précisément ce que nous devons faire avec l'ennemi, y faire face, l'attaquer, développer des actions offensives. Dieu qui est tellement amoureux, Il nous a pourvus d'une arme puissante pour que nous soyons vainqueurs dans toutes les batailles que nous faisons face. Cette arme est la Parole de Dieu, l'épée de l'Esprit.

1. La nature de la Bible

Il y a des gens qui croient que la Bible est un livre commun et courent qui contient des bons conseils et histoires qui soient véridiques peut-être, un livre difficile à comprendre et peu pertinent pour leur vie. C'est parce que les gens n'expérimentent pas la puissance de la Parole de Dieu (2 Pierre 1:21). A travers d'elle nous pouvons connaitre de plus à Dieu, de connaître sa volonté et d'avoir un guide sûr pour nos vies. Dans la Bible, nous pouvons trouver la fondation pour une vie victorieuse ici sur la terre et pour avoir la vie éternelle.

Dans 2 Timothée 3:12-17 nous trouvons les paroles de Paul au jeune Timothée, ou il l'a conseillé que suivre Dieu est un combat (v. 12). C'est une réalité qui doit être gardée à l'esprit, car beaucoup croient qu'en suivant le Christ ses problèmes finiront et ceci est un faux enseignement qui fait beaucoup de dégâts.

Quand beaucoup de personnes commencent à recevoir des attaques de l'ennemi, ils se rétractent dans leur foi. Paul a donné à Timothée le secret pour être vainqueur, en l'encourageant à persister en ce qu'il avait appris de la Parole de Dieu depuis son enfance et que maintenant il se trouvait approfondissant dans ses enseignements (vv. 14-15). Paul affirmait que l'Écriture est inspirée par Dieu et ensuite à démontrait l'utilité qu'elle peut avoir dans la vie.

Lis 2 Timothée 3:16 et écris au tableau les mots enseigner, réprouver, corriger, instruire et demandez s'ils connaissent ses significations. Ensuite, expliquez la signification de chaque mot brièvement :

Enseigner : Instruire, doctriner à quelqu'un sur quelque chose.

Persuader : Convaincre avec argument à celui qui fait quelque chose de mal.

Corriger : Modifier l'erreur.

Instruire : Enseigner quelqu'un l'état d'une chose, donner des indications sur un travail ou activité.

2. La Bible comme une arme

L'armure des grecs, s'appelle « la panoplia » qui signifie pleine armure. Cela était l'équipe complète utilisée par l'infanterie lourde. Ils avaient deux armes, le bouclier, qui était une arme défensive et l'épée qui était une arme offensive. L'épée à deux tranchants est celle qui provoque que son attaque soit efficace. De manière intéressante, la Bible est définie comme l'épée de l'Esprit. Utiliser la Parole de Dieu c'est quelque chose puissante (Hébreux 4:12). Comprendre cela change la perspective de l'importance de la Parole de Dieu dans nos vies. Il y a trois choses importantes que nous devons faire avec notre épée :

- Le connaitre : Pour qu'un soldat puisse accomplir avec ses devoirs, on doit connaitre son épée et entrainer avec elle. Si on ne le fait pas, quand l'ennemi l'attaque, il ne pourra pas l'affronter. Le Psaume 119:34 dit : « Donne-moi de l'intelligence, et je conserverai ta lois ». Demander de l'intelligence n'est pas une prière irresponsable espérant que Dieu fasse tout, c'est une action de demander du secours pour comprendre la Parole de Dieu. Josué 1:8 donne des manières pratiques à travers lesquelles nous pouvons connaitre la Parole de Dieu.

- L'aimer, Psaume 119:97-98. En aimant la Parole de Dieu, nous allons avoir des arguments pour faire face aux ennemis de notre vie (le diable, le monde, la chair). Aimer la Parole c'est lui donner l'importance dans nos vies, c'est l'aspirer, penser avec elle, méditer en elle, le mémoriser et l'étudier. Avoir la Parole dans notre esprit et cœur nous aidera dans le moment de faire face à la tentation (Psaume 119:11). Elle nous rappellera ce qui est bon et ce qui ne plait pas à Dieu.

- L'utiliser : Il ne suffit pas d'écouter et mémoriser la Parole de Dieu, mais aussi il faut le mettre en pratique (Jacques 1: 21-22). Il serait inutile d'avoir une épée prête pour la bataille si on la garde dans son fourreau et quand vient l'ennemi, nous ne l'utilisons pas pour nous défendre et attaquer. Nous devons utiliser la Parole. Nous devons l'appliquer dans notre vie quotidienne, confronter nos décisions à la lumière de ce que dit la Bible et affronter les dilemmes de notre vie avec les promesses de la Parole de Dieu.

3. Apprenons de l'enseignant

Jésus nous a donné un exemple très clair de comment utiliser notre épée aux circonstances qui veulent détruire et faire face à notre ennemi.

Jésus a peine reçu une reconnaissance publique très spéciale. Rien ne pouvait être meilleur. Le ciel s'est ouvert et Dieu a reconnu qu'Il était son Fils bien-aimé. Cependant, la Bible dit que le diable est apparu et l'a tenté (Matthieu 4:1-11). Cela doit nous enseigner que personne n'est exempt d'être tenté. Dans trois occasions, Il fut attaqué par Satan, avec insistance et des arguments forts capables de dévier n'importe qui. Nous pourrions croire que Jésus n'as pas été tombé en tentation parce qu'Il était Dieu fait Homme. Mais il a vaincu Satan dans sa condition humaine. Jésus ne se fuyait pas, Il ne se cachait pas, mais Il la affronté et résisté.

Il a fait face à l'ennemi en utilisant l'arme dont nous avons parlé. À chaque attaque lancée par l'ennemi, Il a répondu avec la phrase « …il est écrit… ». Cela a été son arme, et avec son épée a deux tranchants, il fut capable de vaincre l'ennemi. Jésus connaissait le message de la Parole. Le diable voulait lui tromper en utilisant la même Parole. Mais comme quelqu'un qui connait son arme, Jésus l'a donné une réponse correcte. Cependant, beaucoup de personnes sont trompées par le fait qu'elles ne connaissent pas la Parole.

De manière intéressante, Jésus ne cherchait pas ou cela était écrit. Il l'avait dans son esprit et l'utilisait de manière pertinente. Il aimait la Parole de Dieu et se notait dans son soin pour le mémoriser. Il ne doutait pas de l'utiliser, il l'a appliqué de manière correcte non seulement pour déclarer des vérités, mais d'être rempli de courage et d'espoir. Comme conséquence le diable l'a quitté.

Révisez/Application :

Prévoyez du temps pour qu'ils signalent à côté de chaque affirmation si c'est vraie (v) ou fausse (f).

Nous pouvons vaincre l'ennemi si nous connaissons la Parole.	F	(V)
Lire la Bible est prioritaire.	(F)	V
Toutes les histoires de la Bible ne sont pas véridiques.	(F)	V
La Bible fut inspirée par Dieu.	F	(V)
Mémoriser la Bible est une forme d'utiliser l'épée.	F	(V)
L'épée de l'Esprit est la prière.	(F)	V
La Bible est un livre seulement pour les pasteurs.	(F)	V
On peut avoir la victoire sans connaitre la Bible.	(F)	V

Défi: Décide de mémoriser la Bible. Choisis trois textes qui peuvent t'aider en difficulté et mémorise-les. Si tu mémorises trois textes par semaine, en un mois tu auras mémorisé 12 textes et en un an tu auras mémorisé 144 textes bibliques. Est-ce que tu peux t'imaginer la différence que cela fera dans ta vie spirituelle ? Commence à mémoriser et dimanche prochain, répète les versets que tu as mémorisés avant le début du cours.

Prier toujours

Aldo Genes • Paraguay

Objectif : Que l'élève comprenne l'importance de la prière dans l'armure de Dieu.

Pour mémoriser : « *...Faites en tout temps par l'Esprit toutes sortes de prières et de supplications* » Éphésiens 6:18a.

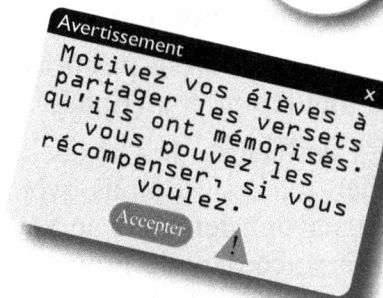

Motivez vos élèves à partager les versets qu'ils ont mémorisés. vous pouvez les récompenser, si vous voulez.

Accepter

Connecter | Télécharger

Dynamique d'introduction (12 à 17 ans).

- Instructions : Formez des couples de prière pour qu'ils prient les-uns pour les autres, par exemple : Le premier prie A pour B, ensuite B pour A.

  Cela vous permettra de présenter la classe au sujet de prière.

Dynamique d'introduction (18 à 23 ans).

- Instruction : Formez un cercle et demandez-les que tous se tiennent de la main et demandez à deux personnes de prier pour chacun des présents. Demandez qu'une personne prie pour la moitié du groupe et une autre prie pour l'autre moitié.

  Cela vous permettra de présenter la classe au sujet de prière.

Connecter | Télécharger

Lorsque nous nous référons à la prière, nous trouvons une exigence et deux obstacles. L'exigence qui est indispensable dans notre prière, c'est la foi. Nous savons que la foi est « Or la foi est une ferme assurance des choses qu'on espère, une démonstration de celles qu'on ne voit pas » (Hébreux 11:1) ; nous savons aussi que « sans la foi, il est impossible de plaire à Dieu » (Hébreux 11:6). Jésus, parlant de la foi et la prière, dit que nous avions besoin de croire pour recevoir (Marc 11:24).

Le premier des deux obstacles est le doute (Marc 11:23). Le doute est l'hésitation de l'esprit, c'est d'avoir une pensée divisée entre la possibilité et l'impossibilité de répondre à notre demande. Le deuxième obstacle est le manque de pardon (Marc 11:25-26). Pardonner c'est renoncer, exporter, éliminer une situation ou fait qui nous a causé de la douleur ou continue à produire une blessure. Les bonnes nouvelles sont que quand nous atteignons croître dans notre foi le Saint-Esprit nous permet de pardonner et de cette façon, nous pouvons aller devant Dieu dans la prière suivant les recommandations trouvées dans la lettre aux Ephésiens.

1. La prière comme une partie de l'armure

Notre prière doit être globale : « Faites en tout temps par l'Esprit toutes sortes de prières et de supplications. Veillez à cela avec une entière persévérance, et priez pour tous les saints. Priez pour moi, afin qu'il me soit donné, quand j'ouvre la bouche, de faire connaître hardiment et librement le mystère de l'Évangile, pour lequel je suis ambassadeur dans les chaînes, et que j'en parle avec assurance comme je dois en parler » (Éphésiens 6:18-20). Cela veut dire que « La prière chrétienne soutenue est merveilleusement complète. Elle a quatre constantes, indiquées par le quadruple usage du mot 'tous' ». (La nouvelle humanité : Le message des Ephésiens. John R. W. Scott. Certeza, EUA: 1987, p. 271). L'apôtre a dit que nous devrions prier en tout temps (v. 18) (régulièrement et constamment) ; avec toute sorte de prière et supplication (avec communication et avec demande) ;

avec toute persévérance (comme bons soldats attentifs, constantes sans laisser le poste, sans s'endormir) et pour tous les saints (parce que l'unité de la nouvelle église, qui a été la préoccupation de toute cette lettre doit refléter dans les prières).

A. Notre prière doit être en tout temps et persévérante

Nous ne devons pas prier tout simplement dans quelques occasions sinon que nous devons prier « … en tout temps… » (Ephésiens 6:18).

Combien de fois avons-nous demandé à Dieu quelque chose une ou deux fois dans un service de prière et ensuite nous avons abandonné la demande pour manque de réponse ? Il est probable que nous avons demandé au Seigneur quelque chose de bien (conversion de quelque membre de la famille, croissance dans le groupe des jeunes, etc.), mais pour ne pas voir la réponse à temps, nous décidons d'abandonner. Cet appel pour prier en tout temps est une opportunité de reprendre certaines demandes données comme perdues ; déjà qu'il est peut-être temps pour Dieu de répondre à cette demande.

Nous devons prier devant le Seigneur chaque fois que nous nous souvenons de la nécessité, peu importe où nous sommes (Romains 12:12) et en remerciant Dieu d'avance pour la réponse à venir, puisque c'est « un oui », « un non », ou « attendez un peu plus longtemps ».

B. Notre prière devrait être vigilante

« Soyez attentifs ! Était l'appel général à la vigilance chrétienne, … surtout à cause de notre tendance de dormir quand nous devrions prier » (The New Humanity : Le message des Éphésiens, John R. W. Stott. UEA : 1987, p. 271). La recommandation d'être vigilant est principalement due au fait que nous ne devrions pas laisser de prier (Éphésiens 6:18). La prière devrait être quelque chose d'habituel dans nos vies comme la nourriture et le repos.

Dans 1 Pierre 4:7 Pierre affirmait aussi : « La fin de toutes choses est proche. Soyez donc sages et sobres, pour vaquer à la prière ». La prière d'ordre est « être sobres » et ne pas négliger, parce que « la fin de toute chose est proche » ; soyez sobres et veillez dans la prière. La sobriété est le contraire de l'ivresse. Le sobre est une personne tempérée, modérée et est attentive à ce qui peut arriver. Nous pouvons dire qu'il y a un appel à être équilibrés. Le deuxième ordre est l'ordre est « veiller dans la prière ». L'idée du texte est que, au milieu des peurs et des incertitudes, le chrétien doit rester en contact avec Dieu.

C. Notre prière devrait être avec des supplications dans l'Esprit

Nous ne pouvons pas perdre de vue dans ce thème l'importance de la troisième personne de la Trinité déjà que « …la présence de l'Esprit dans nos vies nous inspire à prier, nous permet de le faire et détermine le caractère de nos prières » (Ephésiens : Le Nouveau Peuple de Dieu. Malcolm O. Tolbert. Maison Baptiste de Publications, UEA : 1979, p. 155).

Quand nous disons que « nous devons prier 'en Esprit', cela indique notre nécessité que l'Esprit de Dieu nous assiste pour prier correctement ». (Ephésiens : Église Humaine avec Objectifs Divins. Alfred Neufeld. Institut Biblique Assomption, Paraguay : 2006, p. 178).

Par supplication nous comprenons que c'est un risque ou demande avec humilité et en plus avec soumission a quelque chose ou quelqu'un. Dans notre cas, la supplication est en Esprit.

2. Priorité dans la prière

Analysons quelles requêtes devraient être prioritaires, puisque, ci-dessus, nous avons exprimé que la prière chrétienne est globale. « Faites en tout temps par l'Esprit toutes sortes de prières et de supplications. Veillez à cela avec une entière persévérance, et priez pour tous les saints. Priez pour moi, afin qu'il me soit donné, quand j'ouvre la bouche, de faire connaître hardiment et librement le mystère de l'Évangile, pour lequel je suis ambassadeur dans les chaînes, et que j'en parle avec assurance comme je dois en parler » (Ephésiens 6:18-20).

A. Priez pour les saints

C'est très beau, mais à la fois, une grande possibilité, la forme que l'apôtre Paul a fait référence aux croyants : « Les saints ». Tel était le titre donné par l'apôtre à chacun de ceux qui acceptaient Jésus-Christ comme Seigneur et Sauveur. Donc, Dieu les a apporté au monde pour être semblables a Lui dans la sainteté, « Soyez saints, car que je suis saint » (1 Pierre 1:16)

Nous avons besoin de prier les-uns pour les autres déjà que « … La vie dans la foi est une vie solitaire. Tous les chrétiens ont besoin du support de leurs frères continuellement. L'idéal de Paul pour l'église est vue dans cette fraternité, dans laquelle l'amour des autres s'exprime dans une prière continue, sérieuse et intercession » (La nouvelle humanité : Le message d'Ephésiens. John R. W. Scott. Certeza, EUA : 1987, p. 156).

En plus du soutien et de l'amour que l'on exprime envers les frères, il faut dire aussi que « une manière de cultiver l'interdépendance et la solidarité, c'est la prière des-uns pour les autres » (Ephésiens : Église Humaine avec Objectifs Divins. Alfred Neufeld. Paraguay : 2006, p. 179). Par interdépendance nous comprenons la réciprocité et solidarité, adhésion à la même cause ou entreprise.

B. Pour ceux qui proclament l'Evangile

Notre deuxième priorité dans la prière, doit être pour ces personnes-là qui sont en face de la bataille ; ceux qui se bougent dans le terrain de Satan de très souvent et proposent que la lumière brille sur les ténèbres. Ce sont eux qui proclament l'Évangile.

Nous savons que, au moment où Paul écrivait la lettre aux Ephésiens, il était en prison. Mais, curieusement, plus que demander par lui, le désir de Paul réellement était « que sa bouche puisse ouvrir pour donner du témoignage, non pour lui laisser en liberté, mais que l'Évangile puisse se répandre librement et sans entrave » (La nouvelle humanité : le message d'Ephésiens. John R. W. Stott. Certainty, USA : 1987, p. 156).

Bien sûr, comme tout prisonnier, il s'attendait à nouveau au moment d'avoir son autonomie. Mais, sa prière primordiale était pour l'évangile et la proclamation de lui-même. C'est la raison pour laquelle il demandait à l'église d'Ephèse de prier, puisque le diable ne peut rien faire contre ces prières.

Nous concluons cette section en disant qu'il est important de prier pour que ceux qui portent le message de Dieu aient les paroles correctes et puissent proclamer avec liberté et joie l'évangile du Christ.

Révisez/Application:

Donnez-leur le temps de répondre aux questions suivantes. Ensuite, ils peuvent partager les réponses avec la classe.

- Quelles sont les caractéristiques de ta prière ?

- Si tu ferais un résumé de ce qu'on a étudié, quels aspects attirent ton attention sur la prière ?

- Quels bénéfices trouvons-nous de la prière ?

Défi:

Cette semaine-là, prie sept jours pour un frère ou une sœur. Écris trois requêtes que tu as abandonnées et reprend-les pour prier avec insistance. Lorsque tu obtiens une réponse à ta demande, n'hésite pas à en témoigner publiquement.